中公新書 2839

鶴見太郎著

ユダヤ人の歴史

古代の興亡から離散、
ホロコースト、シオニズムまで

中央公論新社刊

まえがき——ある巡り合わせ

ある金曜日の深夜。ニューヨークはブルックリンのボローパーク地区を自転車で移動していると、黒服に黒帽子を身に着けた少年に呼び止められた。家の電灯が云々といっている。今一つ要領を得なかったが、ユダヤ教の規定ゆえに困っているのだろうと思った。

筆者は二〇一二年から一四年にかけてニューヨーク大学に研究滞在した際に、ボローパークの南端にあるアパートに住まいを構えていた。その地区のおもな住人は、黒服のユダヤ人、すなわち、伝統的なユダヤ教の戒律を厳格に守る正統派ユダヤ人だ。

ユダヤ教では、金曜日の日没から土曜の日没までが安息日（シャバット）にあたる。安息日とは、「休んでもよい日」ではなく、「休まなくてはならない日」、つまり労働が禁止された日である。しかも、労働と解釈される範囲は思いのほか広い。例えば、火をおこすこと全般が労働と見なされ、意図せずとも結果として火花が散るようなこともしてはならない。そ

図前－1　ニューヨークのヤンキースタジアムに息子と訪れるも、律法（トーラー）の書をイニングの合間に読むことを忘れない正統派ユダヤ人　2012年10月

のため、安息日は電気のスイッチを操作することは禁止される。

通りを少しだけ入ったところにある、こぎれいに整頓された家のなかに案内されると、家長と思しき人が迎えてくれた。煌々と明かりが灯ったままの二階の寝室の電灯を消してほしいとのことだった。安息日に入る前に消しておくのを忘れ、このままでは安息日にもかかわらず熟睡できないということなのだろう。

その部屋の電気を消すと、「ありがとう」と任務が完了したことを告げられた。このような任務を行う者は「シャバット・ゴイ」（安息日の異教徒）と呼ばれる。もっとも、安息日に異教徒を労働させることも許されていない。だから、電気を消すのは筆者が気を利かせた形でなければならない。少年の言が要領を得なかったのはそのためだ。

大都市のなかに街区を形成し、独自の伝統規則に沿って暮らしている彼ら正統派ユダヤ人は、二一世紀のアメリカ、しかも世界の流行の最先端を行くニューヨークにあって、決して珍しい存在ではない。ブルックリンを中心に、黒服のユダヤ人街は複数存在し、出生率の高さもあり、規模が衰えることはない。英語が支配的ではあるものの、彼らの先祖である東欧ユダヤ人が話していたイディッシュ語はいまも使われる。

現代社会の最先端を横目に淡々と伝統を墨守《ぼくしゅ》するこのギャップにこそ、ユダヤ人の生き方の真骨頂がある。居住国と折り合いをつけながら、自らの原則は貫く。そのことが仲間内の信頼につながり、ネットワークが維持されていく。重要なのは、状況に自分を合わせるということでは必ずしもないことだ。むしろ自らの特性とうまく組み合わさるところに入っていき、多少は周囲との関係で自らを「カスタマイズ」しつつも、自らの特性を維持することが周りのメリットにもなり、そのことで自らの居場所がさらに安定化するという好循環を目指すのだ。金融業で成功し、富豪として西洋社会に存在感を持つユダヤ人の存在も、こうした視点から読み解くことができる。

むろんこうした戦略がつねに成功するわけではない。例えば、悪い巡り合わせが重なった先にホロコーストがあったのも事実だ。さらにその先に「ユダヤ人国家」として建国されたイスラエルは、組み合わせなどお構いなしに武力行使を重ね、孤立を深めているように見える。

ただ、それもまた、さまざまな条件が歴史のなかで組み合わさった結果であることが本書から明らかになるだろう。何と組み合わさり、ユダヤ人自身も「カスタマイズ」していくのか。そこに注目して読み進めてほしい。

本書は、世界史やユダヤ教に関する予備知識なしでも通読できるように書かれている。また、世界史を今まさに学んでいる高校生や世界史を復習したい読者にもなじみやすいように、高等学校の世界史探究（旧「世界史B」におおむね相当）の教科書にできるだけ準拠した。ユダヤ人が教科書にほとんど登場しない中世から近代までの時期にも、世界史の何と組み合わさりながらユダヤ人の歴史が展開していったのかが読み取れるようになっている。

目次

凡例

・本書では読みやすさを考慮して、引用文中の一部の漢字を平仮名に改めた。読点やルビも追加した。
・引用中の〔　〕は著者による補足である。

ユダヤ人の歴史

古代の興亡から離散、ホロコースト、シオニズムまで

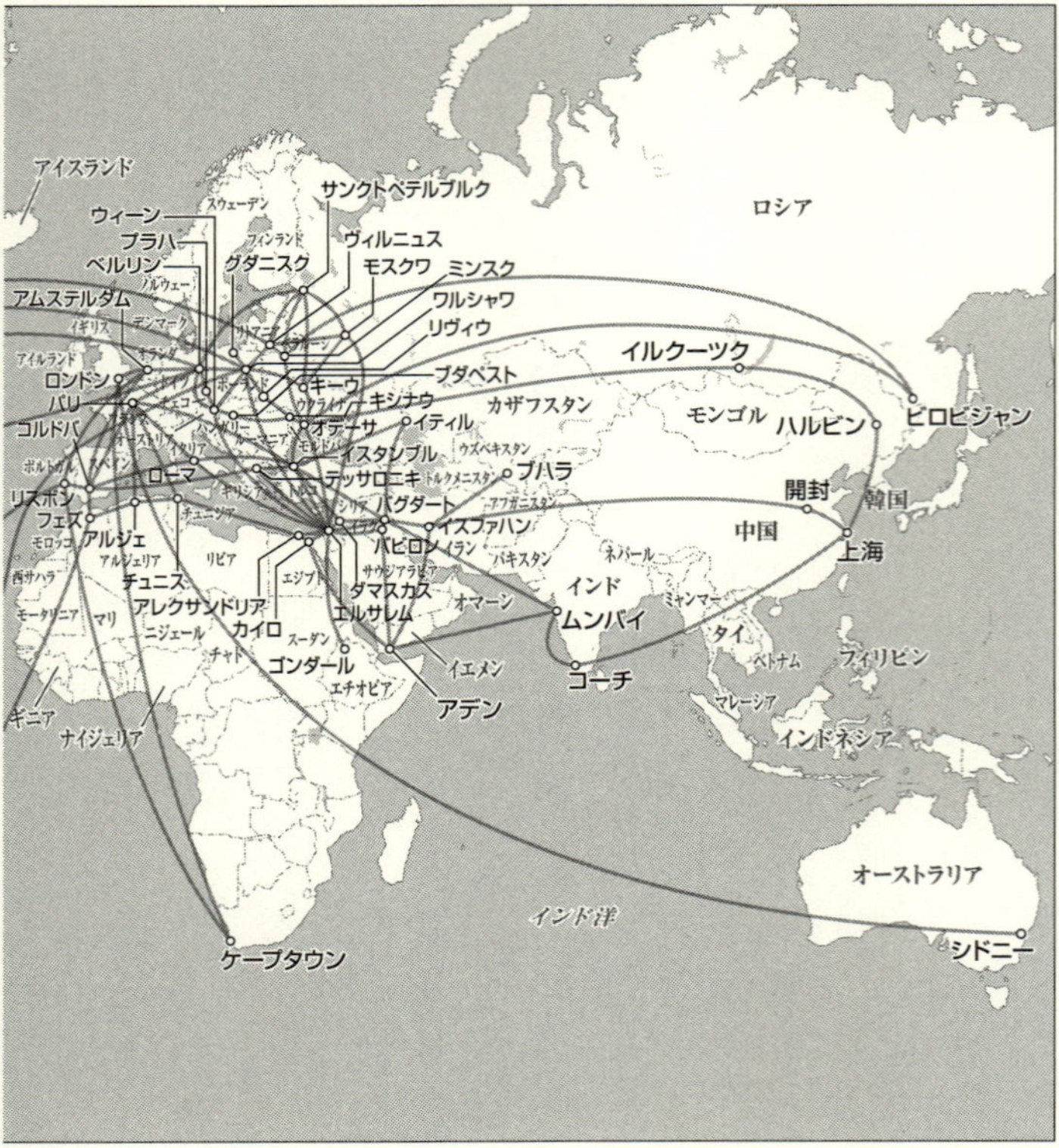

アイスランド
ロシア
サンクトペテルブルク
ウィーン
スウェーデン
プラハ
フィンランド
ヴィルニュス
ベルリン
グダニスク
モスクワ
ミンスク
ノルウェー
アムステルダム
ワルシャワ
デンマーク
イギリス
リヴィウ
イルクーツク
オランダ
アイルランド
ロンドン
キーウ
ブダペスト
パリ
キシナウ
カザフスタン
モンゴル
ハルビン
ビロビジャン
コルドバ
オデーサ
イティル
ウズベキスタン
イスタンブル
ポルトガル
ブハラ
テッサロニキ
トルクメニスタン
ローマ
開封
韓国
リスボン
バグダート
アフガニスタン
フェズ
アルジェ
イスファハン
中国
モロッコ
バビロン
上海
アルジェリア
リビア
イラン
パキスタン
ネパール
西サハラ
チュニス
エジプト
サウジアラビア
ダマスカス
インド
アレクサンドリア
オマーン
ミャンマー
モーリタニア
マリ
エルサレム
ムンバイ
カイロ
ニジェール
スーダン
タイ
チャド
フィリピン
ゴンダール
ベトナム
イエメン
コーチ
エチオピア
マレーシア
アデン
ギニア
インドネシア
ナイジェリア
オーストラリア
インド洋
シドニー
ケープタウン

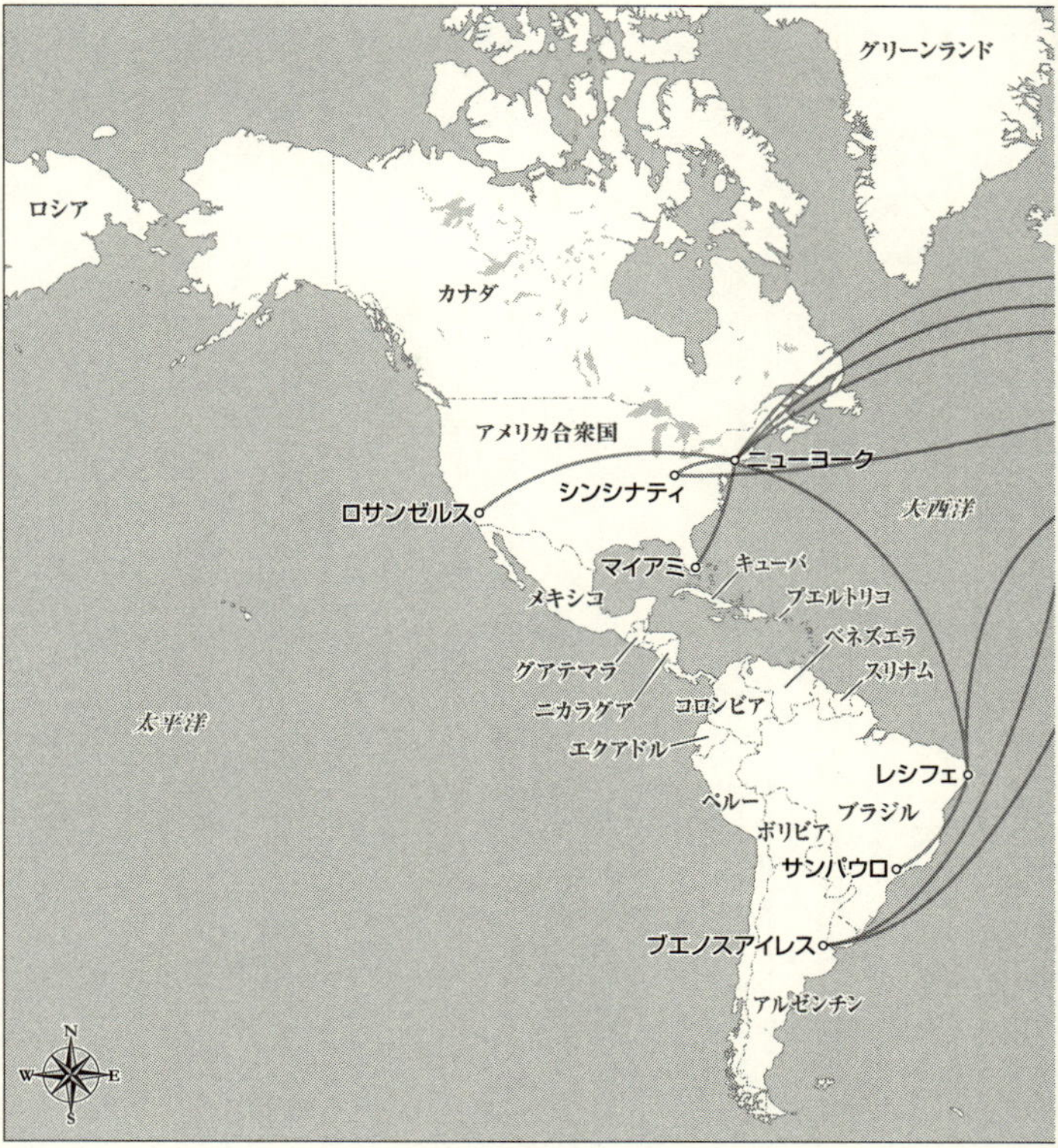

図０－１　ユダヤ人が拠点とした都市間ネットワークや移民の動き
本書で言及した足跡を中心に記した概説図

序章　組み合わせから見る歴史

ユダヤ人の二つのイメージ

日本でも世界でも、ユダヤ人のイメージは独り歩きしやすい。そのイメージはたいてい次の二つのいずれかに集約される。

一つは、がめつい人びと。もう一つは、かわいそうな人びと、である。

一つ目についてよく引き合いに出されるのが、イングランドの劇作家シェイクスピアが一六世紀末に著した『ヴェニスの商人』に登場するユダヤ人の金貸しシャイロックだ。富豪だが強欲で、金のために狡猾に動き回る憎たらしい人物として描かれる。主人公アントーニオに、その体の「肉一ポンド」を担保として金を貸すなど、文字通り血も涙もない。

もう一方については、ホロコーストがよく言及される。日本でよく登場するのは、リトアニア・カウナスの領事代理だった杉原《すぎはら》千畝《ちうね》が、外務省の命に反してユダヤ人に日本の通過ビザを発給して出国を助け、命を救ったという話だ。主人公は杉原で、巨悪のナチズムを背景に、ユダヤ人はビザを授けられる客体にすぎない。

しかし、これらにはイメージがかなり先行した部分がある。

『ヴェニスの商人』はフィクションだから当然かもしれない。とはいえ、シェイクスピアが活躍した一六世紀のイングランドには、実はユダヤ人はほとんどいなかったのだから、シャイロックは想像の産物にほかならない。一三世紀末にエドワード一世による追放令でユダヤ人は消え去り、再入国が許可されたのはようやく一七世紀半ばになってからだ。

シェイクスピアがシャイロックのネタ元にしたのは、キリスト教世界で流通していたユダヤ人に対する偏見だった。終盤で、アントーニオは事業に失敗して借金を返せなくなり、シャイロックは裁判所に訴える。ところが、アントーニオがサインした契約書に「肉一ポンド」としか書かれていないことに着目した裁判官は、そこに血は含まれていない、血を流さずして肉を切り取れるならば、と迫り、シャイロックは観念する。

そしてこの部分に登場する「キリスト教徒の血」という表現こそ、ユダヤ人が儀式のためにキリスト教徒の子の血を抜き取るというデマを反映したものなのだ。

杉原の実像はどうだろうか。彼が何千という人びとに通過ビザを発行したこと、それがなければ彼らは生き延びられなかったかもしれないこと、またそのなかにかなりのユダヤ人がいたことは事実だ。

だが、近年の研究によれば、杉原はビザを発行した時点では、ソ連の脅威から逃げてきた人びとを救おうとしており、ユダヤ人に関してはあまり意識していなかった。戦後にホロコーストのことが知られるようになり、もっぱらホロコーストからユダヤ人を救ったという話が強調されるようになったようだ。ソ連の脅威から逃げる難民といってもあまりピンと来ないが、ナチに迫られるかわいそうなユダヤ人を救ったということであれば、理解しやすい。

主体と構造

この二つのイメージは、ユダヤ人の歴史を捉える際の二つの基点を示してもいる。

歴史学や社会科学では、古くから「主体か、構造か」という問題が議論されてきた。簡単にいえば、今の自分は自らが意図し、努力し、工夫を重ねた結果なのか、それとも、生まれた家庭、育った環境、出会った人びとによる結果なのか、という問題だ。自分を強調するのが主体を重視した記述であり、歴史でいえば、王や将軍を中心とした記述がその例だ。他方、周りの人びとや環境などを強調するのが構造を重視した記述だ。歴史では、経済状況や政治制度、社会動向などを重視するものが相当する。

先のイメージで、シャイロックは最終的には失敗するとはいえ、とても主体的な存在である。他方、杉原のなかに登場するユダヤ人は構造にがんじがらめになっている。はたして、がめつい人がかわいそうな存在になるのだろうか。あるいは、かわいそうな人ががめつくなるものだろうか。

シャイロックはがめつい人だから懲らしめられるという展開を想像する人もいるだろうし、ホロコーストという惨事を経験したイスラエルの人びとがのちに逆にパレスチナ人に残虐な行いをすることを想像する人もいるだろう。

しかし、主体と構造を同時に考えることもできる。つまり、何か悲惨な状況に引っ張られてがめついことをやってしまうとか、がめつい行為とかわいそうな状況の悪循環が見られる、といったことだ。例えば、貧困のさなかにある人が、家族が不治の病になってどうしてもお金が必要で詐欺に手を染めるとか、泥棒を働いた悪漢が世間から見捨てられ、泥棒ぐらいしか生業がなくなってしまう場合などである。

ユダヤ人の実像

人生は組み合わせである。つまり重要なのは、何と何が組み合わさってそのような結果になったのか、ということだ。組み合わせは、巡り合わせのような偶然によって起こるかもしれないし、自ら特定の組み合わせを狙うこともあるだろう。

ユダヤ人は、歴史の大半の部分や大半の地域でマイノリティであり、構造に規定される局面は非常に多い。ゆえに、まずは構造を描こうとする世界史の教科書では、世界の一神教にとって重要なユダヤ教が始まる古代と、ホロコーストやイスラエルのインパクトが強い現代を除くとユダヤ人は登場しにくい。

だが、まさにそのあいだの時期に、ユダヤ人はさまざまなものと組み合わさって自らも変容を遂げつつ、周囲に影響を与えていったのだ。古代と現代では、同じ「ユダヤ人」でもかなり中身は違っている。

「ユダヤ人の歴史」の見どころは、ユダヤ人が構造と格闘したり、構造を前提にしてそれを活かす道を考えたり、複数の構造を組み合わせて第三のものを作り出したりするような、「主体と構造」が織りなす局面だ。

そこを紐解《ひもと》くことで、独り歩きしたイメージではない、ユダヤ人たちの実像と歴史の広がりが見えてくるだろう。

第1章　古代――王国とディアスポラ

歴史は先立つものと組み合わさって展開していく。

だが、「ユダヤ民族史」が描かれる聖書の記述は、神による世界の創造をこの「先立つもの」として始め、最初の組み合わせを見せない。歴史学の観点からは、これをそのままユダヤ人の歴史と受け止めるわけにはいかない。

もちろん、聖書には、事実の記録を意識したと思われる部分、確認されている史実との整合性を含む部分はある。しかし、神話としか言いようがない箇所も多く、そもそも歴史学での使用を想定して書かれたわけではないのだから、まじめに歴史学的な精査にかけるのは野暮というものだろう。

とはいえ、聖書を無視して独自にユダヤ人の歴史を検証すべきかといえば、ことはそう簡単ではない。聖書は傍観者による非公開の文章ではなく、その後ユダヤ人としてまとまっていくことになる人びとのあいだで語り継がれてきたものの集積である。しかも、その記述は翻って、あとに続くユダヤ人たちの思想や行動の参照軸、すなわち聖典となった。つまり、聖書もまた歴史の構成要素なのだ。最初期はともかく、その後に関してなら、さまざまな組み合わさり方を聖書に見ることもできる。

古代オリエントの多様な人びとが組み合わさったり巡り合ったりしながら、ユダヤ教の原型は形成されていった。王国を築いたり、それが征服され、強制移住させられたりするなかで、その核心部分が一神教という形で鍛えられていき、それが聖書としてまとめられていくというのが、本章で見ていく大きな流れである。

なお、本書で「聖書」とは、ヘブライ語で「タナフ」という略称で呼ばれる、いわゆるヘブライ語聖書のみを指す。大枠ではキリスト教の旧約聖書と同じと考えてよい。各書（例：創世記、イザヤ書）の内容は旧約聖書と同一だ。ただし、士師《しし》記よりあとの順番が多少異なっていたり、マカバイ記など、キリスト教の宗派によっては含む書が含まれていなかったりする。

1　ユダヤ教以前のユダヤ人？——メソポタミアとエジプトのあいだで

ユダヤ人の祖先

最新の研究から判断する限りでは、ユダヤ人の祖先について史実としてわかっていることは少ない。むしろ、以前はわかっているとされていたことでも、わかっていないとされるようになったこともある。というのも、聖書の記述を史実とする傾向が強かった一九八〇年代までに対して、他の史料から裏づけられることのみを史実とするという、より慎重な姿勢が強まったからだ。

聖書に含まれる各書はさまざまな伝承をまとめたものであり、いつ誰によって執筆され、編纂されたかもいまだに不明である。「創世記」についても、少なくとも三〇〇年間におよぶ幅のある、三種類以上の文書や出典をもとにしている。一編の聖書という聖典に何を含めるかが決まったのも、最後の書であるダニエル書が完成した前一六四年頃よりあとの時期であることは確かだとしても、その後いつ、誰によって決められたのかもよくわかっていない。遅くとも二世紀ぐらいまでには今日知られる形になった。

聖書は、ヘブライ語（古代ヘブライ語）でおもに書かれている。言語学的にはアラビア語やイエスが話していたアラム語とともに、セム語に分類される言語だ。いずれの言語も右から左に記述され、似た語彙も多く、文法の考え方も同じだ。ユダヤ人の祖先もヘブライ語やアラム語を話していたと考えられている。これらの言語を使っていた人びとのあいだで聖書が生まれたことは確かだ。

聖書考古学が専門の長谷川修一によると、今日でも世界史の教科書には一九八〇年代以前の基準の名残りがある。教科書によっては、遊牧民であったヘブライ人が前一五〇〇年頃にパレスチナに移住して、一部がさらにエジプトにも移住したと記述している。「ヘブライ人」は他称であり、自らは「イスラエル人」と称していた。

しかし、「遊牧民」という記述は聖書には見られるものの史実として確認されておらず、前一五〇〇年という記述の根拠も判然としない。可能性として、教科書でも言及がある、中王国時代のエジプトにアジア方面から流入した遊牧民ヒクソスが前一六世紀にエジプトから追われたとする史実が関連して考えられる。つまり、ヘブライ人はヒクソスの一派かもしれない。

多くの教科書は前一一世紀の王国から話を始めているが、エジプトでの圧政に苦しんだヘブライ人が前一三世紀に指導者モーセのもとでパレスチナへと脱出したとする教科書もある。この記述も聖書の出エジプト記に沿ったものだ。ところが、当時においてイスラエル人がエジプトに暮らしていたことを示す史料はなく、パレスチナもエジプト新王国の支配下であったことから、圧政を逃れられたのかも疑問が残る。モーセの実在も未確認であり、エジプト系の名前であることがわかっているにすぎない。

それでも、当時この地域周辺で大きな移民が繰り返されたことは史実である。聖書からは前一一世紀末と読み取れる、最初のイスラエル人の王国がつくられた時期についても、考古学は早くて前一〇世紀後半から前九世紀前半としており、大きくずれるわけではない。「イスラエル」という名称は、紀元前一二二〇年頃の古代エジプトの碑文で確認されている。前九世紀後半に作成されたとみられる別の碑文がダビデという名の人物を創始者とする王朝がこの地域にあったことを示している（ただし、この王国が数世紀にわたって繁栄したことについての確実な証拠は見つかっていない）。

したがって、書にもよるとはいえ、聖書はまったくの空想の物語というわけではない。事実からインスピレーションを得た物語が語り継がれていったものを少なからず含むと考えてよいだろう。

カナンという環境

聖書によく登場し、ユダヤ人の祖先と関係が深かったと見られるのが「カナン」と呼ばれた地域だ。死海に流れ込むヨルダン川と地中海に挟まれ、現在のイスラエルおよびパレスチナ自治区にその中心地域が重なる。そこは、古代四大文明のうちの二つが存在したメソポタミアとエジプトの緩衝地帯でもあった。これらの地域を総称して古代オリエントという。

メソポタミアは、現在のイラクとその周辺地域に相当する。現在のトルコ東部から並行して流れ、イラク南部で合流したのちにペルシア湾に注ぐティグリス川とユーフラテス川がこの地域に肥沃さをもたらした。エジプトも定期的に氾濫するナイル川によって肥沃な地となった。エジプト全域とメソポタミア南部は砂漠気候に属すため、農業のためにはこれらの川から治水・灌漑《かんがい》を整える必要があり、そのために人びとを動員する強力な王国が望まれるとともに、その過程で文明が発展した。

これに比して、カナンは中央から北部にかけて地中海性気候に属し、緑が豊かだ。それゆえ聖書では「乳と蜜の流れる地」とも表現される。聖書では、自然は人格化され、人間との距離感が非常に近くなっている。これに対して、第2章で見るディアスポラ（民族離散）の主軸となったラビ・ユダヤ教は移動可能な形を取っているためか、自然に対する思い入れは感じられない。

カナン自体はこうした気候の恩恵により牧歌的な社会を形成したものの、メソポタミアとエジプトの諸王国の抗争にしばしば巻き込まれた。同時に、さまざまな文化が交錯し、流通する地域でもあり、聖書にも反映された多様な文化はそれゆえである。最も古い時代のものでは、メソポタミア文明の一角をなしたシュメール人が楔形文字で残した『ギルガメシュ叙事詩』の影響がよく指摘される。そこに登場する大洪水に関する説話が、「創世記」の「ノアの方舟《はこぶね》」物語の原型となった。

また、こうした中間的な位置にあったからこそ、カナンの人びとは同盟すべき帝国をつねに探る習慣が身についたともいえる。このあり方は、続く章でさらに鮮明化する。

祖先の物語

カナンの人びとの誰がユダヤ人の祖先であるのか、史実は不明である一方で、聖書はこれを定義している。聖書が確立して以降のユダヤ人の歴史の展開にとっては、この主観的な定義のほうが重要である。というのも、遺伝子が歴史をつくるわけではなく、自分（たち）を何者と考えるかがその人物（たち）の歩む道や周囲との関係を決めていくからだ。

聖書のなかでユダヤ人の祖先として登場する人びとは「ユダヤ人」とはほとんど呼ばれず、おもに「イスラエル人」という名が与えられている。以下では、この「イスラエル人」の形成について聖書が伝えるところを見ていこう。

物語を聖書の構成の順番で大雑把に示すならば、次のようになる。まず、世界が創られ、アダムとイヴ（エバ）から人類が増え、その後の諸民族が生まれていった。アダムとイヴの三人の子のうちセトの子孫がノアである。ノアは洪水が来るとの神のお告げを民に伝え、方舟を造った。それに乗った者のみが生き残った。その子がセム、ハム、ヤフェトである。ユダヤ人やアラブ人が「セム人」と呼ばれ、ヘブライ語やアラビア語が「セム語族」に含まれるのは、彼らがセムの直系の人びとだとの説を一八世紀のドイツの歴史家が唱えたことに始まる。

セムの子孫テラのそのまた子であるのがアブラハムだ。その妻サラとのあいだにイサクが生まれ、イサクの子ヤコブの系統がユダヤ人および彼らがつくったユダヤ教の分派から生まれたキリスト教につながる流れとされる。一方、アブラハムとサラの女奴隷とのあいだにイシュマエル（アラビア語読みは「イスマーイール」）がイサクの前に生まれており、彼はアラブ人につながっていく。ユダヤ教がキリスト教とイスラーム（イスラム教）とともに「アブラハムの宗教」と呼ばれるのは、このような親戚関係のゆえである（史実としては確認されていない）。

このアブラハムと神は契約を結んだ。神はアブラハムを大いなる民族（goi）（の祖）として祝福し、子孫が星の数ほど増加し、彼らにカナンを与えると約束した。この「アブラハム契約」の印として、神は男子に割礼を要求した。その後、このイスラエルの民がエジプトに移民するまでを書いたのが創世記である。

ところが、エジプトではファラオ（王）の圧政下で奴隷となる。そこでエジプトに生まれた指導者モーセに率いられ、イスラエル人のみが紅海を渡ることができるという奇蹟が起き、エジプトを脱出した。その先のシナイ半島にあったとされるシナイ山において、モーセは神から十戒を授かる（出エジプト記）。

次に示すこの十戒は、ユダヤ教において最も基本となる戒律であり、「アブラハム契約」と並ぶ神とのもう一つの契約、すなわち「シナイ契約」と呼ばれる。

①唯一神
②偶像製作・崇拝の禁止
③神の名をみだりに唱えることの禁止
④安息日遵守
⑤父母を敬うこと
⑥殺人の禁止
⑦姦淫の禁止
⑧窃盗の禁止

⑨隣人についての偽証の禁止
⑩隣人の家・妻・奴隷・牛などの財産を欲することの禁止

神から言葉を預かったという意味において、モーセは「預言者」とも呼ばれる。聖書にはさまざまな預言者が登場する。聖書学者の月本昭男によると、預言とは、非日常的な心理体験を通じて神の意思に触れ、それを人びとに伝えるという意味で、シャーマニズムの一形態である。古代から西アジアに存在し、今日でも世界中で見られる宗教現象だ。

そうした数々の預言者のなかで、他の預言者が実質的に王の言葉を伝えるのみだったのに対して、イスラエルの預言者は、弱者を虐げる社会や大国や武力に頼ろうとする政治、倫理性を欠いた宗教に対するヤハウェ（神）の批判を伝えたのだった。

続くレビ記では神殿祭儀と清浄規定、祝祭日などの定めが示される。イスラエルの民はその後荒野をさまよい、カナンの地に向かう（民数記）。モーセは死に際して、イスラエルの民に神との契約について再確認させ、従順な者には報いがあり、不従順な者には罰が与えられると説いた（申命記）。

以上、創世記から申命記まではモーセが書いたとされ、「モーセ五書」と呼ばれる。その物語にユダヤ人が守るべき諸々が書き込まれていることから、この五書はまとめて「律法」

（トーラー：「教え」の意）とも呼ばれる。ユダヤ教の基本であり、儀礼などの際にユダヤ人が集まるシナゴーグ（会堂）ではその巻物が大切に保管されている。キリスト教の旧約聖書でもこのパートの構成は同じだ。その内容や構成は、遅くとも前四世紀半ばまでにほぼ確定した。

イスラエルの民は、実際には遊牧民から農民に至るまでのさまざまな部族の連合だった。神との「契約」をイスラエルの民が一人一人、また民族全体として結ぶことで、そうした多様な人びとが一つにまとまる。独立国家を持たない状態で人びとをまとめるために効果的な考え方だったといえるだろう。

こうした「契約」の意義は、社会学者のマックス・ヴェーバーが『古代ユダヤ教』のなかで指摘している。一九世紀までの旧約学におもに依拠しているヴェーバーの諸説は現在では限界が多いが、どのように宗教集団が持続するかという社会学的観点に着目したこの視座は、今日でも有効である（なお、現在はバビロン捕囚以降をユダヤ教と呼び、アブラハムやモーセの時代は「古代イスラエルの宗教」と呼ぶことが多い）。

ユダヤ・アイデンティティの二重性

もっとも、この契約は二重になっている。聖書学者の上村静が指摘するように、アブラハム契約とシナイ契約はそれぞれ意味合いが違っているのだ。

アブラハム契約は血縁を基礎に置いている。他方、シナイ契約は、律法の遵守を求める。しかも、後述するように、その律法は全人類にとって重要なものであり、イスラエルの民が守ることによって全人類が救われることになっている。ユダヤ人はそのために神から選ばれたというのが、「選民思想」の本来の意味だ。つまり、選ばれたので他の民族より優位にあるという意味ではない。

ユダヤ人は、ユダヤ人の母から生まれるか、もしくはユダヤ教に改宗した者と定義される。この定義もこの二つの側面に対応している。ユダヤ人の母から生まれれば、極端な話、他の宗教に改宗してもユダヤ人と定義しうる。現代イスラエルではこの点で国籍との関連で齟齬《そご》が生まれることがあったため、国籍法上は他の宗教の信者ではないことも条件とされるようになった。他方、非ユダヤ人も改宗可能ということは、血縁はなくても律法をまじめに遵守し、改宗が認められればユダヤ人と定義されうるのだ。

ここには、ユダヤ人のその後の展開を占う重要な組み合わせを見出すことができる。ユダヤ人は血縁集団として同定される一方で、人類に普遍的な律法の担い手ともされる。集団としてのまとまりを保ちながらも、他の民族に対して開かれた状態もまた維持され続けるという緊張関係が内部につねにはらまれているのである。

王国が成立する前の時期を記述したルツ記では、ルツというモアブ人の女性がイスラエル人の律法に従う寡婦として登場し、ダビデの祖父にあたる人物を生む。つまり、「ユダヤ人」というアイデンティティが確立していく過程で、非イスラエル人が混じっていたことが明記されており、母系でたどっても「純血」が保たれてきたわけではない。

ユダヤ教研究の櫻井丈《さくらいじょう》によると、第2章で言及するユダヤ教の経典バビロニア・タルムード（「学び」の意）では、「改宗者は新生児と見なされる」という章句がある。つまり、普遍的な律法に精通し実践したうえでしか認められない改宗ののちには、いわば家族の一員として扱われるのだ。

なお、日本語では「ユダヤ人」のほかに「ユダヤ教徒」という表記もありうるが、ヘブライ語はじめ他の諸言語にこの区別はなく、英語のJewのようにどちらの意味も兼ねた語が使われる。上記のように血縁的なものと宗教的なものが分けがたいからだろう。本書ではそのような緩やかな意味合いで「ユダヤ人」という語を用いることとする。

男性と女性

創世記によると、神はまず男性であるアダムを創り、そのあばら骨から女性であるイヴを創った。ここから、聖書における男性中心主義が始まるのは否めない。事実、今日までユダヤ教の主導的立場はほとんど男性で占められてきた。ギリシア・ローマ時代に儀式を司《つかさど》る女性がいたことを示す史料はあるが、例外的だ。

イヴは蛇にそそのかされて、神から食べることを禁じられていた果実を口にしてしまう。蛇は腹ばいで動き回ることを運命づけられ、アダムは神から、大地はそのゆえに呪われ、そこから苦しんで食を得ることになると告げられる。そしてイヴに対して神は次のように伝える。「私はあなたの身ごもりの苦しみを大いに増す。あなたは苦しんで子を産むことになる。あなたは夫を求め、夫はあなたを治める」（創世記三：一六、日本聖書協会共同訳、以下聖書からの引用はすべて同版から）。

夫による妻の支配が明記されているうえ、出産の苦しみは自業自得だと突き放しているのだ。男性が畑仕事で苦労するのが当然であるように、女性が子を産むのに苦労するのも当然だとして、支配関係を伴う役割分担と苦痛に対する諦念を同時に提示している。

こうして、ユダヤ教の中心は男性ばかりとなり、女性が参加するようになるには二〇世紀まで待たなければならなかった。古代から中世に至るユダヤ社会のジェンダー規範についても、女性が結婚をして子どもを産み、家庭を守る存在とされていたこと以外に特筆すべき点はないようだ。

ただし、経済の領域では女性も活躍することはあり、例えば、商人の家で夫が長く不在にする際は、女性が家業を含めた家計をやりくりし、なかにはやり手の商人になる場合もあった。

それでも、やはり史料として残るのはユダヤ教の中心に関わる男性の話か、その周りの男性の目を通したものばかりとなりがちだ。それゆえ、本書では男性支配層中心の話がしばらく続くことになる。

北のイスラエル王国と南のユダ王国

聖書では、イスラエルの民としてまとまりを持つようになった人びとが、王国を築く展開が描かれる。モーセのあとを継いだヨシュアがカナンを制圧するが（ヨシュア記）、その死後、ペリシテ人などの他民族の侵略を受け、士師と呼ばれる英雄に救済される（士師記）。なお、ペリシテ人は「パレスチナ」という地名の由来である。

しばらく部族連合の形を取っていたイスラエルは、サウルを初代の王として中央集権的な王国を打ち立てるも、ペリシテ人に苦しめられることになる。その後、イスラエルのなかのユダ部族が、部族の王としてダビデを選び、抗争の末、ダビデがイスラエル王国の王も兼任することで、統一国家が成立した（サムエル記・上下）。

このとき、ヘブロンからエルサレム（ヘブライ語では「イェルシャライム」）に遷都され、王国は繁栄する。のちにユダヤ人が再び苦境に置かれた際に、苦境を救って再びこのような王国を築くダビデのような人物の出現を切望したのが、メシア（ユダヤの王や救世主の意）思想の始まりである。

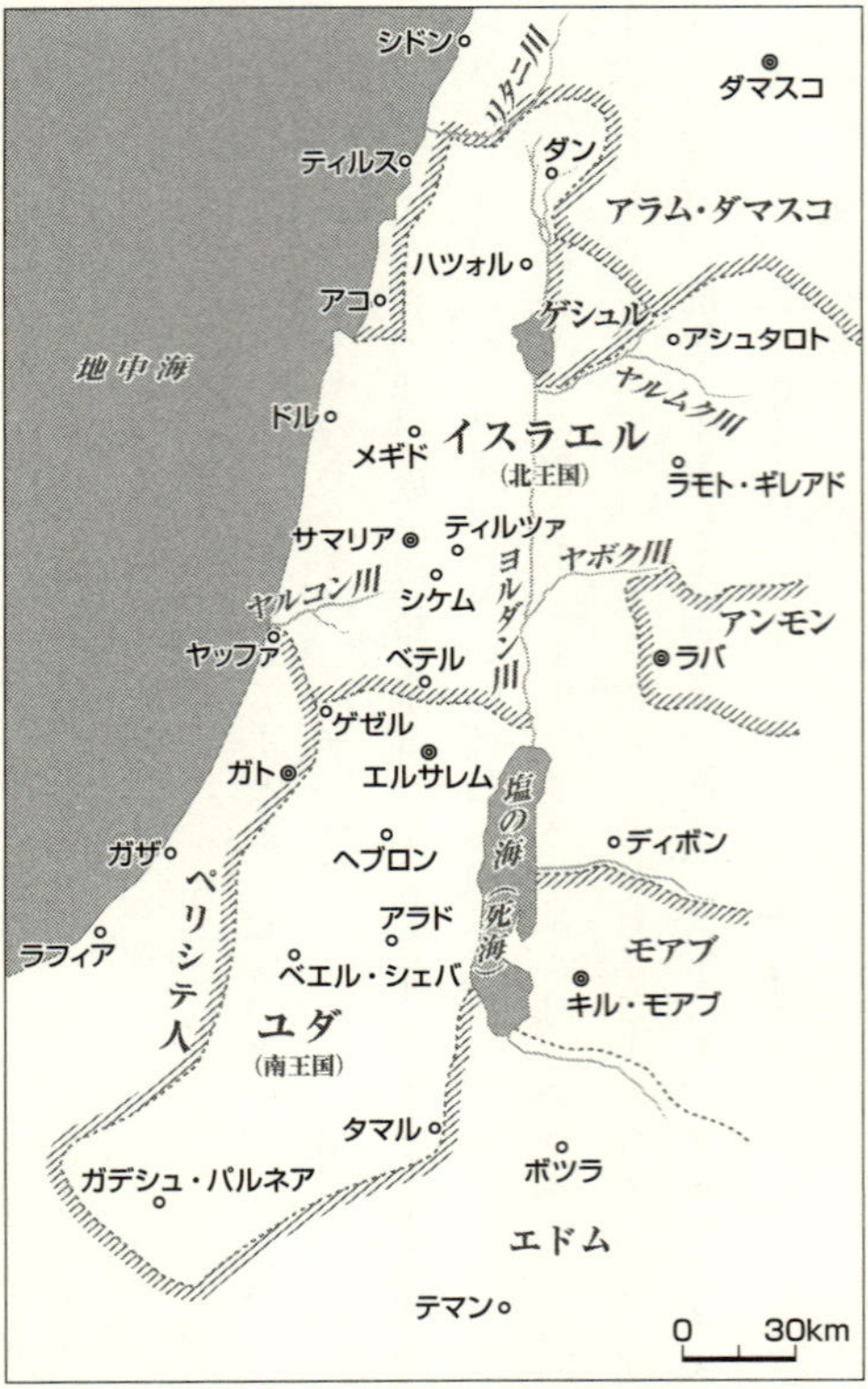

図1－1　分裂王国時代のイスラエル

ダビデの息子ソロモンの治世に王国は最盛期を迎え、エルサレムには神殿が造られた。だが、その死後、統一イスラエル王国は北のイスラエル王国と南のユダ王国に分裂してしまう。しかも、それぞれの王が偶像崇拝するようになり、神は怒り、王国は混乱していく（列王記上）。

ちなみに、「イスラエル」と「ユダ」（ヘブライ語では「イェフダー」）の名の由来はそれぞれこうだ。まず、「イスラエル」は、アブラハムの孫ヤコブが神の祝福を受けて与えられた名前である。ヤコブの先祖のことを遡及的に「イスラエルの民」と呼ぶのは奇妙であるので、教科書では「ヘブライ人」という呼称が用いられるようだ。

他方、「ユダ」はヤコブの息子の一人の名前であり、そこから「ユダ部族」が生まれた。ユダ王国はダビデの出身部族であるユダ部族などから構成された。後述する経緯から彼らがヘブライ諸部族の代表的存在となり、「ユダヤ」（ヘブライ語で「イェフディ」、「ユダの」の意）がこの諸部族の総称となったようだ。

このあたりの経緯については聖書以外では確認されていないが、二つの王国の存在については、同時代の文字史料で確認されている。

北王国は、メソポタミアに前二〇〇〇年頃から存在し、やがてオリエントを統一することになるアッシリア王国に征服され（前七二二年）、南王国もアッシリアの属国になった。その南王国もアッシリアが滅亡したのちのメソポタミアに興った、ネブカドネザル二世率いる新バビロニア王国に征服され、一部住民がバビロンに強制移住させられた。これを「バビロン捕囚」と呼ぶ（前五八六―前五三八年）（列王記下）。ソロモン王が築いた神殿（その後「第一神殿」と呼ばれる）はこのときに破壊された。

実際にはバビロンの都市に限らずバビロニア全体に移住させられたため、今日では「バビロニア捕囚」と呼ばれるようにもなっている。この時期にユダ王国出身者がバビロニアに強制移住させられたことはバビロニアの史料でも確認されている。

なお、アッシリア王国も北王国の住民を強制移住させていた。それは帝国経営の戦略だった。特徴的なのは、住民を追い出した地域にまた別の住民を他地域から強制移住させることで、人びとを故郷と引き離しつつ、異なる人びとを混在させて住民が団結して反乱することを防ごうとした点である。

バビロン捕囚とディアスポラの誕生

ここまで聖書がどのような民族物語を描いているかを追ってきた。以上で史実として確認されていることは少ない。しかしその後のユダヤ人の歴史にとっては、先のユダヤ人の定義しかり、この物語こそが重要である。なぜなら、以上のような展開のなかでバビロン捕囚が訪れたという一連の流れの理解が、その後のユダヤ人の行動原理であるユダヤ教の核心を形成したからだ。

ここからは、聖書以外の史料も増えてくることから、より史実に即した形でバビロン捕囚以降の展開を追っていこう。

「住民交換」のような強制移住を行ったアッシリアに対して、新バビロニア王国は、旧ユダ王国の住民を比較的まとまった形で住まわせたうえ、まだ住民の一部が残っていた旧ユダ王国領土は放置したことで、新旧の地域において、ユダ王国の人びとは同一性を保つことができた。その結果、モーセの信仰を引き継ぐ古代イスラエルの民のうち、旧ユダ王国の人びとだけが王国の滅亡後も一体感をある程度保った唯一の一派となり、彼らがやがてユダヤ人と呼ばれるようになった。

長谷川修一によると、このことについては、バビロニアがあった地域から出土した粘土板が示唆している。そこには「ユダの町」という共同体名が記され、ユダの人びとが信仰していたヤハウェ（神）にちなんだ名前を持つ者が少なからず言及されている。聖書では、このバビロン捕囚はもっぱら苦難として描かれるが、この文書からは、ユダの捕囚民には土地が割り当てられ、半自由民として土地を開墾して経営していたことなどが明らかとなる。

このように、バビロニアにおいては、ユダの捕囚民が故郷から離れながらも一体性を保つことを阻害しないだけの社会的条件が存在していた。こうして暮らす人びとやその状態を社会学や歴史学などでは「ディアスポラ」（ギリシア語で「まき散らされた者」の意）と呼ぶ。ユダヤ教では「ガルート」（ヘブライ語で「捕囚」「追放」の意）と呼ぶことも多い。

ではそうしたマイノリティ状況のなかで、なぜ彼らはユダヤ人としてまとまり続けたのか。職が得られ、ある程度自治が認められていたからという説明だけでは不十分だろう。強制移住の憂き目にあった他の諸民族は周囲に同化する場合が多かったし、ユダヤ人でも周囲に同化する場合は少なくなかった。

2　ユダヤ教の成立——バビロニアとペルシア帝国

一神教の物語

まとまり続けるための結節点になったものこそ、この頃に、「イスラエルの宗教」から発展して成立したユダヤ教という宗教だった。もちろん、この時点のユダヤ教とその後のユダヤ教は同じではなく、さらに変化を遂げていくことになるが、その際の核心部分がこのときに確立したのである。

核心部分とは、「ヤハウェ」と呼ばれる神に対する一神教信仰である。

ここで「神に対する信仰」ではなく「神に対する一神教信仰」と回りくどく書いたのには理由がある。彼らの神の捉え方にこそ特徴があるからだ。

一神教と多神教は、相互に排他的でない場合がある。同時に複数の神を崇拝しないならば、それは一神教に分類されるからだ。ほかにも神はいるのを知っているが、自分は特定の神しか信仰しないという場合も、山に入るときは山の神を、海に入るときは海の神を崇拝するが、同時に両者を崇拝することはないという場合も、いずれも一神教に分類される。世界で神と呼ばれているさまざまなものには実は主席の神というべき元締めがあるという考え方も一神教だ。

これに対して、ユダヤ教、キリスト教、イスラームに共通する信仰は「排他的一神教」と呼ばれる。世の中に唯一神以外に神の名に値するものは存在しないという、以上のタイプの一神教さえ否定する考え方だ。したがって、自分ないし自民族が信仰している神は、他者・他民族も支配しており、別の神を崇める者は、単にそのことに気がついていないだけということになる。また、他民族であっても同じ神の救いに与《あずか》る可能性があるということにもなる。

三宗教とも、世界を唯一司るところの同じ神を信仰することは相互に了解している。異なるのは、神の道に到達するための考え方や実践である。

では一神教信仰はなぜ生まれ、どのような意味を持ったのか。

すでに言及した北王国の滅亡やバビロン捕囚といった物語は、一神教を聖書の読者、そしてそのもととなる伝承を当時聞いたイスラエルの民に実感させるための仕掛けでもある。一言でいえば、イスラエルの民が、神との契約に反したこと、つまり従うべき神に背いたことへの罰として、これらの苦難があったと印象づけるのだ。

当時において、各民族はそれぞれ異なる神を信仰しており、戦争は神々の戦いであると考えられていた。この考えからすると、アッシリアなりバビロニアなりに滅ぼされることは、それらの神に自分たちの神が敗北したことを意味してしまう。

ところが、アッシリア人やバビロニア人を司る神と自分たちの神が実は同じであるならば、敗北は自分たちの神の敗北を意味しなくなる。また、当時、神々は地域と強く結びついていたから、カナンの地から引きはがされることは、その土地の神にとって厳しい状況となるが、世界を司る唯一神であれば、バビロニアにおいても同様に身近に感じることができる。

聖書はユダ王国の人びとの視点から書かれているとされる。その物語はこうだ。北のイスラエル王国の人びとは、禁止されている偶像崇拝を行い、異民族の祭儀を取り入れるなど、契約に背くことを常態化させてしまった。そのために神の怒りを買って、北王国は滅びた。アッシリアの属国になったユダ王国でも、アッシリア王の指示に反して偶像を破壊した王ヒゼキヤは神に救われるが、その子が再び偶像を持ち込み、神の怒りを買う。こうして神は他の国々がユダ王国を攻撃することを許した——。

唯一神の存在とともにこのような因果関係を信じる者が、バビロニアにおいても同じ神を信じ続け、それによって周囲の異民族と差異化し続けたのだ。そして、異郷の地で、王国が繁栄していたときの輝かしい記憶を想起しながら、いつかカナンの地に戻るときまで信仰を守り、実践するために、律法を整備していった。彼らユダの捕囚民こそが、ユダヤ人としての意識を明確化していった人びとである。

一神教までの紆余曲折

聖書においては、イスラエルの民は初期から一神教であり、それが時として破られ、罰せられたというストーリーになっている。しかし実際には、初期には徹底した一神教ではなかったことが聖書そのものの記述からも見えてくる。

聖書学者の山我哲雄《やまがてつお》によると、聖書の物語は、バビロン捕囚以降に確立した唯一神信仰の観点からの「検閲」を受けているため、唯一神信仰が十分に確立していなかったと見られる時代に関しても、唯一神信仰が既定路線であったかのように組み立てられている。それでも漏れは見られ、例えば、創世記では神が「我々」と語っている。また、ヤハウェを唯一神としながらも、何らかの超自然的な神的存在があることは自然に受け止められている。

ユダヤ教の場合、大きな国家や帝国に支配されるなかで、そこにおける神々と差異化し、自らのアイデンティティを保つ必要があったことで、次第に排他的一神教の傾向を強めていった。その痕跡として、創世記の最初の頁あたりに現れる、ヤハウェが太陽と月を造ったとする記述が興味深い。

そこでは、太陽が「昼を治める大きな光るもの」、月が「夜を治める小さな光るもの」と記されている（聖書協会共同訳、創世記一：一六）。ヤハウェが造ったものと明記したうえで、かつ「大きな／小さな光るもの」という曖昧な書き方をしているのは、バビロニアを含むメソポタミアで最高神に属した天体神シン（月神）とシャマシュ（太陽神）との関係を完全に断ち切るためだった。

北王国が滅ぼされ、ユダ王国がアッシリアの属国になった際にも、他の国々にそれぞれ神々がいることはまだ容認していたものと考えられている。そこから、先述の経緯により、ヤハウェが頭一つ抜けるようになったのだ。

では、なぜ唯一神を信じるのか。

それは、もともとは救済のためだっただろう。つまり、神を信頼して苦難を乗り越えれば、救済が訪れるはずだ、繁栄を謳歌したあの王国が再び訪れるはずだ、という一連の流れを想定した歴史観である。現在のユダヤ教では、過ぎ越しの祭り（ペサハ）や仮庵《かりいお》の祭り（スコット）など、救済史観とセットとなった祭りが年間カレンダーを多く占めている。もっとも、救済史観を強く受け継いだキリスト教と異なり、第2章で見るように、ユダヤ教では中世になるまでに信仰の意味は多少変わり、救済は表向きには強調されなくなった。

ペルシア帝国の統治下

新バビロニア王国は、周辺の国々とともに、前五三八／九年、キュロス二世率いるアケメネス朝（ギリシア語読み。ペルシア語読みはハカーマニシュ朝）ペルシア帝国に征服された。キュロスがほとんど一代で築いたこの王朝はその後エジプトも併合し、最大でエーゲ海からインダス川流域までを支配する巨大な版図を擁することになった。

バビロニアを征服したキュロスは、早速、ユダヤ人がカナンの地に戻ることを許した。しかも、神殿を再建することとさえ許可した。史上初の「ユダヤ人解放」である。実際、キュロスは聖書のエズラ記において善き王として好意的に描かれ、ペルシア帝国全般に関してほとんど批判的な言及はないし、ユダヤ人の反乱らしい反乱も記録されていない（エステル記が、ペルシア王妃となったエステルの機転で、ユダヤ人を殲滅《せんめつ》する謀略を未然に防いだことを記している程度）。

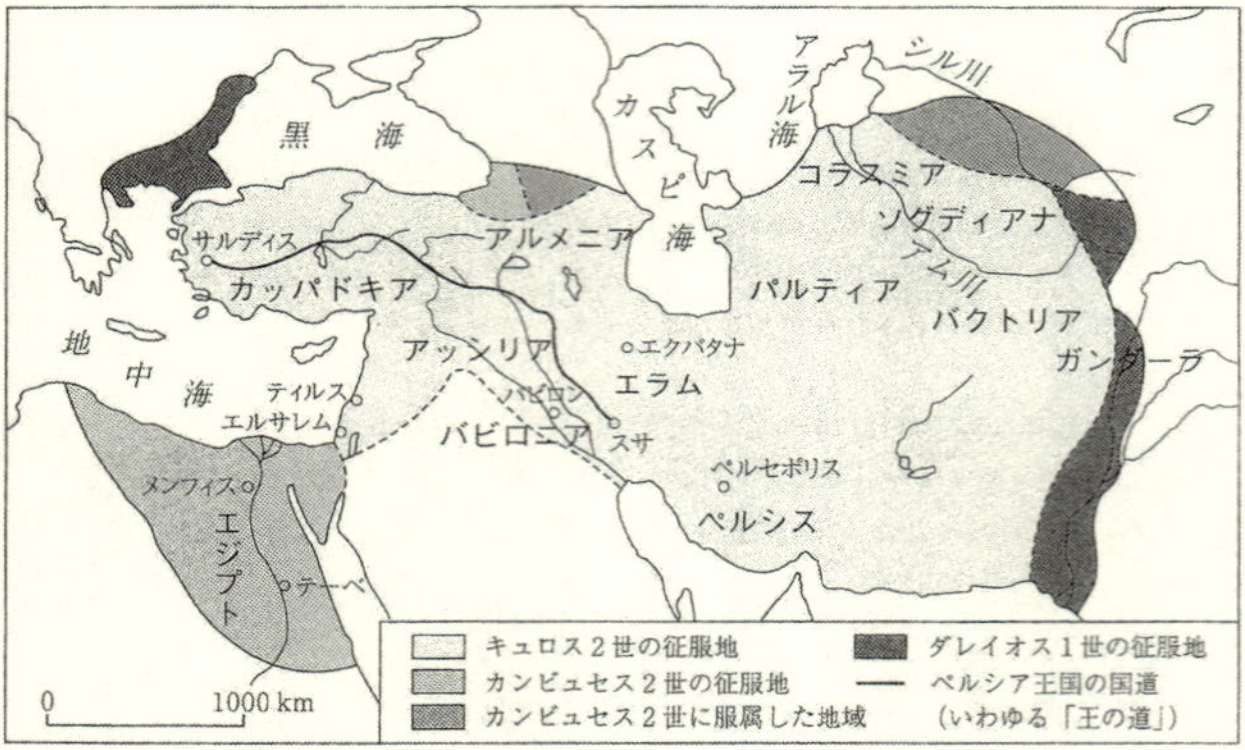

図１－２　アケメネス朝ペルシア帝国

ただし、キュロスはユダヤ人だけに寛容だったわけではなかった。それは征服先の住民の協力を得ることを狙ったペルシア帝国の統治方針であり、バビロニア王国と好対照だった。キュロスは征服先の住民の習慣のなかで救済者としてふるまった。その伝統は以降のペルシア王にも引き継がれ、エジプト征服の際も、現地の文脈のなかで王は自らを表現した。

アケメネス朝はギリシアにもしばしば侵攻し、アテネとのあいだでペルシア戦争を繰り広げた。ペルシア軍は敗れたが、ペルシア側としては、多様なものを取り込む運動の一環として、ギリシア人がギリシア人として帝国支配下に入ることを想定していた。その意味で、本当の意味で寛容だったわけではなく、帝国の常として、自らの優位性を前提としたパターナリズムだった。

しかし、ギリシア人には疎ましい同帝国も、力の弱いユダヤ人にとっては、自らの生活圏を保護する頼もしい存在だった。そのため、バビロニア地域において生活基盤をすでにある程度築いていたユダヤ人は、一部しかカナンには戻らなかったのだ。多くはペルシア帝国支配下で、唯一神信仰と律法の遵守によって民族の一体性の維持を図った。

律法の遵守に関しては、単にユダヤ人がそれを望んだだけでなく、ペルシア帝国の側もそのように仕向けていた。というのも、ユダヤ人が作ったものであれ、ユダヤ人が法を遵守して生活すれば、ユダヤ人地域の秩序が守られるからである。重要なのは、王の作った法に従わせることではなく、彼らが反乱せずにおとなしくしていることなのだ。

同じくペルシアの支配下に入ったエジプトでも、王はエジプトの法を編纂する委員会を組織させた。異民族を直接統治し、例えば教育を施して同化させたり、あるいは個々人を自らの官僚機構で統制したりすることには多大なコストがかかるから、こうした間接統治は、うまくいけば帝国経営にとって確かに効率的だ。

聖書の律法部分の内容が遅くとも前四世紀までに確定し編纂されたのも、こうした背景と関係していた。聖書の記述は、ユダヤ人自身が王になる王権には否定的である。イスラエルの宗教がもともと分権的・平等主義的だったからとする説もあるが、ペルシアの王制を前提にしていたと考えることもできるかもしれない。

アケメネス朝のような大帝国に対してユダヤ人は絶対的な弱者であるものの、秩序を乱さないという帝国の掟を守れば、自らの宗教共同体の自治が守られることをユダヤ人は学んだのである。このような組み合わせを理解したユダヤ人の生き方は、続くペルシアの諸王朝をはじめ、ユダヤ史を通して、さまざまな地域で見ることができる。バビロン捕囚とその後のペルシア帝国の支配がユダヤ教にとってもユダヤ人にとっても大きな転機となったといえるのは、まさにこのような生き方が確立されたからである。

その一方で、カナンの神殿再建は難航し、ようやく前五一五年に完成した。これを「第二神殿」と呼ぶ。ペルシア帝国下では、バビロンとカナンの行き来が容易になり、ディアスポラの地とカナンの本拠地は頻繁に交流し、ユダヤ教はさらに発展していった。

その過程で、ペルシア文化も少なからず影響した。ペルシア人の信仰であるゾロアスター教について、その初期については不明点も多いため研究者の見解は分かれるが、最後の審判や天国、死者の復活という概念は、ゾロアスター教由来である可能性がある。

3　ギリシアとローマ――キリスト教の成立まで

ヘレニズム化

前三三〇年、ペルシア帝国はアレクサンドロス大王に征服される。大王は、マケドニアでギリシア系の家に生まれ、アテネなどのギリシア諸国を服属させて強国を築いていた。征服後、大王はペルシアの宮廷と官僚を継承し、一帯に「ヘレニズム」（ギリシア人の神話的祖先ヘレーンに由来）として知られるギリシア文化を広めていった。

帝国の主がペルシアからかわったことで、ユダヤ人もヘレニズムの影響を大いに受けることになった。そしてその文化圏全域にユダヤ人は拡散した。その一つエジプトは、ギリシア系のプトレマイオス朝が受け継ぎ、地中海沿岸の首都アレクサンドリアはヘレニズムの一大中心地にして世界都市となった。

このエジプトにユダヤ人は多く進出していき、ヘレニズム文化と交わることになった。この地で聖書のギリシア語訳（七十人訳聖書）も行われている。ギリシア語しか解さないユダヤ人が多くなっていたからだ。

しかしこうした状況は、ユダヤ人内部に軋轢《あつれき》を生むようにもなっていた。というのも、当時の「国際文化」となったヘレニズムかぶれのユダヤ人が増加した一方で、バビロニア以来の伝統を守ろうとするタイプのユダヤ人も少なからず存在していたからだ。

それは政治的な問題でもあった。アレクサンドロスの死後のメソポタミアはギリシア系の

図1－3　**「ゼカリヤの墓」（右）とユダヤ人が呼んできた、エルサレムのオリーブ山麓にある遺跡**　第二神殿時代に造られたもので、ギリシア建築の影響が見られる

セレウコス朝シリア王国が受け継いだ。当初プトレマイオス朝が引き継いでいたパレスチナ（カナン）も、前一九八年にセレウコス朝が支配領域に組み込んだ。ユダヤ人に寛容な姿勢を示すかに見えたこの王朝は、次第にユダヤ人の内紛に介入しつつギリシア化を強制するようになった。律法の書を焼かせたり安息日や割礼を禁じたり、神殿にゼウス等のギリシアの神像を立てたりした。

ユダヤ人のうち、大祭司職（神殿に奉仕して儀式を司る者）を得るべくセレウコス朝に接近し力を得た者と、それに反対した者とのあいだの対立は、当然ギリシア文化と伝統的ユダヤ文化の対立を惹起することになった。前者にはユダヤ人の貴族階級の多くが属し、ヘレニズムにおいては旧弊と見られていた割礼を廃止したり、手術して元に戻したりする者さえ見られた。こうした貴族階級に対する反発が伝統を守ろうとする民衆のあいだで生まれたことは想像に難くない。

マカバイの反乱

モディン（現在のエルサレムとテルアビブの中間付近の町）の祭司でハスモン家に所属していたマタティアという人物が、あるとき、異教の習慣を強要した役人と、それに応じたユダヤ人を殺害し、異教の祭壇を破壊してしまうという事件があった。セレウコス朝とそれと手を結んだユダヤ人支配層に反旗を翻したのだ。

マタティアの死後、その息子ユダ・マカバイがこの反乱を受け継ぎ、前一六四年には、セレウコス朝の迫害政策を止めさせ、エルサレムに入城しヘレニズム化したユダヤ人を追い払った。そして異教徒に汚された神殿は清められ、再び神（唯一神）に捧げられた。これを記念して、現在まで続くユダヤ教の主要な祭りの一つとなっているのが、ハヌカ（「捧げる」の意のヘブライ語に由来）である。ただし、ユダヤ教の他の祭りと異なり、ハヌカだけ軍事的な勝利を祝っている。これもギリシアの習慣の影響だろう。

ローマ帝国との連携

ユダヤ人の反抗の結果として妥協的な姿勢を示したセレウコス朝に対して、ユダ・マカバイはさらに戦いを挑んだ。もっとも、その際にユダは、当地において影響力を拡大していたローマ帝国に支援を求めた。

前六世紀末に都市国家を樹立し、前三世紀前半にはイタリア半島の覇者となったローマは、ちょうどこの頃、西はイベリア半島、東は小アジア（トルコのアナトリア半島）の先端まで勢力を拡大し、さらなる拡大をうかがっていた。ユダがローマの元老院からお墨付きを得たことで、前一六一年、バビロン捕囚以来久々にユダヤ人は独立国家を手にすることになった。翌年にユダが死去すると、彼の兄弟がしばらくセレウコス朝の影響を受けたのちにハスモン王朝を樹立（前一四二年）し、しばらくのあいだ、ローマの庇護のもとで繁栄していくことになる。

ところが、権力の座に就くなり、ハスモン家は自らの名をギリシア風に変え、ヘレニズム的な宮廷に住むなど、結局はヘレニズム化の方向を進むようになった。また、歴史上初めて、宗教の元締めである大祭司の地位と王としての地位を兼務するようになった。

それまでのユダヤの伝統では、一般祭司の家系であるハスモン家は大祭司の地位に就けるはずがなかった。また、王位にはダビデの末裔しか就けないと考えられていた。宗教的にも政治的にも正統性に疑問符がつくハスモン家の支配に対し、再びユダヤ人のあいだでは不満が生まれるようになる。

ファリサイ派とミシュナー

そうした雰囲気のなかで人びとの支持を集めるようになったのが、ファリサイ派（パリサイ派）である。「分離」を意味するアラム語に由来する名を持つこの派は、厳格に律法を遵守することを求めた。ローマの影響力が強まるにつれ、エルサレムの祭司の地位は相対的に低下していき、都市部の中間層やエルサレム以外の祭司たちなどのあいだでファリサイ派は支持を広げていった。ユダヤ人がみな律法に服従することを要求した点ではユダヤ人を平等に扱う方向にあった。

この時期までに、エルサレムの神殿でなくても同様に儀式を行うことができるシナゴーグ制度の地位が向上していた。「シナゴーグ」は、「集会所」を意味するギリシア語に由来する英語での呼び方である。ユダヤ人が集まって礼拝をしたり律法を学んだりする会堂のことであり、ヘブライ語では「ベイト・クネセト」（会合の家）と呼ばれる。

ファリサイ派は、聖書のモーセ五書＝成文律法だけでなく、有力なラビたちの律法の解釈として代々言い伝えられてきた口伝律法にも同等の価値を認めた。少し時代は下るが、後二〇〇年頃に「ミシュナー」としてこれら成文・口伝律法は文字にまとめられた。「反復（して勉強する）」を意味するミシュナーは一部日本語訳もされており、その雰囲気を味わうことができる。例えば、安息日は、金曜の日没から土曜の日没までのあいだとされ、その期間に何をしてよく何をしてはいけないかが細かく規定されている。「まえがき」で述べた不思議な話は、まさにそれゆえに起こった。

安息日に関しては、ミシュナーの第二巻（モエード）の最初の章で言及されている。現在普及している校訂本では、読者の便のために、関連するモーセ五書の章句が冒頭に引かれている。例えば、創世記では、天地万物が完成し、第七の日に神が安息し、「神は第七の日を祝福し、これを聖別された」（創世記二：三）と記されている。

あるいは、出エジプト記では「七日目はあなたの神、主の安息日であるから、どのような仕事もしてはならない」（出エジプト二〇：一〇）とある。

ミシュナー本体では、これらに関するラビたちの議論が細かい注釈とともに記されている。百科事典サイズの日本語版で、安息日の章だけで八〇頁におよぶ。「まえがき」の挿話に関連することでは、「異邦人、泥棒、悪霊を恐れて灯火を消す者、あるいは病人が眠れるように灯火を消す者は免責される」という記述がある（長窪専三・石川耕一郎訳『ミシュナⅡ　モエード』二六頁)。ニューヨーク・ブルックリンの少年は、いずれにも当てはまらないと考え、筆者に頼んだのだろう。

口伝律法はラビたちの議論であり、ミシュナーも、決定事項を羅列するだけでなく、意見が分かれていることもそのまま記載している。例えば、仕立て屋の仕事に関して、次のような記述がある。

シャンマイ派は言う。〔金曜日の〕日中に浸し終わるのに十分〔な時間〕がなければ、インク、染料、そら豆を〔水に〕浸してはならない。しかしヒレル派は許す(『ミシュナII モエード』二二頁)。

シャンマイ派もヒレル派も、いずれもファリサイ派に大きな影響を与えた律法学者の一派だ。日が暮れて安息日に入ってから仕事の続きをすることはできない。では、金曜の日中に終わらないことを始めてしまってよいのかどうかということをめぐる解釈の相違がここに記されている。しかしここで結論は出されていない。

ここに、ユダヤ教の特徴の一つが表れている。できるだけ議論を積み重ねながら協同で慎重に解釈し、決してドグマ化しないという姿勢である。このために、ユダヤ教には歴史上さまざまな派が出現する。それぞれあくまでも論争を行うにとどまり、暴力を行使したり、あるいは単一の権威が唯一の決定事項を一方的に宣言したりすることは、基本的にはなかった。ハスモン朝では、おそらくローマの統治との関連で、「サンヘドリン」と呼ばれるユダヤ人議会が設置された。そこでファリサイ派のほかに主要な派だったのがサドカイ派だ。その名がダビデ時代の神殿祭司ツァドクに由来するように、神殿祭司を中核とする貴族階層を支持母体とした点で、大衆に広がっていたファリサイ派と対照的だった。

このほか、ファリサイ派を極端にしたようなエッセネ派と呼ばれる派もあった。全般的に厳格かつ禁欲的で、支配層に入っていたファリサイ派にも批判的だった。人里離れて集団生活を送る者も現れ、その様子は、一九四七年に死海北岸のクムランで、この派の写本(「死海写本」と呼ばれるようになる)と遺跡が見つかったことで、その存在が史実としても確認された。この写本の記述からは、ファリサイ派やそのラビたちが、それまで考えられていたほど広汎に支持されていたわけではなかったことも浮かび上がっている。

ローマの介入とヘロデ王

前六三年、ローマはついにセレウコス朝を滅ぼす。そして同年、エルサレムに侵攻し、三か月の攻防の末に神殿を陥落させる。ユダヤ人の居住地は縮小され、残った一つが、イエスが活動したことで知られるガリラヤ地方（現在のイスラエルの北部）だった。

前二七年のアウグストゥスの治世に共和政から帝政に切り替わったローマは、そこからパクス・ロマーナと呼ばれる、約二〇〇年にわたる繁栄の時代を迎え、その治世の終わり頃にはアフリカ北部を含む地中海域全域を領域に収める。

もっとも、ユダヤ人も抵抗を続け、ローマは並行して他の争いにも関わっていたこともあり、しばらくのあいだユダヤ王国を完全に制圧することはできなかった。また、周辺地域を含め、この地域の統治をめぐってローマ内でもさまざまな勢力が入り乱れ、主導権争いを繰り広げていた。

そうしたなかで、エルサレム制圧を狙っていた一人であるヘロデという人物が勢力争いをうまく立ち回り、ローマの元老院によってユダヤの王として承認された（前三七年）。ヘロデの父はハスモン朝支配下の地域出身の知事だったが、母は非ユダヤ人だった。ヘロデはハスモン家の血を引く女性と結婚して、こうした出自でありながらユダヤの王権を継承することを正当化した。そして、ユダヤ人の歓心を買うためにエルサレムの神殿を大改築しつつ、ハスモン家の血を引く潜在的なライバルを粛清していった。

その一方で、彼がユダヤ人の支持と支配領域を広げることに奮闘した結果として、ディアスポラを含むさまざまな地域のユダヤ人同士のつながりは促進された。ヘロデ王はユダ地域のユダヤ人を特権化せず、平準化することを進め、版図としてもダビデ王の時代の版図に匹敵する領域を支配するようになっていた。彼はまた、自らのローマとのつながりを、ディアスポラのユダヤ人がユダヤ法に則《のっと》って生活できるよう働きかけることに使い、またディアスポラのなかから大祭司を登用することがあった。

ローマ帝国支配下では、すでに言及したアレクサンドリアにおいてはギリシア文化のなかでユダヤ人は独自の活躍をしていた。また、その後のユダヤ教ではほとんど見られなくなった布教活動も、この時期のユダヤ教はある程度行い、それに応じた人びとの存在も確認されている。

とはいえ、ファリサイ派などの律法重視の人びととの確執を解消できなかったヘロデ王が前四年に死去すると、ローマはさらに直接統治に近い形を取るようになり、ユダヤ教に対する冒瀆《ぼうとく》的なふるまいは繰り返されていった。

イエスの登場

ユダヤ人の家に生まれたイエスが活躍したのは、こうした状況下だった。

メシアとしての資格を持つのはダビデの子であることから、キリスト教の物語ではダビデの出身地であるベツレヘムで生まれたとされるイエスは、実際にはナザレの生まれと見られる。キリスト教では西暦のちょうど元年とされるその生年も、実際には紀元前七年から四年頃と考えられる。

イエスは、ユダヤ教の改革を行おうとした。世界史の教科書では、キリスト教史観に沿って、律法を厳格に守る形式主義（戒律主義）を批判したと書かれることが多いが、それは後年のキリスト教の姿勢であり、イエス自身は、むしろエルサレム中心の権威主義批判に力点を置いていたようだ。

先に言及したエッセネ派の流れから、当時のユダヤ教指導層を批判する運動はイエスの前から始まっており、イエスはその影響を受けていた。貧者や女性などの社会的弱者に慰めの言葉をかけ、民衆の心をつかんでいったイエスは、病を癒す存在としても信じられるようになっていく。

こうした動きに対し、ユダヤ教の支配層の危機感は強まっていた。また元締めのローマにとっても、秩序が乱れることは望ましくなく、すでに手なずけていたユダヤ教体制が続くほうが都合がよかったはずだ。三〇年頃、批判者イエスはユダヤ当局に逮捕され、ローマに処刑された。

イエス自身がメシアを自称することはなかったものの、彼の姿に感銘を受けた弟子たちがイエスこそがメシアであったとする信仰を形成していった。「メシア」とは、「（神から）油を注がれた者」を原義とするヘブライ語であり、もともとは「イスラエル（ユダヤ人）の王」を意味した。とくにキリスト教では「救世主」の意味で使われる。

ユダヤ人は、ユダヤ人たちを率いる存在としてメシアがいつか訪れ、ダビデの王国のようなものが再興されることを、日々律法を守りながら待ち望む。ユダヤ教の理解では、二一世紀の今日までメシアは現れていないし、いつ現れるかも不明なままだ。メシアの到来までの日を数えることも禁止されている。

「メシア」はギリシア語では「クリストス」となる。「キリスト」はその日本語慣用表記だ。「イエス・キリスト」とは、イエスこそがメシアであるという信仰が表れた呼称であり、イエスをメシアと認めないユダヤ教と真っ向から対立する。

その後もユダヤ教内の一派として活動していたイエス一派は弾圧され、殉教者も出しながら、ユダヤ教の変革を進めようとしていた。もともと熱心なファリサイ派だったパウロは、初期キリスト教の確立に大きく貢献していく。エルサレム以外のローマ各地にも教会がつくられ、当地のユダヤ教徒や、先のようにユダヤ教の布教によってユダヤ教になじんでいた人びとの一部が合流し、勢力を拡大していった。だが、三一三年にミラノ勅令によって公認されるまで、キリスト教にとっては厳しい時代が続いた。

ユダヤ王国の終焉

ローマの直接的な支配が強化されていったパレスチナでは、旧来のユダヤ人の状況も悪化していた。ユダヤ人の不満はついに爆発し、六六年に第一次ユダヤ戦争と呼ばれるローマ帝国支配に対する反乱が始まった。

だが、七〇年、ついに神殿がローマに破壊されてしまう。ユダヤ軍の残党はさらに戦いを続けるも、七三年、かつてヘロデ王が死海の西岸付近にある岩山に築いたマサダ（「要塞」の意）に追い込まれ、そこで集団自決することで、戦争は終結した。パレスチナはすでにローマの属州となっていたとはいえ、これによりユダヤ人国家を自称することすらできなくなった。以降、一九四八年にイスラエルが建国されるまで、ユダヤ人は独自の国を持たないまま世界各地で暮らすことになった。

もっとも、すでに記しているように、ユダヤ人はこのはるか前からオリエント世界各地に拠点を築くなど広範に拡散していたのであり、ユダヤ世界全体のなかで見れば、この国家の消滅は死活的な問題とはならなかった。

バビロン捕囚以降にパレスチナから離れて暮らすユダヤ人が増えていくなかで、神殿に代替しうるシナゴーグを各地に建て、そこを中心にして持ち運び可能な律法に従って社会生活を営むことがユダヤ教の基本形態となっていった。したがって、ユダヤ教のあり方はさほど変わらず、再びの神殿の破壊を、ユダヤ人の堕落に対する懲罰と捉え、正しい道への探求を続ける思いを新たにするというのが当時におけるインパクトだったようだ。

かつての研究では、ローマによる破壊により、神殿や儀式を重視する権威主義的な支配層が一掃された一方でファリサイ派が残り、そこからラビ・ユダヤ教体制が生まれたという、わかりやすい流れが想定されていた。しかし、現在の研究ではこの捉え方には疑問が呈されている。

まず、ファリサイ派も結局は体制派ではあったので、律法のみを中心とするラビ・ユダヤ教と同じではなかった。このことは、先の死海文書から明らかとなった。また、第2章で確認するように、ラビという存在がユダヤ社会に広範に見られるようになったのは、四世紀ぐらいに入ってからで、数世紀のタイムラグがある。

実際、王権の復興と神殿の再建を諦めなかったユダヤ人の存在は、ローマによる破壊直後において確認されている。五賢帝の一人ハドリアヌスの治世だった一三二年、バル・コフバ（「星の子」の意）の指揮のもとで、ユダヤ人は再び反乱を起こした。一時的にエルサレムを奪還するなど健闘したものの、一三五年に大敗を喫し、エルサレムから根絶されることになった。これを第二次ユダヤ戦争と呼ぶ。

これにより、ユダヤ人は本拠地を持たないディアスポラとして長い歴史を歩むことになった。また、ユダヤ人がユダヤ軍として国家権力に武力で対抗することは、これ以降、二〇世紀の半ばにシオニストの過激派がパレスチナのイギリス政府にテロ活動を行うまではほとんど記録されていない。

ユダヤ教とキリスト教の違い

二世紀から三世紀にかけて、キリスト教は神との新たな契約である「新約聖書」を編纂することになる。その一方で旧《ふる》い契約としての「旧約聖書」もキリスト教の聖典の一つであり続けるのは、ゼロからキリスト教が生まれたのではなく、神との旧契約が更新された先にキリスト教があるという解釈だからである。また、旧約聖書にはイエスがメシア（キリスト）であることを予言する書物としての意義もある。

だが、大元は共有しながらも、ユダヤ教とキリスト教のあり方はかなり異なっている。それぞれのあり方がある程度確立した中世以降の形で比較するならば、ユダヤ教は律法中心主義であり、それを日常生活で実践することが何より重視される。安息日や食物規定（カシュルート）、割礼、他の神の信仰につながりかねない偶像崇拝の禁止などの遵守だ。実践の有無は外形的に判断できる。それは、例えば交易を行い各地を訪れるユダヤ人同士が、お互いにユダヤ人であることを確認する印にもなった。

これに対してキリスト教は内面を重視し、形ではなく神への信仰が重要であるとする。食物規定は廃止され、安息日についても厳格ではなくなった。偶像崇拝の禁止についても、次第に布教活動でイエスやマリアの像が使われるなど、弛緩していった。

一三八年にローマ帝国でユダヤ教への改宗が死刑となると、ユダヤ教は異教徒への布教を行わなくなり、実質的に血縁で結ばれる民族宗教となった。異教徒の改宗は可能ではあっても、律法について深い知識を身につけたうえで日々実践する姿を何年にもわたり示す必要があるため、ユダヤ人と結婚する際の条件になっているなどでない限りは、わざわざ改宗する者は少ない（なお、改宗の詳細な手順はタルムードで初めて文書で明示された）。

対して、キリスト教は普遍宗教として、信仰告白により誰でも比較的容易に信徒になれる。積極的な布教活動を行い、それがときに帝国主義とも結びついたことはよく知られる。とくに近代以前の時期まで政治そのものを司ったり、政治と密着したりし、カトリックでいえばローマ教皇を頂点とする教会制度を整えていったので、神聖ローマ帝国しかり、帝国と重なり合うこともあった。

ローマに国家を破壊され、ユダヤ人自身が国家的な政治を行うことがなくなるにしたがい、ユダヤ教では、律法の知識を共有するための教育を行い、律法に則った生活を実践するためにシナゴーグを中心にして集住するといった、日常生活の自治に政治が限定されることになった。シナゴーグも、各共同体の学校併設の公民館のような位置づけであり、キリスト教会のようなヒエラルキー構造は持たない。

このことは、マイノリティという条件のなかで、移動した先々で共同体を即席で形成する柔軟さをもたらした。また、それ以上を望む原理を持たなかったことで、時の権力から過度に危険視されることは少なかった。それは、しばしばキリスト教側から睨《にら》まれながらも、政治権力を味方につけて生き延びるための重要な前提ともなった。

第2章　古代末期・中世——異教国家のなかの「法治民族」

周囲との差異が目立つ状況で自集団を維持するには、どのような方法があるだろうか。孤立すると先細りしかねず、周囲に合わせすぎると、そのうち同化して集団が消えてしまうかもしれない。

そこで重要なのが、周囲と自集団がお互いの特徴を維持しながら共栄する組み合わせを見つけることである。

例えば、海の無脊椎動物イソギンチャクと魚のクマノミのような関係だ。イソギンチャクは表面にクマノミだけが耐性を有する毒を持つ。イソギンチャクのなかに入り込めば、クマノミは他の魚から身を守ることができる。一方、イソギンチャクも無害なクマノミを宿すことで、新鮮な海水を流し込んでもらい、安定的に新陳代謝を高めることができる。結果的に相互の特性が維持される組み合わせなのだ。

拠点としての王国を失ったユダヤ人は、このような組み合わせを探っていった。いったん落ち着き先が見つかると、さらに組み合わさりやすいように、譲れない一線は引きつつも自らも変化させていった。すでにバビロニアにおいてそのような傾向を見せていたが、パレスチナ追放後にそのようなあり方が唯一の形態になった。西洋史でいう古代末期に重なる。

西洋史では、西ローマ帝国が滅亡する四七六年あたりまでを古代、以降、東ローマ帝国(ビザンツ帝国)が滅亡する一四五三年あたりまでを中世とする。かつては、ギリシア・ローマの帝国が安定していた時期を理想化し、それが崩れて諸国に分裂した混迷の時代を中世と捉える傾向があった。

ユダヤ史に関していえば、この中世に相当する時期は必ずしも混迷の時代ではなかった。そもそもこの時代、ユダヤ人の中心が西洋にはなかった。この時期に現在まで続くユダヤ教の標準形態であるラビ・ユダヤ教が次第に確立していった。それは、八世紀においてイスラーム諸国家とうまく組み合わさったことで決定づけられた。七世紀から一三世紀まで、世界のユダヤ人の九割がイスラーム諸国に暮らすことになった。イスラーム世界をむしろ外敵とした中世ヨーロッパとの大きな違いだ。

1　ラビ・ユダヤ教の成立——西ローマとペルシア

宗教に儀式はつきものである。パレスチナ時代のユダヤ教では、祭司が神殿で動物の犠牲などによる儀式を行っていた。神殿とそれを司る者を中心にユダヤ社会は成り立っていた。

これに対して、神殿が破壊されたのちのユダヤ教では、聖書の章句などの言葉を唱える礼拝が基本となっていった。こうしたなか、ユダヤ教の律法を遵守するユダヤ人とその共同体にとって、異教国家で暮らすうえで、その国家の法とどう折り合いをつけるかということが問題となる。

「国の法は法なり」

バビロニアでは、国家の法はユダヤ人の日常生活には関知せず、ユダヤ人と他の民族とのトラブルや、税金の不払いなどユダヤ人が国家に従わなかった際にのみ発動された。

三世紀前半の律法学者は、「国の法は法なり」という言葉によって、こうした事態を表現した。例えばペルシアの法は異教徒の法であるが、その国家に居住するユダヤ人は従わなければならない法だということである。

もっとも、国家の法はユダヤ共同体の外でしか関わらないので、日常生活のほとんどの場面ではユダヤ教の法のみに従っておけばよい。

それゆえ、もっぱら問題になるのは、日常生活を司るユダヤの律法を実際の場面でどう適用するかだ。異郷において、パレスチナでの対処法で万事うまくいくわけではない。パレスチナの「本部」に照会するにも、かなり時間がかかる。

このとき、目の前の問題を解決してくれる専門家が近隣にいると大変便利だ。そのような存在がラビである。

ラビ

ラビは、キリスト教でいえば司祭や牧師に相当するように見えるかもしれないが、実際の意味合いや役割はかなり異なっている。むしろ、律法学者といったほうが近く、その意味で用いられることもある。つまり、ラビは、尊敬されてはいても、カトリックの司教や司祭などのような聖職者ではない（プロテスタントの牧師は教職者とされる）。ユダヤ共同体のなかでの役割としては、同時代的にはギリシアのソフィストやローマの法学者に似ているかもしれない。

原義は、「導師」「教師」を意味するヘブライ語の「ラブ」に、「私の」を意味する語尾「イ」がついた語で、原義は「わが師」となる。遅くとも第二神殿時代から、儀式を扱う祭司に対して、ユダヤ法を解釈する学者として存在していた。

特定の部族の血筋の者が世襲する場合が多い祭司と異なり、ユダヤ教学院で勉学を積んでラビから認定を受ければ、ユダヤ人なら誰でもラビになることができる。第二神殿崩壊後に祭司の役割がほとんど失われてしまってからは、次第にラビがユダヤ共同体で中心的役割を果たしていくようになった。異郷において、その国の法律ではなく、ユダヤ人の法に従って暮らすうえで、さまざまな法的助言や判断を行うのがラビだからだ。

現代日本に強いて当てはめるならば、祭司が神社の神主だとすると、ラビは法曹である。法曹が六法全書や判例に精通しているように、ラビは聖書やミシュナー、タルムード（後述）に精通している。

ただし、ラビは日本の法曹より守備範囲が広い。というのも、ユダヤ法には安息日の労働に関する規定や何を食べてよいか／悪いかという食物規定など、日常生活に関する規定が多いからだ。そのうえで、犯罪関係はもちろん、商取引や結婚など、現代の民法に相当する諸々の規定もある。

それゆえ、次第に、円滑に商取引を行うことができるラビこそが、大商人として活躍するようになる。共同体から給与をもらって生計を立てるラビが出現するようになるのは一四世紀に入ってからだ。

食物規定については、イスラームで豚を不浄として食べないことは日本でも有名だ。実はこれはユダヤ教の食物規定に由来している。イスラームも聖書を聖典の一つとする宗教であり、しかもユダヤ教と似ている側面はキリスト教よりも多い。キリスト教で廃止された食物規定が一部復活したのだ。

ユダヤ教の場合は、飲酒が許容されることを除くと、イスラームよりも規定は厳しい。例えば、豚を食べてはならないだけでなく、牛肉なども乳製品と一緒に食べてはならない。そしてこの規定も聖書の記述を実際の場面にどう適用すべきかについてラビたちが議論した結論だ。根拠となる記述の一つは、出エジプト記にある「あなたは子山羊をその母の乳で煮てはならない」(出エジプト二三・一九)という章句である。

字義どおりには、子ヤギの肉を、その子ヤギを生んだ母ヤギの乳で煮ることだけを禁止しているとも受け取れるが、聖書の章句はより広い事態の象徴として読まれる場合が多い。ラビたちは慎重に解釈を行い、念のため肉と乳製品を一緒に食べること全般を禁止したのである。

この観点からするとチーズバーガーは冒瀆的存在であり、イスラエルのマクドナルドではチーズバーガー類は売られていないし、肉も、ユダヤ教の規定に従って飼育し屠畜《とちく》した肉のみを使用している。ラビがマクドナルドの契約牧場や工場、店舗などを回って、カシェル

(「適合する」の意でイディッシュ語読みは「コシェル」。英語ではそれを英語読みして「コーシャー」)と認定しているのである。

現在ではユダヤ教の中心に位置するラビも、第二神殿が破壊されたのちすぐに、生き残ったユダヤ共同体を支配するようになったわけではなかった。しばらくのあいだ、ラビは各共同体に配置されるほどありふれた存在だったわけではなく、バビロニアやパレスチナのユダヤ教学院に集まった少数精鋭の集団にすぎなかった可能性が高いことが近年の研究では指摘されている。

それこそ初めは小さな教会での活動から始まったキリスト教のように、律法の学究に勤しみ、それを日常生活に活かすことがユダヤ人の救済につながることを信じる運動が次第に追随者を増やしていったのだ。ラビの養成を標準化・広範化するタルムード——といっても百科事典サイズで二〇巻程度になる——が完成し、律法に厳密に基づいて社会生活を送ることがユダヤ共同体の多くの成員にとってもメリットがあると認知されるようになって、ラビの存在感は増していった。

ローマ帝国下のパレスチナ

そのような拡大プロセスは次のように始まった。

二回にわたるユダヤ戦争は、パレスチナのユダヤ人のあいだに多大な犠牲を生んだ。それによって飢餓や疫病も発生し、追放もあって人口は大きく減少した。その後反乱がなくなり、ローマ帝国にとっても注意を払う地域ではなくなったことにより、バル・コフバの乱終結から三世紀終わりまで、パレスチナのユダヤ社会に関する記録はほとんど残っていない。また、ローマとユダヤの対立が激しかったがゆえに、ローマはこの地域をユダヤに由来する名では呼ばず、「シリア・パレスチナ」と呼ぶようになった。

一世紀前後の時期については、ユダヤ人の戦士としてローマ軍と戦い、のちにローマに帰化したフラウィウス・ヨセフスという人物がギリシア語で著した主著『ユダヤ戦記』などで詳細にユダヤ社会の様子を記録しているため、前章で紹介したファリサイ派などの派閥に分かれていた様子を私たちは知ることができるのだ。

パレスチナのユダヤ人はその後ガリラヤ地方を中心に集住した。バル・コフバの乱の際、バル・コフバをメシアと考えて反乱に加わったことで処刑されたラビ・アキバというラビがいた。ラビがユダヤ教を守るために戦って死んだ事実は殉教物語として語り継がれた。アキバの残った弟子たちはガリラヤを拠点に活動し、やがて、そのなかから現れたラビ・ユダ・ハナスィは、ローマ皇帝と友好関係を築き、自治を認められ、自らの学院を開くことができた。そのような環境で編纂されたのが前章で言及したミシュナーである。

ユダヤ教研究の市川裕《ひろし》によると、ラビのあいだでは論争が奨励され、決着しない場合は通例、集まったラビの多数決が用いられた。すべては神の意図がどこにあるかをめぐる解釈の相違である。物言わぬ神の意図を引き出すにあたって、呪術やくじ、預言や奇蹟といった非理性的なものは退けられた。律法が地上に与えられた以上、法の決定は地上の賢者に委ねられているとして、ラビ同士が徹底して議論をして決定すべきだというのが、初期から続くラビ・ユダヤ教の文化である。

また、そのため、ラビ・ユダヤ教は、人間が議論できる範囲のことに限定をかける傾向がある。キリスト教とともにユダヤ教は創造論と終末論を基礎とする救済史世界観を持つと説明されることがあるが、これはラビ・ユダヤ教には当てはまらない。「天上世界や終末世界など、人知の及ばない世界認識への知的活動は抑制され、現世内行為が極めて重視された」からだという（市川裕「歴史としてのユダヤ教——ユダヤ人であることからくる歴史意識」『岩波講座宗教3』岩波書店、二〇〇四年、一四〇頁）。

タルムード

三一三年にキリスト教がローマで公認され、さらに三九二年には国教となると、キリスト教に対する政策が手厚いものになる一方で、パレスチナのガリラヤ地方に辛うじて残るユダヤ人の状況はさらに悪化した。こうした危機のなか、それまでに学院で蓄積された律法解釈をめぐる蓄積を記録するため、四世紀末に最初のタルムード（通称エルサレム・タルムードあるいはパレスチナ・タルムード）が編纂された。ミシュナーの注釈集と呼べるもので、「タルムード」はヘブライ語で「学び」を意味する。

四世紀より前の時期に関して、ラビが広範に活動したことを示す史料はほとんど存在しない。おそらく、タルムードが編纂された時期から、ユダヤ共同体のなかでのラビの存在感が増したのではないかと考えられる。

六世紀半ば、ローマ法の集大成である『ローマ法大全』の編纂を命じたことで有名な東ローマ帝国（三九五年にローマは東西に分裂していた）の皇帝ユスティニアヌス（在位五二七－五六五年）は、そのことを示唆する勅令を出していた。その勅令は、シナゴーグでヘブライ語聖書を読むことを義務化することに反対し、キリスト教会で使われていたギリシア語訳を奨励している。

タルムードの中核にあるミシュナーはヘブライ語で書かれており、注解（ゲマラ）はアラム語で書かれている。アラム語はヘブライ語に近い言語で、最古代にヘブライ語を話していたユダヤ人（イスラエル人）は、次第にアラム語を話すようになった。アラム語は古代イスラエル人同様に歴史が古く、古代オリエント全域で商業を営んでいたアラム人が使ったことで国際語となっていた。バビロニアなどパレスチナ外ですでに多く活動していたユダヤ人にとっても便利な言葉だったのだ。いずれもヘブライ文字で書かれ、ローマ中枢の人間は読むことができなかった。

同勅令はまた、ラビ体制が習慣として行っていた章句等の復唱を禁じた。つまり、わざわざ禁じるほどにシナゴーグでの勉学は顕在化していたのである。

מאימתי פרק ראשון ברכות
מאימתי

図２－１　タルムード本文

七世紀半ばにまとめられたイスラームのクルアーン（コーラン）でも、「ラビ」についての言及がある。例えば、「食卓の章」の四四節に登場する（日本語では「教法師」となっている場合もある）。

聖書のとくに律法（トーラー）の部分や、ミシユナーとタルムードなどを総合して、ユダヤ法である「ハラハー」がラビたちによって定められていった。「ハラハー」は「歩く」という動詞と同じ語根を持つ言葉で、ユダヤ教徒としての歩み方を意味する宗教の法であるので、倫理的なものや食物規定など日常生活の規定を含む点では現代の世俗国家の法よりも範囲は広い。ハラハーは、上記聖典・経典を法源として時のラビが合議し、最新の状況に合わせて更新されていった。

ペルシア帝国下のバビロニア

タルムードにはもう一つの版がある。ペルシア帝国下のバビロニアでさらに一世紀後の六世紀初頭に編纂された「バビロニア・タルムード」と通称される版だ。こちらのほうが完成度が高く、バビロニアでのユダヤ学の蓄積の高さをうかがわせる。パレスチナのエルサレム近辺（ユダ地方）がローマによって徹底的に破壊されたのに対して、バビロニアでは自治が長く認められてきたからだろう。

アケメネス朝滅亡後にギリシア系のセレウコス朝が支配していたメソポタミアでは、その後イラン系のパルティア王国がアケメネス朝同様の統治を行った。ついで二二四年、農耕イラン人（ペルシア人）が同王国を倒し、ササン朝ペルシアを打ち立てた。中国やインドへの交易路を持ち、一時は東ローマ帝国を脅かすほどの大帝国となった。

ササン朝はゾロアスター教を国教に定めたものの、一時期を除いてユダヤ人に寛容だったから、イラン系の王朝とユダヤ人の繁栄との密接な関係は続くことになった。その後の歴史でもイラン系の国家においてユダヤ人の地位は比較的安定していた（なお、正式国名が「イラン」に変わる一九三五年までについては、国名や文化は「ペルシア」、ペルシア語を含むイラン系言語を話す民族は「イラン人」というおおまかな使い分けが慣例となっている）。

バビロニアのユダヤ人は、パレスチナから受け継いだユダヤ教を純粋な形態で守っていると自負していた。とりわけ、ヘレニズム時代以降にギリシア・ローマに同化していったユダヤ人が多かったなか、バビロニアはユダヤ教のなかでもブランドになっていった。その諸都市では、三世紀よりユダヤ教学院が存在し、バビロニア・タルムード編纂以降、その長である「ガオン」（賢者）は、世界各地のユダヤ人から寄せられる質問に回答状である「レスポンサ」（英語の response の語源であるラテン語）を与える体制を整えていった。

こうしたユダヤ教における権威としての自負は、その前提である安定的生活を保障する帝国への忠誠心にも結びついた。

タルムードには、ササン朝のシャープール一世が登場する。三世紀半ば、同皇帝はローマ帝国との攻防を繰り広げていた。その結果、ユダヤ人が多く暮らしていたメソポタミアやシリア、小アジア（現トルコのアナトリア）は荒廃したが、シャープール自身がユダヤ人を一人も殺していないと語るセリフがタルムードには収録されている。つまり、悪いのはローマだというのだ。実際、シャープールは、ローマに対抗するための協力を得るべく、ユダヤ人に対する規制を緩和していた。

先に示した「国の法は法なり」という格言は、徴税や土地の管理に関して（のみ）国の法に従うことを意味する。ペルシア帝国は正統な土地の支配者であるとの認識がその前提となっていた。ユダヤ人にとって、パレスチナを征服して神殿を破壊し、さらには因縁含みのキリスト教を国教とした「悪《あ》しき国」であるローマとは違うのだった。初期のハラハーで禁じられていた異教徒への武器販売も、バビロニア・タルムードでは、「我々を守ってくれるのでペルシア人には」許容されるとある。

ユダヤ人がいかに律法に従って日常生活を送るかについての議論が記されたタルムードからは、男性ラビの目を通したものとはいえ、当時のユダヤ人の状況を垣間見ることができる。その後商業のイメージが強くなっていくユダヤ人も、当時は周囲の人びと同様に、農業を主要な生業としていたようだ。多くは自らの消費のためのものだった。

そうしたなかで、多くのラビは地主であり、労働者を雇って利益を上げていた。奴隷に関する記述もある。ラビは農産物や織物の商売も行っていたようだ。中東で今日まで広く生産されているナツメヤシからつくるビールの販売で富を得たり、ワインの取引で儲けたりした。

以上のように、ペルシア帝国への忠誠を誓うラビは、社会経済的にも知的にもバビロニアのユダヤ社会の支配層に属していた。その一方で、彼らは、パレスチナこそがユダヤ教の最高権威であるという意識は持ち続けていた。このため、両方のタルムードのあいだに決定的な矛盾はなく、地域別にユダヤ教が分裂することは、その後の歴史でもほとんど見られない。

こうして、中心はパレスチナにあるとの前提で、個々の状況に応じてユダヤ教を実践していく方法として、ラビ・ユダヤ教体制が確立した。それは、さまざまな帝国や王国のなかでユダヤ人がユダヤ人であり続けるための大きな基礎となった。

ユダヤ人の文化資本としての教育

圧倒的多数が農民だった時代にユダヤ人の職業がなぜその後金融や商業に偏っていったのかについては、古くから諸説が唱えられてきた。最も広汎な俗説は、土地の所有が禁止されたためそれぐらいしか選択肢がなかったというものだ。

だが、ヨーロッパでユダヤ人の土地所有が一部で禁止されるようになるのは近世に入ってからである。ユダヤ王国が滅ぼされた際に一時的に土地が没収された例はあったにせよ、ペルシア帝国はじめ、他の地域では近世以降も禁止されることはなかった。

ユダヤ経済研究のマリステラ・ボッティチーニとツヴィ・エクスティンの研究は、さまざまなデータに基づきながら、ユダヤ教において律法の学習が中心に据えられるようになり、とくに識字率が高くなったことがカギだったことを明かした。金融や商業で成功するにはさまざまなことを記録し、計算し、整理しなければならない。この点でユダヤ人は有利だったのだ。当時のキリスト教やイスラームでは読み書きは宗教の中心にはなく、社会をおもに構成していた農民は教育を重視しなかった。

教育には時間とお金がかかる。農民にとって、当時の農業の足しにならない識字率向上のために労働力としての子どもが不在になることはコストでしかなかった。これに対し、ユダヤ教では、シナゴーグで律法を信徒の前で朗読する機会がある。息子がそれをうまくこなすのを見る（同胞に見せつける）ためならば、教育コストは惜しくないのだ。

ちょうどラビ・ユダヤ教が確立した七五〇年から九〇〇年のあいだに、メソポタミアとペルシアのほとんどのユダヤ人が農業を離れ、アッバース帝国の都市や町で暮らすようになった。その前の時代にユダヤ人口が減った背景についても、教育に投資するあり方になじめなかったユダヤ人の農民が、他の宗教に改宗してコミュニティを抜けた可能性があるという。

ときに遠隔地を結ぶ商業において、ハラハーの規定に則って約束を守ることなど、信頼関係がカギとなる。読み書きは、約束を破ったり誤魔化したりする者を記録し、制裁するうえでも必須の能力であり、その能力がある者同士のあいだで商業が発達することになったのだ。

中世までラビこそが大商人だったのはこのためである。

2　イスラーム世界での繁栄——西アジアとイベリア半島

ユダヤ教とイスラームの近似性

ハラハーに沿って社会生活を営むあり方と、おそらく最も相性がよかったのがイスラーム世界である。

今日の国際政治に囚われすぎると、ユダヤ教とイスラームは犬猿の仲であると錯覚するかもしれない。だが少なくとも宗教のあり方について、キリスト教とユダヤ教の類似性よりも、イスラームとユダヤ教の類似性のほうがはるかに高い。現在のアメリカで「ユダヤ・キリスト教文明」などと両者の親密さが強調されることがあるが、これは第一次世界大戦以降、とくにホロコーストの時期に、ファシズムや共産主義と差異化を図りながらアメリカ国民が団結するために人口に膾炙《かいしゃ》していったスローガンにすぎない。

ラビ・ユダヤ教の共同体にとって、実質的に最も「偉い」存在が律法学者であるラビであるのと同様に、イスラームの共同体で最も「偉い」のも、最高位のカリフを除くと、やはり「イスラーム法学者」と訳されることがあるウラマー（「知識を持つ人」の意）である。いずれの宗教も実践の指針としての法学を最も重視するからだ。

心のなかで神を信じるといっても外からは判断がつかない。神を信じるならば、聖書に記されている神の法に従った生活を送らなければならないはずだと両宗教は考える。そのためには、法（ユダヤ教ではハラハー、イスラームではシャリーア）の詳細な解釈を知り、また場面ごとに判断できる者が最も重宝されることになる。ラビ同様、ウラマーも一般信徒より高い身分に置かれているわけではなく、基本的には聖職者ではない。

宗教施設でも両者には類似性がある。シナゴーグでもモスクでも、人間の姿あるいはそれを想起させる絵や像は一切見られない。偶像崇拝の禁止を両宗教とも厳密に守っているからだ。イスラームにもハラールという食物規定がある。

これに対し、キリスト教では信仰が最も重要であり、ユダヤ教にあったさまざまな手続きや規定はことごとく簡略化されるか廃止されてしまった。法学もキリスト教では宗教の原理としては発達しなかった。そのかわり、神といかにつながるかという神学が発達した。

ただ、神学は基本的に聖職者の領分であり、一般信徒は日常的にあまり関わりを持たない。それゆえ聖職者の存在は特別なものとなりやすく、教会は、町の拠点というだけでなく、カトリックでいえば、ローマ教皇につながっていくヒエラルキー構造の最下層に位置づいている。正教会の町の教会も、各国の教会組織やその頂点にある総主教（コンスタンティノープル総主教やモスクワ総主教など）の末端組織だ。

他方、シナゴーグにしてもモスクにしても、大都市では、都市のなかで最も大きいそれが「大〇〇」などと呼ばれることはあっても、組織として主従関係があるわけではない。どのシナゴーグも、同じタルムードの巻物を保管し、ラビや生徒が勉学に励み、共同体の成員が礼拝や儀式を行う公民館のような場である。モスクも同様で、有名な説教師がよく出入りするモスク、大富豪の寄付でつくられた立派なモスクはあっても、教会ほど明確な組織に位置づいているわけではない。シナゴーグでもモスクでも、礼拝はそれぞれラビやイマーム（礼拝の導師）の唱える言葉により導かれる。

権威あるラビが発出するレスポンサは、イスラームでいう「ファトワー」に相当する。ファトワーはウラマーのなかでそれを発する資格を持つムフティーが発出する。いずれも強制力はないが、権威ある学者の意見として影響力がある。

もっとも、こうした近似性は、あくまでも今日のユダヤ教とイスラームを基準に整理したものであり、一〇〇〇年以上前も同じであったわけではない。むしろ、今日そのように似た部分を持つのは、それぞれが、本章で扱う時代に影響し合い、同じ社会のなかで発展した結果でもある。

イスラームの誕生とアラブ系勢力の拡大

イスラームの担い手だったアラブ人は、ユダヤ人と政治的に密接な関係を結ぶことが多かった。

メッカに住むアラブ系の名家に生まれた商人ムハンマドが六一〇年頃に始めたのが、唯一神アッラーへの信仰とそのための実践を核とするイスラームである。アラビア語の「アッラー」は英語でいうthe Godという意味であり、ユダヤ教やキリスト教のそれと同じものとされる。

アラブ人のあいだではユダヤ教やキリスト教も少なからず浸透していた一方で、多神教も依然として盛んだった。経済的な敵対関係もあり、ムハンマドはメッカの有力者から迫害され、同じアラビア半島のメディナに移って、そこで勢力を拡大した。

そうした立場から、ムハンマドは当初はユダヤ人に対しては宥和《ゆうわ》的な姿勢を持っていた。ただ、力をつけると強硬な立場に転じていったので、クルアーンのなかにはユダヤ人に対する厳しい言葉が散見される。実際に、初期においてムスリムが、メディナなどで農業をおもな生業としていたユダヤ人を追放したり虐殺したりする例は見られた。

ムハンマドの一派がこのような激しい態度を取ったのは、まさにユダヤ教から決別する必要があったからでもあった。なぜなら、当時メディナに多く暮らしていたユダヤ人の文化的な影響力は強く、イスラーム自体が、その枠組みに大きく影響されて生まれたからだ。キリスト教にも共通する預言者的・メシア信仰的な期待感とセットになった観念や物語、考え方からイスラームは現れた、と中世イスラーム社会史家のジョナサン・バーキーは指摘する。

もっとも、ユダヤ教が一方的にイスラームに影響を与えただけではなかったこともバーキーは指摘している。ムスリムが政治的にも圧倒していく環境のなかで、ムスリムとの対話や競合、棲み分けを通じて、ユダヤ教自体もその後につながる輪郭を明確化していったのだ。後述するように、「法治共同体」として自らの共同体を整備していくあり方である。

その前提として、初期を除くとユダヤ人とムスリムが協調する場合が多かったことを理解しておく必要がある。アラブ・イスラーム勢力にとっての最大の敵が、キリスト教を戴くビザンツ帝国とゾロアスター教を戴くペルシア帝国だったからだ。

イスラームと一体化したアラブ人の勢力は、預言者ムハンマドの後継者として「カリフ」と呼ばれる最高位の役職を設け、ビザンツ帝国（東ローマ帝国）よりシリアからエジプトにかけての地域を奪い、エルサレムも支配下に置いた。また、ササン朝にかわって、バビロニアやペルシアなども支配した。六五一年、ササン朝は滅亡する。

カリフを引き継ぐ形で、六六一年にダマスカスを首都とするウマイヤ朝が成立した（ちなみにこのときの後継者争いがもとで、スンナ派とシーア派への分裂が起きた）。このときから、被征服民の非ムスリムからジズヤ（当初は人頭税と土地税が一体だったが、同朝末期から人頭税のみの意味になり、土地税はハラージュと呼ばれるようになる）を取るようになった。それでも、イスラーム法の優越を承認したうえでジズヤを払えば自治が保障され、そこにユダヤ人がユダヤ人として存続する大きな余地が生まれた。

それは法的な地位に限られなかった。西アジアから中央アジア、中国にかけての交易では、古くよりイラン系のソグド人が活躍していたが、ササン朝の消滅で後ろ盾を失うと、ムスリム商人とともに、ユダヤ人が活躍しやすくなった。

ウマイヤ朝ではアラブ人が優遇される傾向が強く、イスラーム改宗者であっても非アラブであればジズヤなどを払う必要があった。そのことをめぐる反乱がもとで同王朝は滅亡し、かわって、七五〇年にアッバース朝が成立した。アッバース朝では、異民族であってもムスリムになればジズヤは免除されることになったので、征服地において一気にイスラームが拡大することになった。ユダヤ教からの改宗者も少なからず出た。だが、ジズヤを払ってでもユダヤ教を守ろうとした者もおり、本章が対象とするのはこうした者たちである。

もっとも、ユダヤ教を守るコストはさほど大きくはなかった。イスラーム国家でユダヤ教徒やキリスト教徒は、「啓典《けいてん》の民」（聖書等を共有するということ）としてズィンミー（庇護民）の地位を与えられた。ムスリムの支配に服従し、ジズヤ等を納めれば、生命・財産の安

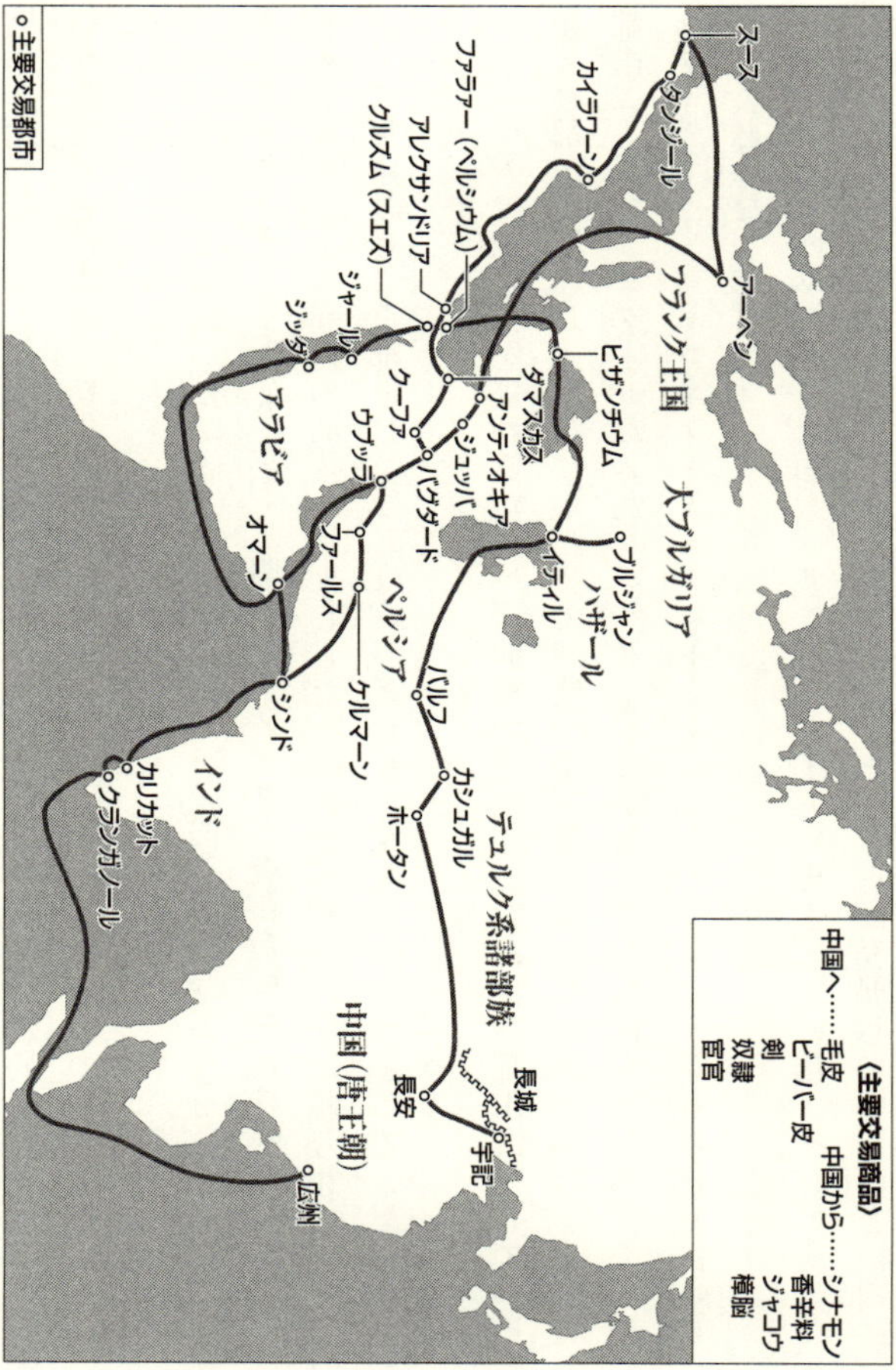

図2－2　9－10世紀のユダヤ商人交易圏

全と宗教の自由が保障される。ユダヤ人にとって、当時迫害が激しくなっていたキリスト教世界と比べると、これは魅力的な条件だった。ユダヤ人は行政的にもイスラーム帝国に組み込まれることにより、結果的に各地のユダヤ人のあいだに共通の基盤が整備されていくことになった。

一二五八年まで続いたアッバース帝国は、最盛期には東は中央アジアやインダス川（現パキスタンが流域）のあたりまで、西は北アフリカの現在のモロッコのあたりまでを支配下に収め、イスラーム商人の活躍を後押しした。同帝国がバビロンの北方九〇キロの地点にバグダードを建設して首都としたことは、バビロニアを拠点の一つとしていたユダヤ人にとっても好機となった。

ユダヤ人は土地税を逃れるためや、前章で見た、教育による都市民としての適合性により、多くは都市に移住し、農業にかわって商業や手工業を営むことになった。その際の中心的な都市こそが、バグダードだった。バグダードの繁栄に支えられることで、イスラーム世界のユダヤ教では、バビロニア・タルムードとそれに基づくユダヤ学院の権威はさらに高まっていくことになった。

イスラームのウラマーたちも、多くバグダードに集まっていた。そしてそこで、ユダヤ教とイスラームは議論し合い、相互浸透しながら、さらに発展していくことになった。アラム語にかわって、いまやアラビア語がユダヤ人の日常語となった。

法治共同体が集まったイスラーム帝国

アッバース朝が「イスラーム帝国」であるというとき、カリフを頂点に単一のイスラーム法（シャリーア）で統治されるイメージを持つかもしれない。しかし実際には、少なくとも日常的な次元では、ムスリムであってもみなが単一のイスラーム法に服従していたわけではなかった。

イスラーム世界でも、ユダヤ教の場合同様に、クルアーンやムハンマドの言行録であるハディースを法源としてウラマーたちが解釈を重ねる。このとき、これもユダヤ教同様に、やがて複数の派に分かれていくことになったのだ。つまり、スンナ派とシーア派という、政治的な意味合いも強い派閥の違いとは別に、それぞれのなかでも法解釈の違いにより分派が生まれた。のちにオスマン朝が採用することになったハナフィー派や、現在はサウジアラビアに残る、伝統主義的で厳格なハンバル派といった宗派が形成され、地域ごとにある程度棲み分けがなされた。

この結果、例えばムスリムが事件を起こした場合、その被告のムスリムが属する法学派の規定が用いられた。一つの国家のなかで、複数のシャリーアが機能していたのである。アッバース朝の時代に多くの異教徒がイスラームに改宗した際も、特定の法学派に属することになり、家族内でもおおむね引き継がれた。

こうして、法解釈の違いによって、イスラーム国家のなかに複数の集団が生まれた。まさに、社会生活を自前の法で律する法治共同体である。

そのような環境のなかで、法により社会生活を律するユダヤ教の体制はさらに体系化していった。パレスチナとバビロニアで発展していたユダヤ教学院は、今日の大学同様、ラビを養成するとともに、地域のユダヤ人に向けて講座を開いてもいた。そして、九世紀から一一世紀にかけてその影響力は拡大し、パレスチナの学院はパレスチナやシリア、レバノン、エジプトのユダヤ共同体に影響力を持ち、バビロニアの学院（二つあった）は、イランやイラク、イエメンに波及していった。共同体が学院を財政的に支え、学院が人びとの社会生活に指針を与えた。

イスラーム社会でも諸派に分かれる環境にあって、ユダヤ教もラビ体制が独占できたわけではなかった。八世紀半ばにバビロニアのラビによって「カライ派」と呼ばれる一派が生まれた。同派は聖書に戻ることを唱え、それまでのラビたちの権威とその蓄積、そしてその頂点としてのタルムードを一切否定した。それなりに勢力を拡大し、イスラーム王朝からユダヤ教の正統な代表の一つと認められるまでになった。現在では中東においてわずかにしか残っていないが、中世においては、ラビ派の対抗的な動きを呼び、イスラーム哲学との交流も見られるなど、歴史の重要な一幕をなした。

以上に見たユダヤ教とイスラームの密接な関係は、あくまでも両者の組み合わせや他の状況との組み合わせの妙ゆえである。つまり、例えば、歴史上ユダヤ人迫害の一翼を担うことがしばしば見られたキリスト教と比べて、イスラームのほうが全般的に寛容な宗教であるとは一概にはいえない。イスラーム支配下にあっても、政治・社会状況や統治者のイスラーム理解の違いによりユダヤ人迫害が発生することはあった。キリスト教の場合は、ユダヤ教からの発展のなかで不可避的な矛盾が両者のあいだに生まれたことが大きかっただろう。

イベリア半島での発展

一〇世紀以降にイスラーム勢力が分裂するなかでアッバース朝が衰退すると、それを後ろ盾にしていたバビロニアの権威は弱体化していった。

さらに、一三世紀から一気に勢力を拡大し、東は「元寇《げんこう》」（同世紀後半）として日本までやってきたモンゴル系諸勢力は、中東ではペルシアやメソポタミア、さらにアンカラにまで押し寄せ、アッバース朝を倒してイル・ハン国を樹立した。

これによる政治的混乱はユダヤ人口の趨勢《すうせい》に大いに影響した。一一七〇年に八〇万人から一〇〇万人のユダヤ人がメソポタミアやペルシア、アラビア半島、とくにイエメンに暮らしていたが、一五世紀には、その数は二五万人から三五万人にまで激減している。経済状況が悪化し、読み書き重視のユダヤ教のメリットが減じられたことで、多くがムスリムに改宗したと考えられるというのが、先のボッティチーニらの見解だ。一五〇〇年頃には世界のユダヤ人口は一〇〇万人を切り、各地における人口比の一%程度と、ローマに敗れたあとの一五世紀間のなかで最も少なくなっていた。

こうした趨勢のなかでもう一つの中心として発展していったのが、イベリア半島（現在のスペイン・ポルトガル）のユダヤ社会だった。

地中海一帯のネットワークの一部として、イベリア半島にもユダヤ人は古くから拠点を設けていた。だが、ローマ帝国を圧迫したことで知られるゲルマン人の西ゴート王国の支配下で、ユダヤ人は厳しく弾圧されていた。そこに新たな状況をもたらしたのが、今回もまたイスラーム勢力だった。まず、ウマイヤ朝はイベリア半島まで進出し、七一一年に西ゴート王国を滅ぼした。

そのウマイヤ朝がアッバース朝に倒されたあとも、残ったウマイヤ家が、七五六年にイベリア半島を南部のアンダルシア地方から中部にかけて征服し、アンダルシアのコルドバを首都に、後《こう》ウマイヤ朝を建てた。その後、キリスト教のカスティィリャ王国やアラゴン王国が次第に南進し、最終的には一四九二年に「レコンキスタ」（英語では reconquest＝再征服）を果たすまでの七世紀以上にわたって、いくつかのイスラーム王朝がイベリア半島中・南部を支配することになった。コルドバは当時のヨーロッパで最も繁栄した都市となった。

一〇世紀に後ウマイヤ朝が最盛期を迎えると、君主アブド・アッラフマーン三世はカリフを称するようになり、それまである程度踏まえていたアッバース朝の権威を否定することになった。同時期にチュニジアに発祥し、エジプトも支配下に収めるようになったファーティマ朝も君主がカリフを称することになったことで、三つもカリフの国が併存することになった。

それぞれ国力増強に励み、そこに学問に長《た》けたユダヤ人が活躍する余地が生まれることになる。加えて、それらを結びながらその外域ともつながる交易でもユダヤ人は活躍する。交易に伴い、学問の交流も盛んになり、ユダヤ人が持ち込んだ印刷技術によりさらに広範に拡大していくという好循環が見られた。

それは、政治的には対立を重ねていくことになるイスラーム世界とキリスト教世界が、少なくとも文化の面ではつながっていく大きなきっかけにもなった。ローマ帝国で発展したギリシア語による学問の成果は、イランやインドの学問も交えてアラビア語圏でさらに発展した。その成果である諸文献を、ユダヤ人がラテン語やヘブライ語に翻訳してヨーロッパに伝えたのだ。イスラーム世界とキリスト教世界の結節点になったイベリア半島は、その後の西欧文明の発展を大きく促進することになる。

それほどの地であったコルドバはユダヤ教の学問的中心として、バビロニアから自立していった。

スペイン・ユダヤ史研究の関哲行《せきてつゆき》が示すように、ユダヤ人のなかには、官職につき、いわゆる「宮廷ユダヤ人」となる者もいた。一〇世紀を生きたイブン・シャプルートは、ヘブライ語・アラビア語・ラテン語に通じ医者でもあり、アブド・アッラフマーン三世のもとで最初の宮廷ユダヤ人となった。コルドバのユダヤ共同体代表に任命されるとともに、後ウマイヤ朝全体の外交や徴税の指揮も任されたのだ。このように権力の中枢に関わるユダヤ人は、他の王朝でも見られた。

ユダヤ人がイスラームとキリスト教の二つの世界を橋渡しできたのは、スペインのユダヤ社会が発展したからというだけではない。レコンキスタが完了するまでのイベリア半島において、ユダヤ人はイスラーム世界とキリスト教世界のはざまで右往左往することになり、単に漠然と二つの世界の橋渡しをしていただけでなく、ユダヤ人自身が頻繁にその橋を渡ることになってもいたのである。

ところが、一一世紀に、ユダヤ人に寛容だった後ウマイヤ朝から、モロッコに拠点を置く、イスラーム化したベルベル人のムラービト朝に支配者がかわると、この王朝がイスラームを純化する志向性を持っていたことで、ユダヤ人をはじめ非ムスリム、さらには異なるイスラーム宗派への態度までもが硬化した。一〇六六年には、当時別のイスラーム系小王国が支配していたグラナダの宮廷ユダヤ人の一人がクルアーンを批判するなどしたことがきっかけで反ユダヤ暴動が発生し、このユダヤ人が殺害される事件も発生した。一二世紀にムラービト朝にかわるムワッヒド朝も同様で、改宗や青色の服装の着用を強制したりした。

こうしたなか、南進を狙っていたアラゴンやカスティィリャの王国は、ユダヤ人を協力相手と見なし、ユダヤ人に対して比較的寛容な態度を取った。カスティィリャ王国支配下のトレード（イベリア半島のちょうど中央）はユダヤ人の学問の中心地となり、「スペインのエルサレム」と呼ばれるまでになった。

だがキリスト教世界にも非寛容化の波が訪れる。一一世紀来ヨーロッパで盛り上がっていた十字軍はエルサレムだけを狙ったのではなく、イベリア半島も重要なターゲットとしていた。ムワッヒド朝は十字軍に対して敗走を始めた。後述するようにヨーロッパでユダヤ人迫害に多く関わることになった十字軍は、イベリア半島でもユダヤ人の生活に暗い影を落としていく。

イベリア半島の非寛容化とマイモニデス

ローマ時代もキリスト教に対して防戦を迫られることがあったユダヤ教は、イベリア半島では、イスラームからも論争を挑まれた。というのも、アラビア語圏で文化が発達することで、哲学を含めて宗教をめぐるさまざまな理論が争われたからだ。

こうした状況下に生まれた特異な人物にモーゼス・マイモニデス（一一三五もしくは一一三八―一二〇四年）がいる。ヘブライ語ではモシェ・ベン・マイモンと呼ばれるが、非ユダヤ世界ではもっぱらラテン語名のマイモニデスで知られており、ユダヤ史でも英語文献ではマイモニデスと呼ばれることが多い。

マイモニデスは、コルドバの大モスクや王宮の近くに暮らすラビの家系に生まれた。彼が一〇歳のときにムワッヒド朝の軍がコルドバを占領し、一家は退去してアンダルシアを一二年ほど放浪することとなった。マイモニデスはこの時期にラビとして養成されながら、天文学などの科学やアリストテレスなどの哲学を吸収し、ムスリムの知識人とも交流を重ねた。その後一家は同王朝支配下のモロッコのフェズ（ファース）に移り、五年ほど暮らした。彼はそこで医者としての修業を積む。

だが、異教徒に「改宗か死か」を迫る同王朝の圧迫は強まっていた。フェズに着いてから四年が経過したとき、マイモニデスは『強制改宗についての書簡』を著した。当時、ラビたちはイスラームに改宗するより殉教を選ぶべきだとするレスポンサを発していた。マイモニデスはこれに対し、法を厳密に守ることが不都合な結果をもたらすのであれば寛大な判断をすべきだとの考えを提示し、表向きは改宗し、秘密裏にユダヤ教を守ることを示唆した。最終的には、迫害の地を離れ、信仰の自由がある土地に移住することをモロッコのユダヤ人に助言した。

彼自身、公にはムスリムとしてふるまい、クルアーンを勉強し、モスクで祈りを奉げた。

図2－3　マイモニデス

フェズ時代に面識があった人物が、のちにエジプトでユダヤ人として活動するマイモニデスに再会した際に、死刑に処される可能性もあるこの事実を咎《とが》めたことがあった。だが、当時のマイモニデスのパトロンとなっていたムスリムは、強制された改宗は改宗とはそもそもいえない、つまりムスリムになったのはあくまでも表面上のことにすぎないとマイモニデスを擁護したのだった。

マイモニデス一家は一一六五年にモロッコを離れ、翌年にエジプトのフスタートに移住した。当時のエジプトは、チュニジアから勢力を拡大したファーティマ朝の支配下にあり、古都フスタートの隣に建設したカイロを首都とした。地中海とインド洋を結ぶ交易路を支配した同王朝は、経済的に繁栄するだけでなく、学問も奨励し、ユダヤ人が活躍する余地は大きかった。

実際にファーティマ朝はユダヤ人に対しても寛容であり、マイモニデスは、同王朝が依拠した、シーア派のイスマーイール派の思想からも多くを学んだ。この派は聖典を字義どおりの意味に捉えるのではなく、比喩として捉え、その内面に迫ろうとする傾向を持つ。

このあり方はマイモニデスの聖書に対する姿勢と一致していた。彼もまた、その章句を字義どおりに受け取るのではなく、何かの比喩である可能性を重視する。そうすれば、荒唐無稽に見える聖書の記述の奥に、合理性を読み取ることができるというのだ。そして、合理性を追求する学問として彼は哲学を位置づけ、宗教はその精神をイメージやシンボルで表すものであるとした。

この考え方は科学の発展も後押しした。それまでは、聖書で描かれるように、神は人間の似姿で想定されており、自然現象も、すべて神が都度そのように意図することによって起こるとされた。そうである限り、例えば台風や地震を解明するには、神がなぜそう意図したのか、また次に意図するのはいつかを探ることになる。結果、呪術など非科学的な説明が生まれる。

これに対してマイモニデスは、神は姿の見えない超越的な存在であると考えた。自然現象は神が介在するのではなく、神の法によって動く。つまり、その法（法則）を解明することで、自然現象は理解できるようになるのだ。これは、今日の科学的思考と事実上同一である。唯一神の法であるので、一気圧のもとであれば、地球上のどこにあっても、水は一〇〇度で沸騰すると信じることができる。そこに神の気まぐれや別の神の介入、あるいは奇蹟は存在しない。

ただし、彼は人間がすべてを認識することはできないと考えた。そこに科学の限界があるとともに、信仰の余地があるのだ。

こうした考えゆえに、マイモニデス自身、ユダヤ教に帰依しながら科学的な営みに従事することが可能になった。ファーティマ朝公認のフスタート・ユダヤ共同体のラビにしてその代表を務めながら、合理主義的な哲学を極めつつ、王朝御用達《ごようたし》の医師としても活躍した。

こうして見ると、ユダヤ教とイスラームの組み合わせはユダヤ教にとってポジティブなものであるというのはやや大雑把な認識かもしれない。より正確には、イスラームの宗派のなかに、ユダヤ教（の一派）との相性がとくによいものがあったというべきだろう。

ファーティマ朝はほどなくして一一七一年に同王朝の宰相だったサラーフ・アッディーン（サラディン）に倒され、スンナ派のアイユーブ朝が取って代わった。サラディンは一一八七年に十字軍からエルサレムを奪還したことでも名高い。マイモニデスは、サラディンの宮廷医も務めることになるほど、さまざまな立場のムスリムから信頼されていた。

また、中世アラブ・ユダヤ史研究の嶋田英晴《しまだひではる》によると、こうした立場ゆえに、イエメンのユダヤ共同体からもマイモニデスは多額の献金を受けていた。イエメンのユダヤ人はインド洋交易で繁栄していたが、当時アイユーブ朝の支配下に入っていたため、マイモニデスに便宜を図ってもらおうとしたのだ。

マイモニデスは、おそらくアリストテレスの影響から、ユダヤ教を合理的に説明しようと試みた。マイモニデスは、自身を含めて改宗する者が増え、ユダヤ世界が危機にあるなかで、いかに幅広い人びとに伝わる方法でユダヤ教の真髄を伝え、できるだけ理解しやすい形で提示するかを考え続けた。

その成果が、タルムードなどの膨大な文献のなかに埋もれてラビ以外にはあまりに難解になってしまったユダヤ法を法典化した『ミシュネー・トーラー』（「第二のトーラー」の意、一一七八年刊）や、アリストテレス的な合理主義によって聖書を解釈し、中世キリスト教世界にも影響を与えた『迷える者たちの導き』（一一九〇年）である。マイモニデスの著作は、ユダヤ教の思想家からも、世俗的なユダヤ文化の担い手からも、また非ユダヤ人の哲学者や神学者からも、しばしば引用されることになった。

カイロ・ゲニザ

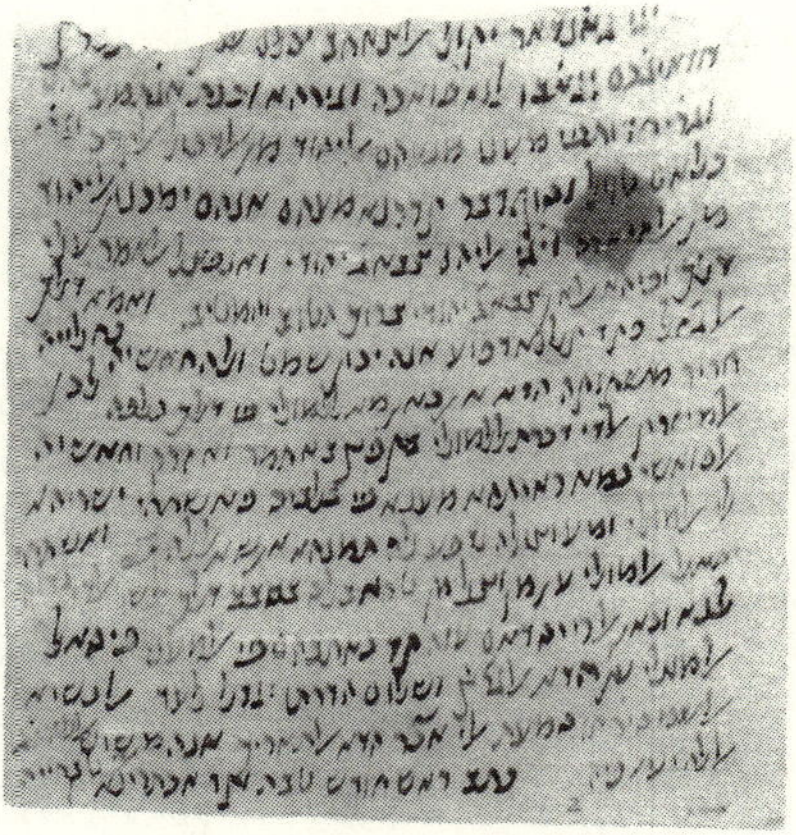
図2－4　ゲニザのなかの手紙　1236年12月20日の日付

マイモニデスら、この時代のエジプト近辺のユダヤ人に関しては、かなり詳細にその実像が知られている。それはゲニザのおかげである。

「ゲニザ」とは、シナゴーグなどに併設されたヘブライ文字による文書の保管庫を意味する。「神」の語が書かれたヘブライ文字の文書を破棄することを忌避し、何世紀も文書が保管されることがある。一九世紀末に、フスタートのベン・エズラ・シナゴーグのゲニザからおもにファーティマ朝時代の、イベリア半島からインドにまでおよぶ地域で書かれた多岐にわたる文書が数十万点発見されたのだ。

このゲニザ文書と呼ばれる文書群は礼拝用の詩や宗教書だけでなく、生活に関するさまざまな記録からなる。商業を含む公私両方の書簡、婚姻関連、そして約四〇〇点のマイモニデス自身によるものを含むレスポンサなども見られる。大半はユダヤ・アラビア語と呼ばれるヘブライ文字を用いるアラビア語で書かれている。二〇世紀半ばに活躍したドイツ生まれのラビの子であり歴史家であるシュロモ・ゴイテインがゲニザ文書を体系的に用いて研究を発表したことで、貴重な歴史史料として広く知られるようになった。

この文書群はさまざまな観点から活用することができる。一つ取り上げるならば、この史料から、ステレオタイプな理解をされがちなユダヤ人の経済生活を等身大で知ることができる。ゲニザ文書発見前までは、非ユダヤ人の歴史家による記述に登場するユダヤ人がユダヤ人の代表として描かれる傾向が強かった。非ユダヤ人の歴史家がわざわざ取り上げるほど目立ったユダヤ人である。

彼らだけを登場人物にしてしまうと、中世のユダヤ世界は地中海沿岸からインドまでを股にかける大商人から構成されるかに見えてしまう。だが、そうしたユダヤ人は、当時暮らしていたユダヤ人のごく一握りにすぎないことをゲニザ文書は示している。

実際には、ユダヤ人に都市民は多かったものの、ユダヤ人に商人や宮廷仕えが偏っていたわけではなく、ムスリムの都市民と同様の多種多様な職業構成だったようだ。国際的な大口の貿易に従事する商人が、辺境の生産地まで足を運ぶなど、かなりの範囲やレベルを移動していたことも浮かび上がる。また、公式的にはユダヤ人がムスリムを支配する地位に就くことは否定されていたにもかかわらず、実際にはさまざまなレベルの役人がいたことも明らかになった。

こうした偶然の発見は、ユダヤ史に関するイメージと実態の乖離《かいり》を不意に突き付ける。

3　キリスト教世界での興亡――ドイツとスペイン

ローマ帝国のキリスト教国教化

一方、キリスト教世界では、ユダヤ人はどのような運命をたどったのか。

二度のユダヤ戦争でローマ軍に惨敗し、エルサレムから追放されて以降、帝国領内でのユダヤ人の活動は、今日残る数少ない史料から推し量るに、かなり限られていた。

当初こそ、キリスト教もしばらくのあいだローマ帝国に弾圧されていたため、キリスト教由来の反ユダヤ主義に苦しむことはあまりなかった。政治的な力を持たなかったキリスト教徒との関係も必ずしも悪いものではなかった。

だが、ローマ帝国を三九五年に東西に分けた皇帝としても知られるテオドシウス帝が三九二年にキリスト教を国教としたことで、ユダヤ人の分は悪くなった。

もっとも、ローマ帝国におけるユダヤ人に関して断片的に残る史料や史跡は、ユダヤ人が必ずしも厳しく弾圧されていたわけではないことを示している。キリスト教徒による記録では、天敵たるユダヤ人を徹底して追い払ったことを強調するためか、シナゴーグの焼き討ちが描かれる。ところが、考古学調査によると、シナゴーグがキリスト教会に転用された例はあっても、焼かれた痕跡はほとんど見つかっていないのだ。

それは、キリスト教自体が、教義面では次第にユダヤ人に対して「生かさず殺さず」という態度を取るようになっていったこととも関係している。キリスト教全体に大きな影響を与えた人物として、四世紀から五世紀にかけて活躍し、古代キリスト教最大の教父と呼ばれることになるアウグスティヌスがいる。彼は主著『神の国』のなかで、この世は「神の国」と「地上の国」（世俗世界）の対立・抗争であると説いた。

彼によると、イエス生誕前まで、「神の国」の担い手はユダヤ人であり、律法だった。しかしイエス以降、人類は律法にかわって福音（イエスやその使徒たちの教え）により導かれることになる。そして、終末と最後の審判を経て「神の国」が到来する。

キリスト教全般に浸透していった『神の国』の歴史観のなかで、イエス以降もユダヤ教にとどまっているユダヤ人は、次のようにある意味で積極的に位置づけられる。いわく、ユダヤ人はイエスを殺し、メシアであると信じなかったために、ローマ人に苦しめられることになった一方で、世界中に拡散しながら、彼ら自身の経典（聖書）によって、メシアなるものがありうることがキリスト教徒の捏造ではないことを証言してくれている。それがゆえに、神はユダヤ人を滅ぼさなかった。だが政治的独立を失い、被抑圧状態にあるのは、ユダヤ人の行いが間違っていたことによる報いである——。

こうした解釈から、キリスト教会はユダヤ人の殺害には反対しつつも、差別は当然だという立場になる。アウグスティヌスの考えでは、終末に際して、ユダヤ人はついにイエスを認め、そこにおいて「神の国」が地上に実現することになっている。

このユダヤ人に対する微妙な立場がキリスト教世界のなかでどのように展開していくかは、宗派や時代、状況によって多様だ。一面ではユダヤ人を擁護する方向に発展することもあった。とりわけ二〇世紀半ば以降のアメリカで拡大した福音派（エヴァンジェリカル）の場合がそうだ。新約聖書の「ローマ信徒への手紙」一一章を根拠とするその教義では、この終末の前段として、「イスラエルの再興」が見られる。すなわち、ユダヤ人がパレスチナに結集し国を建てることが、「神の国」の実現のための前提になるというのだ。

これが、「キリスト教シオニズム」と呼ばれる思想の核心であり、福音派が政治的に一定の影響力を持つ現代アメリカが親イスラエル的な政策に傾く要因の一つとなっている。それは、いわゆるイスラエル・ロビーの影響力よりも大きいといわれる。

もちろん、このようにユダヤ人、とくにシオニズムを独特な観点から擁護する例は全体から見れば少数であり、アウグスティヌスのような考え方でいる限り、つまり、イエスこそがメシアであるという信仰を強く持つほど、そのことを認めないユダヤ人を疎ましく感じる傾向のほうがその後の歴史を圧倒していく。

ゲルマン人に苦しめられて没落していった西ローマ帝国をしり目に、東ローマ帝国は六世紀のユスティニアヌス帝の時代にはイタリア半島を奪還するまでに勢力を拡大した。同皇帝の命で編纂されたローマ法の集大成『ローマ法大全』（六世紀半ば）では、ユダヤ人の身分も明確に規定され、布教やキリスト教徒の奴隷の雇用も禁止された。

先に指摘した通り、ローマ帝国ではユダヤ人の土地所有は禁止されていなかった。しかし、奴隷雇用の禁止は、キリスト教徒の農業と競争するうえではユダヤ人にとって決定的に不利になった。ローマ帝国の意図は、ユダヤ人が奴隷をユダヤ教に改宗させることへの警戒にあったが、結果的には、それなりに農業に従事していたユダヤ人が農業以外に向かう大きなきっかけになっただろう。

そして、ユダヤ人は金融業で活躍するようになった。聖書の申命記（二三：二〇）にある「利息を取って同胞に貸してはならない」という規定にアブラハムの宗教はみな従っている。キリスト教では中世の半ばまではとくに厳格にこの規定が適用されていた。

他方、ユダヤ教では、続く「外国人には利息を取って貸してもよい」という文言により、非ユダヤ人に対する利子を正当化したうえに、中世の早期の段階で、利子と明記されない形であれば事実上利子を取れるような解釈を取るようになっていた。例えば、「イスカ」（「取り引き」の意）と呼ばれる共同投機ないし協業という形である。実質的な金貸しが投資を行い、それにより発生した利益を山分けするという形にするのだ。

フランク王国

多くのユダヤ人がローマ帝国からイスラーム圏に逃れるなか、少数は、この金融の役割を活かし、現在のフランスやイギリス、ドイツなど北方に移住していった。

三七五年、そこから二〇〇年におよぶバルト海沿岸からのゲルマン人の大移動が始まる。彼らの諸部族は、現在のフランス（当時は「ガリア」）やイギリス、イベリア半島にまで到達し、それぞれ、現在の各国民の祖先の中心となった。ゲルマン人は四七六年、西ローマ帝国も滅ぼしてしまった。

そして、彼らはイスラーム勢力とも対峙し、一進一退を繰り返した。ゲルマン人がイベリア半島につくった西ゴート王国は北アフリカをいったんは制圧するも、先述のウマイヤ朝がイベリア半島まで北上しこれを滅ぼす。ウマイヤ朝はさらに北上を試みたが、今度はガリアにゲルマン人がつくっていたフランク王国がいずれも現在のフランス中部にあるトゥール・ポワティエ間の戦い（七三二年）で破った。この結果、フランク王国はイスラーム勢力に対する防波堤としても君臨することになった。

そうした王国を、西ローマ帝国という後ろ盾を失っていたローマ・カトリック教会は頼りにするようになる。フランク王国も、統治の正統性を高め、教会の支配下にあったキリスト教徒民衆からの支持を取り付けるため、ローマ教会と手を結ぶことになった。政治力を高めたローマ司教は「教皇」と呼ばれるようになった。

七六八年に王位に就いたカールのもとでフランク王国が絶頂を迎えると、教皇はカールにローマ皇帝の帝冠を与え、「西ローマ帝国」の復活を宣言するに至る。カールも「地上におけるキリストの代理人」としてふるまうようになり、カール大帝（シャルルマーニュ）と称された。

その後王国が東西とイタリアに分裂すると、教皇は東フランク王国（のちのドイツ）と持ちつ持たれつの関係を結ぶ。九六二年にはドイツ王がローマ皇帝の称号を受けることで神聖ローマ帝国が誕生し、一八〇六年に、ドイツに遠征したナポレオンがドイツ諸邦を従属させるまで続いた。

このようにキリスト教と政治権力が手を結ぶ状況が続いた西ヨーロッパでは、ユダヤ人はキリスト教的反ユダヤ主義にさらされやすくなった。

もっとも、世俗権力はあくまでも自らの勢力の維持のために教会と手を結んでいた側面が強いから、実利的な観点からユダヤ人と協調する場合もあった。当時の西欧では、ローマ帝国ほどキリスト教の諸規定が国の法律に浸透していなかったことも、ユダヤ人には幸いした。カール大帝はまさにその例だった。王国の経済発展のため、自治や免税、財産の保護などを約束し、ユダヤ人をいわば「誘致」したのだ。

反ユダヤ主義を生む三者関係

ユダヤ人に関する詳細な史料が残るようになるのは一〇～一一世紀頃になってからだ。そしてそこからは、実は教会関係者でさえ、ユダヤ人を保護する場合が少なくなかったことが垣間見える。

例えば、神聖ローマ帝国支配下の小都市シュパイアー（現ドイツ中南部）の司教リュディガーは、一〇八四年に次のような特許状を、彼が「誘致」したユダヤ共同体に対して発行している。

三位一体〔キリスト＝神〕の名において、私ルデリグス…シュパイアー司教は、シュパイアーを町から都市に変えるに際し、ユダヤ人を中に住まわせることもできれば、我々の場所の栄誉を千倍に高めることになると考えた。…彼らが粗野な大衆による暴動で容易に傷つけられることがないよう、彼らを壁で囲った。…私は彼らに、金と銀を交換し、好きなだけ売買を行うための許可と特権を与えた。…さらに、教会の土地から、彼らの所有物としての埋葬場所を与えた。…また都市住民の支配者同様に、ユダヤ人のなかのシナゴーグ管理者は、彼らの内部で彼らに対して生じる論争や訴えに対して裁定を下すことになろう（Nichiolas De Lange, ed. *The Illustrated History of the Jewish People*, Toronto : Key Poter Books, 1997, 100）。

ユダヤ人を保護しながら商取引に関する特権を与え、また共同体内部の紛争処理については、ユダヤ人に（ハラハーに則った）法的手続きを一任することがここに書かれている。中世のヨーロッパ北西部のユダヤ人は、政治権力にとって有益な少数精鋭の金融業者である場合が多かった。ユダヤ人に庶民的な階級も多かった他地域と異なる特徴だ。

キリスト教権力者からの処遇に対して、ユダヤ人の側も柔軟に対応した。例えば、キリスト教徒と経済的な結びつきが強くなることで、ある問題が持ち上がった。ハラハーでは、「偶像崇拝者」と商取引を行ってはならないとされるからだ。当時のラビのレスポンサは、この「偶像崇拝者」からキリスト教徒を除くとした。

以上からは、中世のヨーロッパでは、思いのほかキリスト教権力とユダヤ人が蜜月関係にあったように見えるかもしれない。だが、中世に確立した封建制のもとでは、諸侯など権力者にとって、都合のよい勢力や団体などの中間集団と個別に、いわば私的に関係を結ぶことはむしろ常態だった。典型的な中間集団である手工業者や商人のギルド（一一世紀頃から現れる）も、政治権力と同様の関係を結んでいた。ギルド内での掟もあり、仲間内ではそれで規律を保ちつつ、ギルド全体としては国家の法に従った。近現代と比べると国家機構がかなり簡素であるなかで、ユダヤ人などの中間集団が個別に国家と結びついて保たれる秩序が、同時代のイスラーム世界を含めた中世一般の大きな特徴だ。

だが、そのような体制は万人にとって好ましいものだったわけではない。

権力者とユダヤ共同体の「癒着」は、つまるところ、ユダヤ人が庶民のあいだで得た儲けを権力者が税金として吸い上げるという上納システムによって成り立っていた。ゆえに、権力者にとってユダヤ共同体は守るべき財産だったのだ。

しかし、そうであればあるほど、庶民からすると、本来ユダヤ人に対してある程度厳しい態度を取るべきはずのキリスト教権力とともに、ユダヤ人が憎たらしくなるのだった。反ユダヤ主義は、反ユダヤ的なキリスト教徒とユダヤ人が対峙する単純な構図から生まれ、暴力に発展するのではない。ユダヤ人を金づるとして利用する権力者と、それを腐敗と捉える庶民のあいだにユダヤ人が挟まれるという三者関係こそが、一定期間秩序を維持しながらも庶民の反ユダヤ感情を蓄積していく。政変や不況などでこの権力者のタガが外れたとき、民衆の怨念は一気にユダヤ人に向かうことになった。

序章で示した「主体か構造か」という問題に関連づけるならば、直接ユダヤ人に手を下した主体としての庶民にばかり注目していては、この根本的な構造に目がいかなくなってしまう。

十字軍とユダヤ人迫害の開始

そうした民衆の感情を政治権力が抑えつけられなくなった最大のきっかけは、十字軍によるキリスト教的正義感の盛り上がりだった。

アッバース朝の衰退後、複数の王朝が西アジアを支配するようになっていた。そのなかでイスラーム化したトルコ人によるセルジューク朝がビザンツ帝国の支配域を圧迫するようになった。これに対し、ビザンツ皇帝がローマ教皇に支援を求めたことで始まったのが十字軍である。エルサレムの奪還に向けて複数回派兵され、一〇九六年に組織された第一回では九九年にエルサレムを占領してエルサレム王国を建てた。

この十字軍は、エルサレムに到達するまでのヨーロッパで、ユダヤ人迫害を繰り返した。この頃から、民衆のあいだではユダヤ人が儀式のためにキリスト教徒の子どもを殺し、その血を食用に使うというデマが広がり始めた。序章で紹介したシェイクスピアのシャイロックに付随したイメージはここに由来する。「血の中傷」ないし「儀式殺人」と呼ばれるこうしたデマはその後たびたび発生し、報復と称したユダヤ人襲撃が繰り返された。食用の家畜を屠《ほふ》るときに必ず血抜きをするのがユダヤ教の規定であるから、血を食用にすることは本来ありえない。この血抜きの習慣を断片的に見たキリスト教徒が想像を膨らませたのかもしれない。

カトリック教会のユダヤ人に対する態度も一二世紀には硬化しており、教皇の権力が絶頂に達したインノケンティウス三世のときに開かれた第四回ラテラノ公会議（一二一五年）では、ユダヤ人の金融業を規制したり、キリスト教徒と性的関係を持てないようにとの狙いでユダヤ人に黄色いバッジをつけるよう義務づけたりした。

もっとも、この頃に迫害されたのはユダヤ人だけではなかった。キリスト教の異端はもちろん、ハンセン病患者、同性愛者、売春婦、浮浪者なども、穢《けが》れた、社会秩序に対する脅威として排斥されるようになった。イスラーム圏ではユダヤ人はヨーロッパほどの迫害は受けていなかったし、ハンセン病患者についても隔離はされても迫害はされなかった。歴史家ロバート・ムーアは『迫害社会の形成』のなかで、一〇世紀から一三世紀にかけての西欧で、キリスト教社会の規範から逸脱する存在が総じて隔離されたうえで異端の烙印《らくいん》を押され、迫害されるようになった背景を論じている。

西欧では都市化により統治構造が変化し、それまで漠然としていた社会規範が意識されるようになったことが、こうした迫害の背景にあった。都市の新たな統治者が反抗勢力を抑圧するために、異端的存在を糾弾することによって自らの新体制を正統化するなかで、こうした人びとがいわば見せしめとなったのだ。

一三世紀になると、さらに別の要因でもユダヤ人の状況は悪化していった。中世ユダヤ史研究の佐々木博光によれば、それはおもに二つの要因による。

第一に、それまで商業という営みが蔑視される傾向にあったために、ユダヤ人に任せることがむしろ好都合だったのに対し、次第に経済が発展し、キリスト教徒も商業に参入するようになって競合関係が生まれた。

第二に、教会の腐敗を批判する傾向にあった修道会の運動、とくに托鉢《たくはつ》修道会が一三世紀に生まれると、彼らは、タルムードに反キリスト教的な記述が溢れており、それが異端を生む温床だと非難するようになった。旧来の教会体制はユダヤ人をいわば「黙認」してきた。これに対して、民衆のあいだで説教を行う彼らは、高利貸しに対する非難を含む、反ユダヤ的な言説を流布するようになったのだ。

北西ヨーロッパのなかで、フランスやイギリスでは早期に中央集権的な国家が確立し、国王の意向が国家全体に反映されやすかった。イギリスでは一二九〇年にユダヤ人は最終的にイギリスから追放され、フランスでもこれに倣って一四世紀にたびたび追放令が出され、一五世紀にはユダヤ人はほとんど姿を消した。

これに対してドイツでは、民衆やキリスト教会の態度こそ変わらなかったものの、東フランク王国から発展した神聖ローマ帝国の皇帝の関心はイタリアにあり、現在のドイツ地域では諸侯が大きな力を持っていたため、統一した政策は敷かれにくかった。そのため、一斉にユダヤ人が追放されることはなかった。諸侯によっては引き続きユダヤ人を保護する場合があったため、ユダヤ人は移住しながらドイツのどこかで生き残ることもできた。

だが、一四世紀にペストが流行すると、ユダヤ人が井戸に毒を入れたとするデマが飛び交い、ユダヤ人は次々に襲撃されていった（そうしたデマも第一回十字軍の際にすでに見られた）。キリスト教会はユダヤ人を殺すべきではないとの立場だったので、ローマ教皇はデマを打ち消そうと試みた。だが、西欧の人口の三分の一が死亡したペストの猛威が刺激した怨念の前には無力だった。

この頃からキリスト教でも利子が解禁されるようになったこともあり、そこから数世紀、北西ヨーロッパにユダヤ人の居場所はなくなった。

スペインと「隠れユダヤ人」マラーノ

同じくローマ教皇の影響下にある地域でも、スペインの事情はやや異なっていた。というのも、すでに見たように、ユダヤ人を多く抱えたイスラーム国家と隣接し、ユダヤ人の往来が頻繁にあったからであり、ユダヤ人が潜在的な同盟相手だったからだ。西ゴート王国滅亡以来の一進一退はまだ続いていたのである。

ユダヤ人はさまざまな職業に就いた。土地の所有もまだ認められていたため、おもに自家消費用に農業にも従事していた。大航海時代に入ると、イベリア半島の国家の得意分野となる国際商業の領域でもユダヤ人は活躍する。とくに、イスラーム圏のユダヤ人とのあいだでの地中海貿易に携わり、香辛料や絹織物、毛織物、ワインなどのほか、この時代の特徴として奴隷貿易にも関わった。

だが、次第にキリスト教勢力が優位に立つと、ユダヤ人の利用価値は低下し、迫害が始ま

図２－５　**異端審問最高会議**　フランシスコ・リシ画、1683年

った。イスラーム世界に対する最前線として、十字軍とそれが携えた反ユダヤ的な風潮の影響も大きかった。ペストを契機とする迫害も相次ぐようになった。

スペインに特徴的だったのは、多くのユダヤ人がキリスト教に改宗したことである。一四世紀末に二五万人を数えたユダヤ人口のうち、一四九二年までに一五万人が改宗したとされる。多くの場合、改宗しない場合は追放されたからだ。

改宗ユダヤ人はスペイン語で「コンベルソ」と呼ばれた。「改宗者」を意味する英語 convert と同じ語源である。このコンベルソはさまざまな苦労を重ねることになる。周囲のキリスト教徒に社会的にも溶け込んでいくのは例外的で、多くは改宗後も元ユダヤ人同士で集住し、生活形態は大きく変わらなかった。

そのため、彼らは従来のキリスト教徒から疑念を向けられることになった。実際、マイモニデスのように、ユダヤ教の信仰を守るための手段として外形的に改宗する場合もあったため、単なる言いがかりとも言い切れない。このような状況から、近代に猛威を振るった人種主義の原型が生まれた。すなわち、ユダヤ人に生まれた者は、外形的にいかに変わろうと本質は変わらないとする考え方だ。

アラゴン王国とカスティリャ王国が合併してスペイン王国が誕生した一四七九年の翌年、こうした背景から、異端審問所が開設されるに至る。有罪、つまり相変わらずユダヤ教の伝統を一部でも守っているとされた者は鞭打ちにあったり財産を没収されたり教会の監視下に入ったりした。なお、コンベルソのうち、表向きキリスト教徒としてふるまいながらも意識のうえではユダヤ教を守った「隠れユダヤ人」を「マラーノ」と呼ぶ。スペイン語で雌豚を意味する語から派生した蔑称であるが、やがて当事者が使う場合も見られるようになった。

一四九二年に完了するレコンキスタによって、イスラーム勢力がイベリア半島から駆逐されると、宗教的統一が図られ、ユダヤ人にも、改宗しない場合はスペインを去ることが強制された。これにより、ユダヤ人は多数改宗する。その一方で、イベリア半島を脱した者も一〇万人前後にのぼった。

第3章　近世――スファラディームとアシュケナジーム

ディアスポラはさらなるディアスポラを生む。分散した先での巡り合わせの結果、それぞれに独自の展開が生まれるからだ。

英語では early modern と表記される近世は、ヨーロッパ史ではおおむね一六世紀から一九世紀初頭までを指す。対外的には大航海時代に始まるヨーロッパ外へのヨーロッパ諸勢力の進出、内部では、宗教改革によるキリスト教と社会の関係の変化や度重なる戦争のあとの主権国家体制の成立などによって特徴づけられる。世界のなかでヨーロッパの躍進が目立った時期であり、その後の近代化の諸条件が準備された。

ユダヤ史でもこの時期、これと一部連動する形で、続く時期におけるさらなる変化の前提となる人口動態や文化の大きな変革が見られた。次の二点がとくに重要だ。

第一に、まさにこの時期にディアスポラ・ユダヤ人のなかのさらなるディアスポラ集団として二つの集団が確立した。スファラディームとアシュケナジームである。これらの形成は、いずれも近世ヨーロッパの変動と組み合わさった結果である。

第二に、スファラディームとアシュケナジームが共有してきたユダヤ教の非公式的な側面が再び融合しながら大衆化した結果、神秘主義的なユダヤ教の一派が形成された。

1 オランダとオスマン帝国――スファラディームの成立

スペイン追放とスファラディーム

イスラーム圏とキリスト教圏で揉まれたスペインのユダヤ人は、商業面でも学問面でも当時のユダヤ世界を率いる存在だった。彼らはアラビア語とともに、ユダヤ・スペイン語やラディーノ語と呼ばれる、ヘブライ文字を用いるスペイン語系言語を使用した（「ラディーノ」は「ラテン」の意）。そんな彼らが一五世紀末までにスペインから追放されると、いわば由緒あるユダヤ人のディアスポラが世界各地に形成されていくことになった。

スペイン時代には、とりたててスペイン系という意識を持たなかった彼らも、スペインから離れながらもスペイン時代のつながりを維持するなかでその意識を強めていった。ヘブライ語でスペインのことを聖書（オバデヤ書：二〇）に出てくる地名にちなんでスファラドと呼ぶので、彼らはスファラディームと呼ばれるようになった（単数形は「スファラディ」で、これは現代ヘブライ語の読み方。当時の発音ではセファルディ／セファルディーム）。

現在、スファラディームは、後述のアシュケナジーム（現在は全ユダヤ人口の八割程度）と並ぶユダヤ人の主要な系統とされる。ただ、当初のその範囲はその後定着した意味が示す範囲よりずっと狭かった。というのも、バビロニア以来、東アラブ・ペルシア圏にもユダヤ人は暮らしていたし、北アフリカの多くもスペインの支配下ではなく、基本的にはアラビア語圏である。また、ポルトガルにもユダヤ人は暮らしており、彼らはポルトガル語を用いていた。ところが、彼らの末裔も、現在ではスファラディームに数えられることが多い。以下ではそのようになった経緯を含めて、スペイン追放以降の展開を追っていこう。

ポルトガルとオランダ

スペインを追われたスファラディームは、おもにポルトガル、オランダ、そしてオスマン帝国という三方向に流れていった。

スペインからユダヤ人が追放されたのちも、ユダヤ人に経済的有用性を見出していたポルトガル王は、しばらくのあいだユダヤ人迫害を控えていた。レコンキスタが完了した一四九二年は、大航海時代の始まりでもある。スペインに支援され、そのなかのコンベルソからも資金援助を受けていたコロンブスが、彼がインドと信じたカリブ海の島に到着したのがちょうどこの年だ。ポルトガルも交易の拡大を狙っていた。

コンベルソは、ブラジルに進出したポルトガルの貿易に関わり、そのなかにはアフリカ西海岸から奴隷をメキシコやブラジルに移送する貿易も含まれていた。彼らはスペイン語を話す新移民であるから、ポルトガルでは独自の集団を形成することが多かった。彼らはポルトガル語で「あのネーションの者」(os da nação)と呼ばれ、地中海沿岸でも独自の共同体を形成することがあった。

だがポルトガルでも、ローマ教皇の命で一五三六年に異端審問が実施されるようになった。それを避けるべく多くのコンベルソ、とくにマラーノ(隠れユダヤ人)が向かったのがオランダである。彼らはそこでユダヤ教に再改宗した。

オランダ移住後も(元)コンベルソは、アムステルダムを起点に、同様にブラジル北東部の都市レシフェとの貿易に従事し続けた。奴隷が雇われたのは砂糖のプランテーションであったから、砂糖貿易、さらにはプランテーション経営にも彼らは関わった。もっとも、一七世紀半ばにポルトガルによってレシフェのユダヤ共同体は破壊され、彼らの一部は北米大陸のニューアムステルダム(現ニューヨーク)に逃れた。これは北米で最初のユダヤ共同体である。

アムステルダムは、重商主義政策を採用するオランダが大航海時代に発展を遂げるのに伴って、スファラディームの商業の一大拠点となり、西欧最大のユダヤ共同体を擁することになった。一七世紀にこれをモデルにロンドンにもユダヤ共同体が設置され、イギリスにも再びユダヤ人が入るようになった。

先のポルトガル系の「ネーション」は、アムステルダムに集まったイベリア半島の出身者全体に仲間意識を拡大させて「ポルトガルとカスティリャのネーション」という理解をするようになった。イベリア半島出身者の指導層としての自負を持っていたという。

このアムステルダムで最も有名なユダヤ人が、バルーフ・デ・スピノザ（一六三二－七七年）だろう。ポルトガル出身のマラーノ（その後再改宗）の家系に生まれたスピノザは、ガリレイやニュートンらに始まるヨーロッパの科学革命の時代に汎神論《はんしんろん》を唱え、宗教的な立場から科学を後押しした。汎神論とは、自然を含む宇宙のすべての存在が神を成すとする立場で、それらをすべて超越して（おそらく人間のような姿で）神は存在するとする伝統的立場と対立する。

スピノザの場合、マイモニデスのような形で、デカルトやキリスト教関連を含む周囲の思想・哲学とユダヤ思想を組み合わせて汎神論に到達した。すべてが唯一神を成すということは、すなわち、自然の領域にも単一の法則が見出せることを意味する。この信仰（信念）は、科学の前提である。

科学革命以前のヨーロッパでは、自然を魔術によって操作しようとする志向があった。いまや、科学的に自然を解明したうえで自然を操作することを試みるようになったのだ。

もっとも、ユダヤ教徒の多くが受け入れられるレベルにとどまったマイモニデスと異なり、スピノザは合理主義をさらに進めたことで伝統的なユダヤ教をかなり否定することになってしまう。

スピノザは聖書を批判的に読んだ。これはその章句を字義どおりに受け止めるのではなく、何かの比喩と考えるべきだとするマイモニデスの姿勢に通じる。主著の一つ『神学・政治論』では、「聖書を、偏見に侵されない自由な気持ちで味わってみ」ると宣言し、例えば、「神の杉」という表現は、あくまでも「杉の異様な大きさを表現するための言い方である」と喝破した（スピノザ『神学・政治論』（上）吉田量彦訳、光文社、二〇一四年、四三、七八頁）。

極めつけは、モーセの十戒に関する次のような見解である。

神は他の民族を差し置いてヘブライ人たちを神自身のために選び取った（『申命記』第十章十五節を参照）とか、神は彼らの近くにいるが他民族の近くにはいない（『申命記』第四章四〜七節）とか、彼らだけに正しい律法を授けてくれた（同書第四章八節）とか、また他の民族を差し置いて彼らだけに自分の存在を知らせてくれた（同書第四章三十二節など参照）とか聖書で言われているのも、すべてはヘブライ人たちを律法に服従させるため、ただ彼らの理解力に合わせてそう語っているだけなのだ（同書、一四六〜四七頁）。

モーセの十戒は、あくまでも当時のヘブライ人に限定して向けられたものであって、普遍的に適用すべきものではないというのだ。モーセが彼らを率いることになったのも、要するに彼らの「民度」が低かったので強力な指導者に統制される必要があったからだ、と切り込んだ。

このような捉え方は、律法の普遍性を前提にユダヤ教を守ってきた伝統的なラビ・ユダヤ教体制には受け入れがたい。ゆえに、スピノザはアムステルダムのユダヤ共同体からは破門されてしまう。

だが、少なくとも本人としては真摯にユダヤ思想から思考を重ね、周辺社会との接点を合理主義的に見出すに至ったその軌跡は、キリスト教徒の思想家だけでなく、主流派に疑問を感じていたユダヤ知識人にも影響を与え、第4章で扱うユダヤ啓蒙主義の萌芽ともなった。

アムステルダムはその後も長くユダヤ人の主要都市の一つであり続け、一七世紀に入ると、ヨーロッパ最後の宗教戦争とも呼ばれる三十年戦争から逃れるためにドイツなどからアシュケナジームが多く流入し、スファラディームを圧倒していくようになった。

もっとも、同時期から公職・軍職・小売業・自由業・ギルドからユダヤ人は排除されるようになり、活動の幅は広がらなかった。それでも、一七世紀後半までに、アシュケナジームの言語であるイディッシュ語による印刷の最大の中心となるなど、世界のユダヤ人の拠点の一つではあり続けた。この流れは二〇世紀まで続き、『アンネの日記』の著者アンネ・フランクの一家も、ドイツからアムステルダムに亡命している。

オスマン帝国への移民

スファラディームの過半数の移住先となったのは、オスマン帝国のほうだった。

一三世紀のアナトリア（現トルコのアンカラなどがある半島）では、モンゴルからの攻撃によりセルジューク朝が衰退し、イスラーム化したトルコ人戦士の小国が乱立していた。その一つで、初代君主をオスマン一世としたアナトリア北西部の勢力は、ギリシア人などのキリスト教徒も組み入れながら勢力をバルカン方面に拡大し、ついには一四五三年にビザンツ帝国を滅ぼして、コンスタンティノープル（やがてイスタンブルとも呼ばれるようになり、一九三〇年に公式に改称）の新たな主となった。

一六世紀半ばのスレイマン一世の治世に全盛期を迎え、一七世紀までに、東は現在のイラク、南はアラビア半島の西岸やエジプト、西はアルジェリア、北はハンガリーやウクライナ南部までを支配下に置いた。

レコンキスタが完了した一五世紀後半は、まさにオスマン帝国が拡大の一途にあった時期に重なる。イベリア半島を追われたユダヤ人は、商業や金融業に長けていただけでなく、当時先端だった印刷技術を含む手工業や医療など手に職を持っており、帝国の経済を強化するうえで絶好の人材だった。

イスラーム国家の君主を意味するスルタン率いるオスマン朝の統治体制は、アッバース朝などと同様のイスラーム国家のそれだった。ユダヤ教を含む各宗教にはミッレト（共同体）をつくらせ、ムスリムよりも高率の人頭税（ジズヤ）などと引き換えに自治を認めた。

近隣地域の商業に強かったギリシア人やアルメニア人も同様に自治を謳歌した。フランス、のちにイギリスやオランダの商人にもカピチュレーションと呼ばれる安全保障や免税、治外法権などの特権を認めるなど、国際的な観点から商人の便宜を図ることで、帝国経済は発展した。これは帝国の衰退期には欧米列強の侵食を招く梃子《てこ》にもなってしまうが、地中海からインドに至る交易路と多く重なるオスマン帝国の存在はユダヤ商人にとって好都合だった。

オスマン帝国のユダヤ人口の過半数はイベリア半島出身者となり、近世の開始時点では同帝国が世界のユダヤ人口の中心地となった。

もっとも、オスマン帝国にも強引な政策がないわけではなかった。「スルギュン」と呼ばれる強制移住である。コンスタンティノープルを征服した際、都市はかなり破壊された。それを新たな首都として再建するために、一四五六年から、支配領域のユダヤ人が多くこの新都に移住させられたのだ。彼らとその子孫は再移住を禁じられ、それは一七世紀まで続いた。

また、オスマン帝国の法律では、ズィンミー（庇護民）であるユダヤ人に対しては、さまざまな制限が名目上は課されていた。新たなシナゴーグの建設、乗馬や武器の所持、奴隷の所有、役人になること、医師としてムスリムを診ることなどが法律上は禁止されていた。だが、とりわけ一五世紀から一六世紀にあっては、実際にそれらが適用されることはまれで、ユダヤ人も役人として行政に関わり、スルタンの医師を務めることもあった。また使用人の所有や奴隷貿易への関与もあったようだ。

ユダヤ人が役人として活躍した一例として、マラーノ出身のドン・ヨセフ・ナスィ（一五二四－七九年）がいる。ポルトガルに生まれたナスィはイスタンブルに移住後、ユダヤ教に回帰し、セリム二世のもとで外交政策を担当した。それはナスィ家が世界各地に分散したポルトガル系のマラーノとのつながりを活用して商取引で繁栄し、オスマン帝国のユダヤ人とも連携しながらオスマン宮廷との結びつきを強めた結果だった。彼はエーゲ海に浮かぶナクソス島の公爵の称号さえ得たのだった。

ユダヤ教方面でも重要な学者がこのタイミングでオスマン帝国に移住している。一四八八年にスペイン中部のトレドに生まれ、九二年にポルトガルに逃れたヨセフ・カロである。九七年にポルトガルを追われたカロは、パレスチナ北部にある、現在もユダヤ教にとって重要な拠点の一つツファット（サフェド）に落ち着き、そのユダヤ教学院を主宰した。

カロは現在まで広く参照され続けているハラハー（ユダヤ法）の法典『シュルハン・アルーフ』（「準備が整った食卓」の意）を出版した。「準備が整った食卓」のように、カテゴリごとに法が整序され、引きやすくなっている。同書はマイモニデスなどの業績に基づきつつ、スファラディームの慣習に沿って書かれた。印刷技術のおかげで、後述するようにアシュケナジームにも広く参照されるようになり、マイモニデスの著作以上に影響力を持った。

このように「スファラディーム」として繁栄を極めたかのように見えるオスマン・ユダヤ社会も、つねに足並みが揃っていたわけではない。ビザンツ帝国からコンスタンティノープルを奪ったときは、古くからローマ帝国領域、直近ではビザンツ帝国に暮らしていた、「ローマニオート」（ローマ系）と呼ばれるギリシア語話者のユダヤ人が強制移住の対象となっていた。だが一四九二年以降は、イベリア半島からやってきたスファラディームが彼らを圧倒していく。一五三〇年代には、ポルトガルから多くのマラーノも流入した。

スペイン出身者が財産を捨ててでもユダヤ教を守ってきた自負を持つ傾向にあったのに対し、マラーノはキリスト教徒を偽装しながら経済的に成功していたため、前者からの反感を買う場合があった。

また、オスマン政府に移住させられたローマニオートと、命からがらイベリア半島から逃れてきてユダヤ人として受け入れてもらったスファラディームとのあいだでもオスマン帝国に対する捉え方には温度差があった。ユダヤ人のあいだでオスマン帝国は好意的に描かれることが多いが、それは多数派の後者の観点からのものだろう。

このように、ユダヤ人自身では変えられない状況のなかで生まれた差異をめぐってユダヤ人同士が対立することは、その後の歴史でも珍しいことではなかった。マイノリティは結束するものと勝手に考えがちだが、マイノリティだからこそ分断が生まれることは、ユダヤ人に限らず珍しいことではない。初期条件が不利なのがマイノリティだからだ。

また、オスマン帝国でユダヤ回帰したマラーノの軌跡を単なるご都合主義といえるかも、第1章からの議論に照らして考える余地がある。ユダヤ・アイデンティティの二重性——血統のそれと普遍的な律法遵守のそれ——という論点だ。そうしたユダヤ人という存在を、ゼロサム的に捉え、キリスト教徒になったらユダヤ人ではなくなると言い切れるのかどうかは、自明ではない。この問題は第4章でさらに顕在化する。

オスマン帝国での社会生活

ユダヤ人が金融以外の職に就きにくかった同時期の西欧と異なり、オスマン帝国ではユダヤ人はおもに都市部のさまざまな職種についた。金融に関しても貸し手であるよりも借り手であることのほうが多かった。おもな生業は、イベリア半島時代から続く織物産業に加え、金や銀などの金属の産出や造幣、流通、国際貿易や行商を含む地域経済での商業である。

イスタンブルでは、出身地ごとにシナゴーグを中心とした信徒団がつくられ、移民の社会統合を促進した。墓地や学校もそこで管理され、共同体が形成された。法的にも、ユダヤ人同士のことはハラハーに則って処理された。こうした枠組みは、帝国の他の地域にも適用されていく。

ただ、それまでのイスラーム諸国家と異なり、ユダヤ人の全国代表者ないし機関をオスマン帝国は設定しなかった。各共同体は各地方の行政の枠組みで処理され、各地のユダヤ人の有力者が各々に中央政府に対して非公式に働きかけることが基本となった。

ユダヤ人が全帝国的に団結することは難しかった一方で、各地のユダヤ人同士のつながりは移民ゆえに強化された。例のスルギュンによってユダヤ人口を奪われ共同体の機能が低下していた各地域は、一五世紀の末になって急遽《きゅうきょ》イベリア半島からの移民を受け入れた際にその態勢を整えていく必要があったからだ。

オスマン帝国支配下に入ったギリシアのサロニカ（テッサロニキ）もその一つだった。移民のための住居は不足し、高騰した。その結果、最初に入居した移民が、より高い賃料を支払えるあとからやってきた移民に追い払われる事例が発生した。これは市場原理からすれば避けられず、またハラハー的にもとくに問題なかった。これに対して共同体の指導者たちは、先の入居者の同意があり、かつ先の入居者に補償がない限りは、先の入居者は賃料据え置きでとどまることができるとする制度をつくった。こうした社会的弱者を守る制度は、アラブ地域含め帝国中のユダヤ共同体に広がり、二〇世紀まで続いた。

また、ユダヤ共同体は、ジズヤの支払いでも助け合っていた。オスマン法では不払い者は投獄されることになっていた。他の集団と異なり、ユダヤ人に関してはそうしたケースが見られなかった。それは、共同体内の裕福な者が貧しい者の支払いを肩代わりし、共同体として納税を行う仕組みを整えていたからだった。

帝国の政策も、各宗教共同体が各々にまとまることを後押しした。

一五世紀から一六世紀にかけては、ユダヤ人はムスリムや帝国の人口の三割を占めたキリスト教徒などと混住することがあった。だが一六世紀終わりから、ユダヤ人やキリスト教徒はムスリムの居住地の中心から遠ざけられる例が見られるようになる。体系的に居住地を隔離する政策までは見当たらないものの、服装もムスリムと非ムスリムで分ける規定は存在した。

多様な宗教信徒が混在していた都市の市場も、夜になると地区全体が閉じられたため、各々、各居住区に帰っていった。強制的に連れてこられたユダヤ人も、ユダヤ人としてだけでなく、もともとの出身地ごとに居住地が分けられ、その後自発的に移民してきたユダヤ人もそのような居住地の割り当てに従った。

これは帝国支配下のアラブ地域も同様で、ムスリムと非ムスリムは商人等のギルドで一緒になることは多かった一方で、居住地は分かれていた。とくにユダヤ人の場合、安息日に歩いてシナゴーグに行かなければならなかったため、おのずとシナゴーグを中心に居住することになった。

ただ、共通の基盤もあった。ミッレトには法的な自治が認められていた一方で、ユダヤ人もイスラーム法廷を利用することは珍しくなかった。宗教をまたぐ訴訟だけでなく、ユダヤ人同士やキリスト教徒同士の訴訟が持ち込まれることもあった。ミッレト内部での処理には強制力に限界があったため、強制力を持たせたい場合に支配国家の裁定に訴えたのだ。

また、イスラーム法を用いたほうが有利な場合にイスラーム法廷が利用されることもあった。例えば、女性の相続に関して、イスラーム法のほうが女性に有利だった。支配国家の裁判所の活用はヨーロッパでも見られた。また、オスマン帝国のキリスト教徒もしばしばイスラーム法廷を利用した。キリスト教では宗派によっては離婚が不可能だったが、例えば離婚したい女性がイスラームに改宗し、夫が妻を捨てた形にすることで妻から離婚訴訟を起こすことができた（イスラームではその形であれば妻からの離婚が可能）。

帝国の衰退

一七世紀末にウィーン包囲に失敗したオスマン帝国は、ヨーロッパ方面の版図を失い始めて衰退期に入る。世界経済も停滞し、統治の寛容さは減じられていった。イベリア半島周辺に残っていたスファラディームは経済が唯一好調だったオランダに向かい、オスマン帝国への移民は激減した。

ユダヤ人が比較優位性を持っていた国際的なつながりは弱まり、貿易ではギリシア人に、金融ではアルメニア人に水をあけられていく。スファラディーム全体でも地中海貿易を中心としたその商業の最盛期は一七世紀中葉から一八世紀初頭までだった。

一九世紀半ばのオスマン帝国領内のユダヤ人口は一五万人程度にすぎず、一八八五年のイスタンブル全人口約四一万人の五％強をユダヤ人は占めていたものの、商工業従事者もそれとほぼ同じ比率でしかなく、特徴的な集団ではなくなっていた。

それまでユダヤ人に対する迫害が目立たなかったオスマン帝国内でも、一九世紀に入ると迫害が散発するようになった。それは必ずしも全帝国的な政策によってユダヤ人への弾圧が強まったということではなく、よりローカルな文脈での勢力争いに巻き込まれる形でも起きていた。例えば、中央政府が進める政策に対してアラブ地域で抵抗する勢力にユダヤ人金融家が融資をしていた場合、政府はユダヤ人も弾圧することがあった。

シリアで一八四〇年に起こったダマスカス事件は、西欧のユダヤ人にも衝撃を与えた。同地でのユダヤ人とキリスト教徒の金融業者の競合・対立がその背景にあった。そこで流布された言説は、中世ヨーロッパで頻繁に見られた「血の中傷」であるが、啓蒙思想になじんでいた西欧のユダヤ人にはオスマン帝国の後進性を印象づけるものとなった。

一九世紀以降、バルカン地域で、セルビア人やギリシア人の独立運動が隆盛を極めると、この情勢はヨーロッパでは「東方問題」として注目され、干渉が目立つようになった。オスマン帝国が独立運動を押し戻そうとしても英仏露が加勢し、一八二九年にギリシアの独立を同帝国は承認し、翌年にセルビアも自治公国の地位を得た。

さらに、エジプトもオスマン帝国からの独立を画策していた。これに対抗すべく、オスマン帝国はヨーロッパ諸国の支援を必要としていた。その結果、帝国内でヨーロッパ製品が売れやすくなるような通商条約の締結や、キリスト教徒の政治的権利の保障などで譲歩するこ

図3－1　イスタンブルのシナゴーグ、オスマン軍に対する礼拝　1877年

とになった。だがそれはますます列強に付け入る隙を与えることにもなった。

　こうしたなかで進められたのが一八三九年に始まるタンジマートと呼ばれる改革だ。西欧化を目指しつつ、非ムスリムにムスリム同等の権利を与えていった。一八五三年に勃発したクリミア戦争では英仏の助けで辛うじてロシアを追いやるも財政が破綻したため、五六年の改革勅令ではさらに非ムスリムに対して門戸を大幅に開くことになった。非ムスリム共同体による学校設立と独自のカリキュラム編成も承認された。

世界イスラエリット連盟

これにより、外国のユダヤ人が学校をつくることができるようになった。イスラーム諸国における貧しく「遅れた」ユダヤ人を救済する目的で、世界イスラエリット連盟という組織が一八六〇年にフランスのパリで結成された。「イスラエリット」とは、居住国に市民として溶け込みつつ、ユダヤ教を実践するフランス・ユダヤ人の自己意識を表現した呼称だ。同様の、近代社会にふさわしいユダヤ人をフランス以外でも育成することを狙ったのである。ヨーロッパ人としての優越意識の表れであることはいうまでもない。

先述の法改正を受け、イスラエリット連盟は直轄の学校をオスマン帝国領に開設していった。「文明」基準により、フランス語によるフランスの教育システムが適用された。もっとも、現地のユダヤ人からは、当時の先端を行くフランスの教育が受けられることは歓迎された。一九一二年までに、七一の男子校、四四の女子校が設立された。

オスマン帝国にかわってフランスが征服した北アフリカでもイスラエリット連盟の学校は設置され、フランスの政策と相まってユダヤ人はフランス化していった。一八三〇年からフランスの植民地化が始まったアルジェリアでは、一八七〇年に、ユダヤ人にのみフランスの市民権が与えられた。フランス化したユダヤ人はフランスの植民地経営を支える人材になることもあり、彼らのことを「植民地化された植民者」(colonized colonizer)と呼ぶ研究もある。現地の伝統的ユダヤ人を遅れた存在として自らと対置する動きもあった。また、こうした動きは、現地のユダヤ人とムスリムなどとのあいだに溝が生まれる遠因ともなった。

2　ポーランド王国との邂逅——アシュケナジームの黄金時代

アシュケナジームの成立

ユダヤ人の二大系統のもう一つを占めるのがアシュケナジーム（単数形はアシュケナージ）である。聖書（創世記一〇：三）に登場する人物にちなんで、ドイツをヘブライ語でアシュケナーズと呼ぶことによる。要するに、スペイン系に対するドイツ系という意味だ。

早くからユダヤ人が全国的に追放されたイギリスやフランスと違い、ユダヤ人はもう少し長くドイツにとどまることができた。そのため、言語も一一〜一四世紀の高地ドイツ語（「高地」はドイツ南部やオーストリアあたりを指す）を身につけたユダヤ人が中世の末期までに西欧では大勢になっていた。このドイツ語を基本とした彼らの言葉は、ヘブライ語やスラヴ語などその後の移民先の諸言語の語彙を一部取り入れ、かつヘブライ文字を用いるイディッシュ語と呼ばれる言語に発展した。「イディッシュ」は「ユダヤ」を意味する。

アシュケナジームのアイデンティティは、近世において、ユダヤ教に関するいくつかの標準化によっても強化された。第一に、ドイツ語を話していたユダヤ人がさらに東部や南部に移民して集まることで、各地で独自に実践していたユダヤ教由来の慣習（ミンハグ）が統合されていった。第二に、印刷技術の発達により、印刷業者の都合もあって、祈禱書《きとうしょ》のバリエーションが絞られていった。一五世紀半ばに誕生し、キリスト教世界で宗教改革を後押ししたグーテンベルクの活版印刷術は、ユダヤ世界にも影響を与えたのだ。

先述のヨセフ・カロによる『シュルハン・アルーフ』は西欧にも伝わっていた。ただし、スファラディームの慣習に基づく点が、アシュケナジームのラビには抵抗があった。これに対し、ポーランドのクラクフのラビ・モーセ・イッセルレスは、アシュケナジームの慣習との違いを注解した『マパー』（「テーブルクロス」の意）を著した。「食卓」に「テーブルクロス」を組み合わせることによって、スファラディーム由来の法典を活用しながら、アシュケナジームのアイデンティティを明確化したのである。

印刷技術の発達は、ユダヤ教の知識を女性や下層の男性にも浸透させる効果を持った。聖書などの経典のイディッシュ語訳が出版されたことで、日常的には使われていないヘブライ語能力を持つ限られた男性以外にも、ユダヤ教の概要が直接伝わるようになったのだ。これはラディーノ語圏でも同様だった。

男性はユダヤ教学院のなかでタルムードを中心とした法解釈の論議をおもな活動領域とした。こうした世界から女性は事実上排除されており、すでにミシュナーにおいて、女性は家庭にとどまって食事の世話をすべき存在として描かれていた（ただし、律法学習からは「免除される」とあり、必ずしも排除されていたわけではなく、実際に女性が参加した例はある）。シナゴーグのなかも男女で分かれ、女性は男性から見えにくい奥や上方のスペースを割り当てられていた。そして、女性は聖書やタルムードではなく、イディッシュ語など、日常語による書物に触れる機会が圧倒的に多かった。

これにより、男女のあいだで知的文化に差異が生まれるのは必然だった。具体的には、古代より女性は占いや魔術に対する知識を得たり、関心を持ったりする傾向があった。ラビ文献などには、そのような女性の姿がしばしば（批判的に）描かれている。印刷技術の発達によっても、情報面では男女で標準化されるよりも、別々のものに接する傾向はむしろ強まったようだ。

その一方で、意識も含めた標準化が進んだ領域もある。ナショナリズム論の古典である『想像の共同体』において、ベネディクト・アンダーソンは同一言語での出版の拡大によって、地理的には相互に離れた人びとのあいだで同族意識が育まれ、ナショナリズムの前提条件になったことを指摘した。同様のことが、ユダヤ人の場合には二大系統の確立に作用したのである。アシュケナジームの慣習とセットになったユダヤ教の学知を基盤とするイディッシュ語世界と、スファラディームのそれを基盤とするラディーノ語世界だ。

その一方で、お互いにユダヤ人の下位集団であるとの理解はあり、地理的にもさほど重ならないため、両系統同士が争う事態にはほとんど発展しなかった。もっとも、両者の境目に位置したアムステルダムではシナゴーグも分かれており、反目し合う傾向にはあった。また、両者が急速に同じ地域に集まることになったイスラエルにおいては、この二つの系統に起因する分断が当初から見られ、今日までその痕跡は明確に残っている。

ハザール起源説

ユダヤ人の職業が金融などに偏っていた西欧では、ユダヤ人口はあまり多くなかった。では、アシュケナジームが今日ユダヤ人口の八割ともいわれる数にのぼるまでになったのはどのような経緯によるのか。

これについて、ハザール起源説が唱えられることがある。ハザールとは、七世紀から一〇世紀まで、コーカサスからウクライナ東部に至る地域を支配したテュルク系民族による王国だ。西アジアに向けてスラヴ人の奴隷などの交易を行うユダヤ人が通る地域でもあった。

周辺国家がイスラームを国教とするなかで、八世紀半ばから九世紀ぐらいに同王国はユダヤ教を国教とし、国王など上層部が改宗したとされる（ただし、本当の意味での改宗があったのかには否定的な研究もある）。王国の滅亡後の彼らの足取りが不明なために、アシュケナジームはドイツからではなくハザールから来たのではないかという説が語られるようになった。

一〇世紀前半のムスリムの史料にハザール人はみなユダヤ人だ(ただし最近ユダヤ化した)とする記述がある。だがユダヤ教関連の史料では登場せず、少なくとも主流派からは認められていなかったのかもしれない。支配下の一般民衆にどのぐらいユダヤ教が入り込んでいたのかもわからない。そもそもラビ・ユダヤ教が確立していたこの時期、ユダヤ教への改宗はかなりの勉学と実践を要求し、信仰告白だけで改宗できるイスラームのように民衆が大挙して改宗したとは思えない。

一〇世紀半ばにハザールが衰退した際に、近隣のテュルク系勢力に支援してもらうかわりに国王がイスラームに再改宗したとする記録もある。そもそも、イディッシュ語にはスラヴ系の語彙はあってもテュルク系の語彙がなく、ハザールの痕跡が見当たらない。ウクライナのユダヤ人口は一五世紀までにほとんど消滅し、その後流入した一七世紀半ばでも四万人にすぎず、彼らがテュルク系の言語を用いていた痕跡も見られない。

西欧からの追放とポーランドでの受容

ハザール関連は史料にかなりの限りがあるため、ハザール起源説を全否定するのは難しいかもしれない。しかしやはり無理が少ないのは、ドイツ方面から移民し、その後増加したという説明だ。事実、東欧のアシュケナジームは一八世紀から一九世紀にかけてかなり高い出生率を記録している。

第2章最後に見たキリスト教世界全般の厳格化により、一五世紀までに、ドイツ各地からもユダヤ人は追放されることとなった。フランクフルトのように、追放するかわりにゲットー（一四六二年着工）を作ってそこにユダヤ人を閉じ込めた場合もあったが、多くのユダヤ人は東に逃れていった。

スファラディームを歓迎したオスマン帝国のように、アシュケナジームを歓迎したのが、ポーランドだった。

もともと、キーウを南北に貫く川であるドニエプル川流域に暮らしていたとされるスラヴ人のうち、西に移住した西スラヴ人のなかからポーランド人というまとまりが生まれ、一〇世紀後半から国家を形成した。だが一三世紀までに、ドイツ諸邦やキプチャク・ハン国のタタール人などさまざまな勢力が入り乱れて一帯は荒廃した。あらためて東方に向けて国土を開発していくうえで、まずドイツ人の入植が進められた。

一四世紀後半、布教を目的に進出するドイツ騎士団（一二世紀末に十字軍の一環で設立）に対抗するために、リトアニア大公国と連合して、ポーランドでヤギェウォ（ヤゲウォ）朝がカトリックを国教として発足する。この時期、北ドイツの諸都市がハンザ同盟を組んで北欧商業圏を支配し、ポーランド王国からの穀物を北部のダンツィヒ（グダニスク）にある港などから輸出する態勢を整えた。

西欧では一四世紀から一五世紀にかけて、人口の九割を占めていた農村部の耕作可能地が飽和状態に達し、ペストや飢餓、戦争などの結果、農村は荒廃し、生産力が大きく低下していた。そうしたなか、ポーランドは西欧向け穀物の一大生産地として栄え、地域大国の地位を固めていく。

ポーランドの政治社会の中心は、少数の村を所有する中流の領主層としての貴族（シュラフタ）だった。貴族の一般的なイメージと異なり、近世ポーランドの貴族は全人口の八〜一〇％もの割合におよぶなど、小規模貴族の数が多いのがポーランドの特徴だった（革命直前のフランスでは一％強が貴族）。国の運営は貴族の地方集会やセイム（全国議会）で決められた。

そして、ポーランド貴族との組み合わせがよかったのがユダヤ人だった。アレンダ制という貸賃借制度のもと、ユダヤ人に土地の管理や農民からの徴税を任せたのだ。一五三九年には、領内でのユダヤ人に対する管轄権が国王よりも優先されるようになった。一五六九年のルブリン合同で正式にポーランド・リトアニア共和国となり、一七世紀初めまでに首都も南部のクラクフから東部のワルシャワに移った。こうしたなか、貴族とユダヤ人の同盟関係はさらに深化していった。同共和国の支配地域はベラルーシやウクライナ中部にまでおよび、穀物生産を拡大すべく、ユダヤ人も貴族とともにこれらの地域に進出していったからだ。だがこの結果、第2章で見たユダヤ人にとって危険な三者関係が強化されていくことにもなった。農民からすれば、ユダヤ人は貴族の手先である。

貴族の領土では、ユダヤ人は酒造の権利も与えられていた。ユダヤ人は農村で各種商店を開き、そのなかで旅籠や居酒屋も経営した。そこには農民も入り浸っていた。だが、やがてユダヤ人は農民をアルコール中毒にさせていると中傷されるようにもなった。

都市においては当初こそユダヤ人は歓迎され一四世紀半ばには特許状が発行されることもあった一方で、貴族が基盤となっていた農村に対し、都市は自治権を持っており、ワルシャワをはじめ、ユダヤ人を排除する傾向が生まれた。ところが、排除されている領域でユダヤ人が活動することがあり、これがポーランド都市民との軋轢へとつながった。

もちろん、経済の仕組みで考えれば、貴族以外にとってもユダヤ人は決して有害な存在ではなかったはずだ。貴族やドイツ人はダンツィヒ貿易をはじめ大口の商業に関わっていたのに対し、ユダヤ商人は大口の取引からは排除されており、そのかわり、より小規模な企業や裕福な農民を取引相手とした。地方市場に入り込みながら、さまざまな日用品や穀物、材木、鉱物などを取引した。

ポーランド南部からワルシャワを通ってダンツィヒに至るヴィスワ川の船舶業者は、ユダヤ商人の支払いがよかったため、ユダヤ人の休日に合わせて運航することがあり、非ユダヤ人の商人がそのことに対して不平を口にする記録もある。ダンツィヒ経由の貿易が衰退して以降は、アシュケナジームのつながりで、ユダヤ人はドイツやボヘミア（チェコ）、オーストリア、オランダなどに直接出向くようにもなった。

ユダヤ人の自治

ユダヤ人が全国組織を持たなかったオスマン帝国と異なり、ポーランドにおいてユダヤ人は、人頭税と引き換えに、全国単位でも自治を行うことができた。ポーランド・リトアニア各地のユダヤ人の地方評議会をまとめた「四地方評議会」を設置し、各共同体の税金の割り当てに責任を持った。これはポーランド政府から「ユダヤ人のセイム」と呼ばれるほどで、実際に多くの点でセイムに似ており、ローカルな適応の一例と見られる。

ここでいう各共同体は、基本的に「カハル」と呼ばれる組織が司っていた。ヘブライ語で「集会」「集まり」を意味するカハルの代表は、各共同体の数名の最長老が担い、たいていは裕福な商人や賃借人が選ばれた。評議会を通して、宗教や学校、裁判、商取引、そしてユダヤ人からの税金徴収（最終的には地方評議会に上納）など、国や地方自治体の役人と同様のことを管轄した。宗教関連ではラビも雇われていた。

経済的な繁栄もあり、ユダヤ人はポーランドの一六世紀を黄金期と呼ぶ。一六世紀初頭の段階で同国のユダヤ人口は一万から三万人と推定されるが、それが一七世紀半ばには、同国の全人口およそ一〇〇〇万人のうち、二〇万人から五〇万人を占めるまでになった。一八世紀後半には七五万人となり、同時期の世界のユダヤ人口の三分の一におよんだと推定される。

図3－2　ヴィルナのラビ法廷　無名の芸術家作、1875年

不安定化の時代

だが、一七世紀半ばからユダヤ人をとりまく状況は不安定化していき、カハルの権威も低下していった。

不安定化の一つ目のきっかけは、一五九〇年代から西欧の気候が寒冷化したことで経済が停滞し、とくにポーランド、リトアニア地域が打撃を受けたことである。そのあと一七世紀後半からは、イギリスで新農法に伴う農業革命が始まったことで自前の生産力が拡大し、東方に対する需要は減っていく。

一六四八年、フメリニツィキーの乱と呼ばれる、コサックとタタール人の連合による反乱が同共和国支配下のウクライナで発生した。アレンダ制は農奴に等しい当時の農民からすると搾取の体系である。貴族の請負とはいえ農民はユダヤ人に土地を管理され、税金を徴収された。第4章で扱うロシア帝国時代にも続く「ユダヤ人＝農民の搾取者」というイメージはこうした背景から生まれ、反ユダヤ主義を増強していった。この乱でウクライナのユダヤ人は、その半数が殺され、家屋の数々を破壊された。

コサックは、ポーランド人のもとで小作農を営んでいた農民のうち、その縛りから逃れた者たちなどが互助的に、また自衛を行いながら形成した集団である。ウクライナでは、この反乱の結果、ヘチマン国家と呼ばれるコサックの国家が一世紀ほど形成された。そのため、ユダヤ史では忌み嫌われるこの乱の指導者ボフダン・フメリニツィキーも、ウクライナ史では英雄とされることが多い。

ユダヤ人迫害の背景としてその後も東欧地域に特徴的であるのは、キリスト教的な背景よりも社会経済的な背景が強かったことだ。フメリニツィキーの乱の前後でもユダヤ人の強制改宗は行われなかった。キリスト教的なネガティブなイメージが影響していたにせよ、基本的には、例の三者関係の破綻と考えるべきだ。

不安定化の二つ目のきっかけは、一六世紀にモスクワ大公国（ロシア）が成立したことで、近隣の秩序がさらに変動したことだった。西欧では、三十年戦争の疲弊後の一六四八年にウェストファリアの和議が結ばれ、国境線がおおむね安定化していくことになった。これに対し、南部でもいまだオスマン帝国が侵略の手を緩めなかったこの地域で国境線が安定化することはなかった。

一八世紀末には、貴族が派閥争いを繰り広げるようになっていたポーランドはロシアとドイツ、オーストリアのあいだで分割され、国家としては消滅してしまう。

ユダヤ社会内部でも、次節で紹介する新たな動きがあり、それがラビ権力を揺るがすなど、大きな変動が起こった。四地方評議会も一七六四年には廃止された。

その一方で、ワルシャワなどではユダヤ人のポーランド文化への順応が富裕層を中心に進んだ。一八七八年には、その象徴として、ポーランド語を使用言語とし、音楽会ではキリスト教徒も詰めかける大シナゴーグがワルシャワの中心地に完成した。

中間マイノリティとマージナル・マン

ポーランドに典型的に見られたユダヤ人の社会的立ち位置は、「中間マイノリティ」と定義することができる。

中間マイノリティは、身分や経済階層として中間にあるだけでなく、社会経済的役割としても、貴族と農民や都市と農村をつなぐ仲介人として機能するマイノリティを指す。下層のマイノリティはそのまま多数者に同化していくこともあるが、中間マイノリティはその独特な地位と経済的な充足ゆえに、そのまま残り続けるとされる。

経済が好調であるときはその潤滑剤となり、直接的な利益を得る身分や階層からは重宝され保護されるが、不況になり、その保護が行き届かなくなると下層からの怨念を真っ先に浴びることになりがちなのがこの中間マイノリティだ。単なる上下関係で抑圧されるというのではなく、まさに三者関係という組み合わせのなかでその運命が左右されるのがポイントだ。

世の中の差別や迫害にはさまざまな原因があり、一概に法則化することはできない。しかしユダヤ人に関していえば、こうした組み合わせという構造に照らすと、ユダヤ人がなぜあるときはそれなりに繁栄し、またあるときは徹底して迫害されるのかが見えやすくなる。第4章で扱うホロコーストという最大の破局も、とくに東欧に関していえば、こうした構造から紐解くことができる。

序章で示した「主体か構造か」という問題でいえば、ユダヤ人はマイノリティであるためにもちろん構造に規定される部分は大きい。だが、よりよく組み合わさるために努力してしまうのはユダヤ人自身だったりもする。そのことにより、ポーランドでいえば、貴族との関係は良好になり、ユダヤ人の生活は向上する。だがまさにそのことによって、農民の不満は高まり、爆発的なエネルギーが蓄積していくのだ。

とはいえ、三者関係の塩梅《あんばい》をユダヤ人が加減することには限界があり、貴族に刃向かうことはまずできない。三者関係の歯車になってしまうという意味では、結局は構造に規定されている。

ただ、これが出口のない堂々巡りでしかないかといえば、それゆえの実りもある。

アメリカの社会学者H・ブラロック・ジュニアが中間マイノリティ概念を提出したときに念頭にあったのは、同じくアメリカの社会学者ロバート・パークが提示した「マージナル・マン」という概念だった。この語は、ホスト社会と移民社会の双方に属しつつ、いずれにおいてもマージナルな状態にある移民に対して使われた。

マージナル・マンは、二つの社会のあいだで引き裂かれ、自己が不安定化しやすい反面で、それぞれの社会を、それぞれの中心にいる人びととは異なる視点で眺める目を持つので、より客観的に、さまざまなことを吸収する傾向にあるという。マージナル・マンの頭のなかにこそ、文明化や社会の進歩の過程の縮図があるとパークは指摘する。ユダヤ人が文化・学術方面でよく活躍するのはこのためかもしれないのだ。

もっとも、その結果生み出されるのは、必ずしも「文明」という語のイメージに合致するものだけではない。ときには風変わりなものも生まれた。

3 偽メシア騒動からの敬虔主義誕生——ユダヤ教の神秘主義

シャブタイ・ツヴィ

ユダヤ教ではまだメシアは登場していないし、いつ登場するかも不明とされる。だが、イエスをメシアと考えた思想がユダヤ人のあいだで生まれたように、メシア待望はつねにユダヤ人の基底に存在し続けてきた。とくに、天変地異のようなことが起こると、メシア待望論が高まり、偽メシアが登場することがあった。

その代表例が、フメリニツィキーの乱の時代に現れたシャブタイ・ツヴィである。ツヴィは、一六二六年にトルコのイズミル（スミルナ）に生まれた。エーゲ海に臨むイズミルではヨーロッパ人が早くから商業活動に参加していたが、直接トルコ人と取引することは禁じられていた。そこで、オスマン国籍のギリシア人やアルメニア人、そしてユダヤ人が彼らを仲介していた。ツヴィは、イギリスの商会の代理人（スペイン出身）の息子だった。

若い頃から「カバラー」と呼ばれるユダヤ教の神秘主義的な文献を独学したツヴィは、自らをメシアであると考えるようになる。フメリニツィキーの乱も彼にインパクトを与えた。やがて帝国内の放浪を始め、カイロではフメリニツィキーの乱で孤児となって逃れてきていたサラという女性と結婚する。そして、霊魂の根源を見抜く能力を持つ、カバラーという神秘主義の使い手がパレスチナのガザにいるとの噂を聞きつけた。「ガザのナタン」ことアブラハム・ナタンである。ナタンはツヴィこそがメシアであると認定し、そのことを周囲に流布するようになった。

イズミルに戻ったツヴィは、すでにその噂で熱狂していた民衆に迎え入れられ、ユダヤの慣習の数々を打破していった。そして、スルタンから王位を奪うことさえ考えるようになった。だが、当然ながらツヴィは捕えられ、宮殿で改宗か死かを迫られた。なんとツヴィはあっさりとイスラームに改宗してしまう。一六六六年のことだった。

単なる茶番にも見えるが、ナタンをはじめ、すでに熱狂していた人びとのなかには、これに失望するよりも、むしろこうした矛盾した行動にこそ神の秘密が隠されていると考える者もいた。

カバラーと神秘主義

マイモニデスの考えとして紹介した、章句を字義どおりに受け止めず、隠れたメッセージを読み取ろうとする態度が極端化すると、このような態度になることがある（マイモニデス自身はそのような態度は戒めていた）。

キリスト教が批判することになった主流派のユダヤ教の特質として、その形式主義があった。律法に従って淡々と生活をこなすことに虚《むな》しさを感じたのだ。それは決して原始キリスト教徒に限られた感覚ではなかった。古代より、ユダヤ人のあいだで占いや呪術は、主流派による抑圧をよそに続けられてきた。初期のキリスト教でもユダヤ教と融合した、精神性を重んじるグノーシス主義が生まれ、教父たちから異端視されていた。イスラーム世界でも、形式主義を批判して内面を重視し、神との合一を求める神秘主義であるスーフィズムが九世紀より出現している。

聖書にもイスラエルの民の神秘主義的な期待が描かれている。バビロン捕囚にまつわる訓示が書かれたエゼキエル書の初めのほうには、次のような記述がある。「…私がケバル川のほとりで捕囚の民とともにいたとき、天が開かれ、私は神の幻を見た。…大きな雲と燃え続ける火とその周りに輝きがあり、その中に琥珀金《こはくきん》のきらめきのようなものが見えた。また、その中には四つの生き物のようなものがあった。その姿は人のようであった」（エゼキエル書一：一、四―五）。

偶像崇拝が禁じられたユダヤ教にあって、神の姿は想像すら難しい。神から与えられた律法を遵守することが神の道であることを理解していても、神を身近に感じたいという衝動は、古来よりユダヤ人が抑え込むことができないものだった。

ユダヤ教界隈におけるそのような神秘主義の体系こそがカバラーだ。「界隈」といったのは、ラビ・ユダヤ教の表に掲げられることはないが、実のところラビたちも多かれ少なかれ関心を持つことがあり、ある程度共存してきた歴史があるからだ。カバリスト（カバラーの実践者）もタルムードの権威は否定しない。事実、先に見た法典『シュルハン・アルーフ』の著者カロはカバリストでもあった。

カバラーとはヘブライ語で「受け取ること」という意味であり、秘密の教えを受け取ることが含意されている。古くはグノーシス主義とつながり、スーフィズムの影響もある。マイモニデスの息子アブラハム・マイモニデスはカバリストであり、スーフィズムを活用し、その指導者を「古代イスラエルの伝統の継承者」として公然と崇拝していたほどだった。キリスト教世界にもカバリストがいる。

そのようなカバラーは、ユダヤ世界のなかでも危険な香りがする。ホロコースト・サバイバーの作家エリ・ヴィーゼルは、『夜』（一九五六年、原著はイディッシュ語）のなかで、ハン

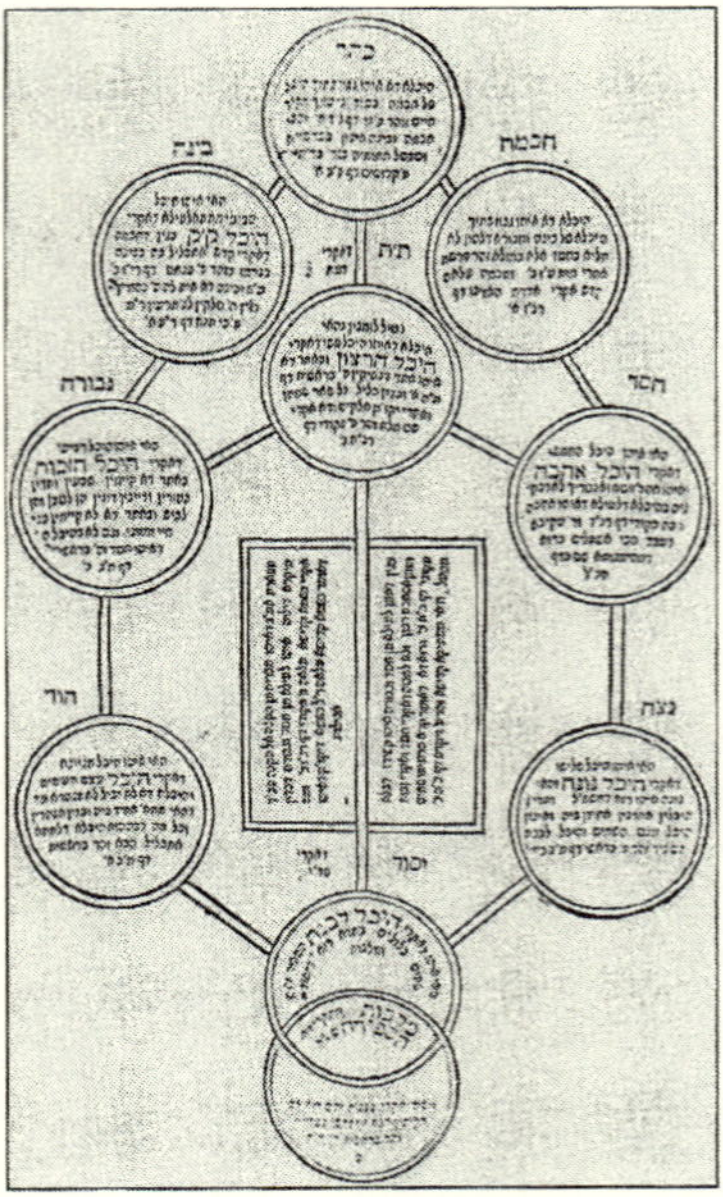

図３－３　セフィロート

ガリーでの幼少期に父親にカバラーの教師を見つけてほしいと頼んだ際、父親は、危険に満ちた神秘主義の世界に踏み込む権利は三〇歳になってやっと得られるものだと応えたという。

カバラーを象徴するものとして、セフィロートと呼ばれる図式がある。神の要素を一〇に分割したものである。これを基軸にしながらさまざまな寓話を語り、祈禱を捧げながら神の秘密に迫ったり神との合一を目指したりするのがカバラーの基本的な姿勢である。

そうした流れが体系化された古典が、一三世紀のスペインで書かれ、一六世紀にイタリアで出版された『ゾハル』（「光輝」の意）である。スファラディームのあいだでカバラーは発展し、カロの拠点ツファトと並んで、イタリアはイベリア半島追放後のカバラーの中心地だった。『ゾハル』はカバラー的観点から聖書を注解する。そこでは、エデンの園から追放されたのはアダムとイヴではなく、実は神のほうではないかとか、神は男であると同時に女なのではないか、などといった問いかけがなされる。

シャブタイ派現象はこうしたカバラーの伝統のなかで生まれた。ツヴィに追随してイスラームに改宗する者こそ少数にとどまったものの、この事件はアシュケナジームにも知られ、隠れシャブタイ派はアシュケナジームの世界でも残った。カバラーは許容するラビも、偽メシアは許容できないため、この動きを封じようと試みたが、実効力を伴う異端審問制度のようなものがあるわけではなく、限界があった。

スファラディームとアシュケナジームは先述のようにラビの世界では慣習が異なり、現在のイスラエルでも両者は別々の首席ラビを置いている。それでも、民衆の世界での影響関係や共振関係は長く続いてきたのだ。

精神性や内面性を強調するカバラーは、エリート層でその道を究めた者のみにとっての、それこそ秘教のようなものだったかもしれない。だが、感覚的なカバラーは、わかりやすくすれば途端に広範に広がる可能性を持っていた。つまり、カバラーの拡散は、ポピュリズムに通じる場合があったのだ。合理的で高尚な学知を強調するエスタブリッシュメントに対し、幅広い層が容易にアクセス可能で、かつ「ご利益」があるものがポピュラーになりやすい性質は、同じ人間である以上はユダヤ人にも当然備わっている。

イスラーム世界でも、一二世紀以降スーフィズムに民間信仰的要素、とくに各地の聖者信仰が結びつき、イスラームの裾野が広がっていく傾向が見られた。

もっとも、これも今日のポピュリズムに関して指摘されるように、単に複雑なことが理解できない「大衆」が安きに流れる先にそのような「反知性主義」があるとは限らない。ユダヤ教でいえば、いくら能力主義とはいえ、有力者であったり、それと関わりを持ちがちだったりするラビの家系のほうが有利であるし、何より、事実上男性にしか学知は開かれていなかった。彼らを通さず、さらにいえば、彼らの見識に左右されずに神とつながりたい、真理を得たいと願う欲求は反知性主義とは言い切れない。

ハシディズム

一八世紀半ば、ウクライナ西部では、そうした欲求が最高潮に達していた。その地に生まれたイスラエル・ベン・エリエゼルは、カバラーの知識こそ初歩的なものだったが、カリスマ性を備え、ちょうどイエスが行っていたように呪術で病人を癒し、祈りを通した神秘体験を伝えることで人気を博していた。やがて「バール・シェム・トーブ」(「よき信仰治癒者」の意、略してベシュト)の名で知られた彼は、あくまでもユダヤ教の枠内にとどまった。

ベシュトが始めた運動は、日々の活動において神秘体験を求め、学習よりも祈りを重視し、日常生活において神を感じられることを目指した。カバラーも大衆にわかりやすいように簡略化された。さらに、それまでは罪や死後の応報といったものへの恐怖がカバラー実践の背景にあり、それが苦行を導いたりしたのに対し、ベシュトは、悲哀ではなく、戒律を実践する悦びによって神が現れると説いた。そして、宴や歌、踊り、さらに飲酒も交えながら祈るのである。

もっとも、各信徒集団の指導者はレッベ（イディッシュ語でラビ）ないしツァディーク（義人）などと呼ばれ、崇められた。やがて、ラビ・ユダヤ教体制と変わらないか、それ以上の上下関係を持つ集団となっていく。彼らの運動やあり方は「敬虔」を意味するヘブライ語の形容詞ハシッドにちなんでハシドゥート、英語ではハシディズムと呼ばれるようになった。

ハシディズムはベシュトの死後数十年のうちに東欧一帯で数十万人の信奉者を集めるまでに拡大し、ラビ・ユダヤ教にとって大いに脅威となった。当

図3－4　イスラエル・ベン・エリエゼル（ベシュト）

時、「リトアニアのエルサレム」と呼ばれ、高度なユダヤ教研究が行われていたヴィルナ（ヴィルニュス）とその周辺地域を中心に、ハシディズムに反対する「ミトナグディーム」（反対者たち）という一派が隆盛したほどだった。

このようなハシディズムの拡大にはいくつかの背景があった。第一に、シャブタイ派の影響やポーランドの不安定化によりラビ・ユダヤ教体制が揺らいでいたこと。第二に、経済的に下層の人びとのラビ・ユダヤ教体制への不満である。

これらに加え、東欧ユダヤ史研究のイスラエル・バルタルは、ハシディズムが、まさにカバラーを大衆化させたことで、秘伝的なものに対する知識が信奉者たちのあいだに広がったことを要因として挙げる。例えば、ハシディズムでは家畜を殺す際の刃物を鋭利に研ぐことは、家畜の魂の再生に重要であるとの信仰があった。信奉者は、その作法に厳密に則って研がれた刃物で解体された肉しか買わないようになったのだ。

だが、ラビ・ユダヤ教体制は、ユダヤ教の食物規定に沿った肉の販売を重要な収入源にしていたため、これは経済的な打撃となった。逆にいえば、ハシディズムは、少なくとも結果的に経済的に回る仕組みを宿すことになったのだ。

このように、さまざまな要素と要因が組み合わさった結果、ハシディズムは拡大した。今日では、ニューヨークやエルサレムなどでしばしば目にする黒服のユダヤ人はこのハシディズムの流れに属している。もっとも、その後の歴史で、正統派もハシディズムも互いに歩み寄っていくようになったため、今日では両者の違いは見えにくい。

伝統的ユダヤ教とジェンダー

ラビ・ユダヤ教体制が握っていた知に対して、ハシディズムは女性にも開かれていく可能性を秘めていた。実際、ハシディズムのテクストが、より女性に共感的である、あるいはこれまでの支配的な男性性とは別の観点を打ち出している場合があることを指摘する研究もある。

だが実際には、男性がレッベに帰依して家庭そっちのけでのめりこんでしまう場合のほうが多かった。今日でも、とくにイスラエルでは黒服のユダヤ人（イスラエルの呼び方では「超正統派」もしくは「ハレディーム」）は、政府から補助金や税金の免除を受けることができ、働かずに一日中ユダヤ教の勉学に励んでいる。そのかわり、妻が外で働く。

世界的には、伝統的なジェンダー秩序は、「男性は外、女性は内」という配置を固定化する傾向にあるが、伝統的なユダヤ教社会、とくに敬虔な層ではある意味これが逆転している。もっとも、社会のなかで尊敬される営みを行っているのは男性であり、女性がそれを補助する構造は変わらない。ユダヤ教史研究のダニエル・ボヤーリンが指摘するように、タルムードで描かれる「男らしさ」は、戦闘的で猛々《たけだけ》しいローマ的な男性像と対極的な、優しく、内気で、勉強家な性質を持つ。

とはいえ、この構図がユダヤ社会における女性にとってつねに不利であるかといえば、局面によってはこれがさらに逆転する。マジョリティであるのは外の世界だからだ。外で働く女性のほうが非ユダヤ人との接触が多く、言語を含め世俗の知識もおのずと豊かになる。閉鎖的なマイノリティの社会を抜け出し、機会に溢れる外の世界に出たいと考えたとき、女性のほうがはるかに有利になるのである。

医学が今日のように発達する前、子どもの誕生は、今以上に母子の命に関わる一大事だった。ヨーロッパでは、その際の助産師やベビーシッターがキリスト教徒であることは珍しくなく（ラビ文献にしばしばそれを避けるべしとする記述が見られる）、そこでさまざまな習慣がユダヤ人とキリスト教徒のあいだで交わされた。文化交流は近代以前であっても決して男性の世界に限られたわけではない。

これは現在においても当てはまる。「まえがき」で示したニューヨークの黒服ユダヤ人の世界でも、一定数、外の世界に出ることを望むユダヤ人がいる。すぐ隣の街区に移るだけのことが、実質的には移民をするようなものであると喩《たと》えられることがある。とくに男性の場合、英語力さえ、平均的なアメリカ人のレベルに達していないことがあるからだ（いまだに一部ではイディッシュ語が使われる)。対して、学校で世俗科目を多く学ぶ女性はアメリカ社会に溶け込みやすい。

マイノリティや文化の特質という条件が組み合わさることで、女性の経験がマジョリティのそれと異なりうることは、第5章でも明らかとなる。

第4章　近代——改革・革命・暴力

「内容において社会主義的、形式において民族的」。一九三〇年にヨシフ・スターリンが党大会で掲げたソ連民族政策の基本方針である。各民族の垣根を壊すのではなく、言語をはじめ、民族的な形式は維持されるが、あくまでもそこで目指すべき内容は普遍的な社会主義であるという意味だ。

この定式は、血縁的な集合という形式を保ちながら普遍的な律法を中核に据える、ユダヤ人の二重のアイデンティティに通じるかもしれない。だが、まさに社会主義が新たな普遍性を掲げたように、ユダヤ人が目指すべき普遍性が自明なものではなくなったのが近代だった。

ヨーロッパにおける近代は、一七八九年に起こった市民革命としてのフランス革命と、一八世紀後半に始まるイギリスの産業革命による資本主義的工業化の発展をおもな画期とする。ユダヤ人にとって、革命によって到来した政治と経済の面での普遍的な力学は絶大であり、

「国の法」に従いながら自らの居場所を確保するという悠長なことが許されない状況が拡大していった。

この時代に反ユダヤ主義も変質していき、ポグロム（反ユダヤ暴動・虐殺）、そしてホロコーストという世界史上最悪の悲劇が生まれることになった。近世までは、キリスト教的伝統を背景とした金持ちないし特権階級への妬みといった意味合いがもっぱらだったのに対し、近代、とくに二〇世紀に入ると、西欧では貧しい移民に対する嫌悪、東欧では民族対立を意識した憎悪が顕在化していく。

そしてこの時代、ユダヤ人は再び「民族大移動」を遂げる。北米やパレスチナ／イスラエルへの国境を越える移民でもユダヤ史上最大の規模であるが、その前に帝国という大きな領域のなかでの国内移民を見ることも重要だ。

北米やパレスチナへの移民の過半数の出身地だったロシア帝国では、まずは国内でリトアニア・ベラルーシからウクライナに向けての移民が増えた。それは人口の急増や都市化によるものでもあり、北米やパレスチナへの移民は、実はその延長でもあった。ロシア以外のヨーロッパ各国でもユダヤ人の都市への移住は増え、それがユダヤ人に関する新たな摩擦の背景となっていた。

1　ドイツとユダヤ啓蒙主義——同化主義なのか

「ユダヤ人問題」

「ユダヤ人問題」(The Jewish Question) という言葉が頻繁に使われるようになったのは、近代に入ってからである。

ドイツの哲学者ブルーノ・バウアーはずばり「ユダヤ人問題」と題した一八四三年の論文で、ユダヤ人は棄教してのみ解放されると説いた。カール・マルクスはこれに対し、精神的なものではなく、ユダヤ教と同義である資本主義を変革しない限りユダヤ人を含む人類の解放はないと批判した。ユダヤ教に原因があるのか、それともそのような存在を生んでしまっている世界に原因があるのかは別として、ユダヤ人の存在が問題であるという点で両者は一致していた。

では、なぜ近代において「ユダヤ人」が「問題」であると考えられるようになったのか。

それは、「ユダヤ人」の捉え方について意見が分かれるようになったからだ。伝統的なキリスト教世界では、ユダヤ人を道徳的な問題児として蔑《さげす》みつつ、その経済的な機能は利用するという扱いで相場は決まっていた。イスラーム世界でも、啓典の民として位置づけられていた。

ところが、西欧において、キリスト教権力がその規範とともに弱体化し、かわって啓蒙主義的な普遍主義が浸透すると、そのような個別的な捉え方は許されなくなっていく。バウアーが改宗ではなく「棄教」を求めたのはそのためだ。

これは、日本において江戸時代までは蔑まれながらも社会のなかで独自の役割を持っていた「えた・ひにん」が、明治の国民平準化政策により法的には平等となる一方で独自の位置づけを失い、特殊性が抜けない「部落民」としてかえって激しい差別に遭うようになった構図に似ている。

自由のなかの隷属？

日本の被差別部落の人びとが同化を目指したり水平社運動を興したりして多様な方向性を示したように、ユダヤ人のあいだでも近代社会への対応は分かれた。
一八九一年に書かれた「自由における隷属」という評論のなかで、ロシア帝国下のウクライナに生まれ、その後精神的シオニズムの創始者として知られるようになったアハド・ハアム（本名アシェル・ギンツベルグ）は同化志向の西欧ユダヤ人を論難している。いわく、確かにロシアにおけるユダヤ人の後進性や地位の低さ、貧困は深刻だ。しかし、西欧の「解放」

された同化主義的ユダヤ人は、市民権のために自らの魂を売ってしまったのだ――。

アハド・ハアムが見るに、ロシア帝国のユダヤ人にはロシア人と同権は与えられていないものの、個人としても集団としてもユダヤ人としてのアイデンティティを保持し続けている。これに対して、ドイツなどの西欧のユダヤ人は、ユダヤ人であることを棄てることで市民権を得た。

この対比は、個人として見た場合、外れているかもしれない。「同化ユダヤ人」と呼ばれるタイプの西欧ユダヤ人が、ユダヤ人としての魂を捨ててしまっていたかどうかは、それほど簡単に判断できるものではない。というのも、例のユダヤ人の二重のアイデンティティについて考えると、血縁意識は残るかもしれないし、律法を起点とした普遍性への意識については、同化ユダヤ人も強く持っていたかもしれないからだ。

だが、ユダヤ人を個人ではなく民族として捉えるならば、西欧ユダヤ人は重要な要素を捨てさせられたといえるかもしれない。近世まで、ユダヤ共同体はそれなりに自治を認められていた。内部の事情はユダヤ人に任されており、集団生活の自由があった。

これに対して、西欧における法的制限の撤廃は、確かにキリスト教徒とユダヤ人を同じ扱いとした。ところが、まさにそのことによって、この自治までもが解体されてしまったのだ。すべてが国家の法に一元化されるようになった。ユダヤ教は元来、共同体や家族の単位で律法を守り実践するように諸々の慣習が設計されている。自治の解体は、この部分をきわめて脆弱《ぜいじゃく》にしてしまった。

しかも、いつの時代も法律だけで社会が成り立っているわけではない。社会における偏見は、法律が変わっても残った。自治によってユダヤ共同体がユダヤ人を丸抱えする時代にあっては、街中で差別されても、共同体に逃げ込めばよかった。それが消滅し、ユダヤ人はますますマジョリティに左右されることになったのだ。アハド・ハアムが隷属と呼んだのはこうした事態だった。

ユダヤ人の法的解放

では共同体の消滅は具体的にはどのように進行したのか。

法的な解放が世界で初めて達成されたのは、フランス革命においてだった。王と貴族が特権身分として国を率いていた専制国家から、あらゆる国民が平等に主権者となる共和政の国民国家となった。同じ国民であるから、ユダヤ人も平等となるのは理屈からすると当然だった。一七八九年の人権宣言発布の二年後に、国民議会はユダヤ人解放令を議決した。

同年の国民議会でクレルモン・トネル伯爵は、ユダヤ人に市民権を与えることには好意的ながら、次のような言い方をしていた。「ネーションとしてのユダヤ人に対しては一切が拒否されるべきだが、個人としてのユダヤ人に対しては、すべてが認められなければならない」。彼は改宗までを求めたわけではないにせよ、ユダヤ人がしばしば「国家内国家」を形成していると揶揄《やゆ》されてきたことを念頭に、二重の忠誠が起こらないように釘を刺しているのである。

しかしそれは結局のところ、共同体の消滅と引き換えに市民権が与えられることを意味した。カトリック教会もまた、主権者たる国民への忠誠を義務づけられることになった。これが、しばしば指摘される国民国家が持つ平準化の圧力だ。

カトリックの場合は、人口としては圧倒していたから、多数派の圧力にさらされるようになるわけではなかった。対してユダヤ人の場合、特権を失うことで共同体にとどまるデメリットが目立つようになり、個々のユダヤ人は新たな機会を求めて共同体を出るようになった。法的解放により居住制限が撤廃されたため、フランス各地のユダヤ人はパリに向かった。一七八九年には五〇〇〇人から八〇〇〇人程度だったパリのユダヤ人口は、一八六一年には二万六〇〇〇人にまで膨れ上がった。

これは同様にユダヤ人が解放された国々で生じた現象で、ユダヤ人の都市化傾向と相まって、一九世紀のヨーロッパ主要都市のユダヤ人口は急増した。国単位での人口にさほど変化がなかったとしても、都市民の体感ではユダヤ人は大挙して押し寄せていたのだ。

こうした形での法的解放は西欧において一九世紀を通じてかなり進み、一八一二年にはプロイセン、一八五八年にイギリス、一八六七年にオーストリア・ハンガリー帝国と続き、ユダヤ人の国内移民も増えていった。

反ユダヤ主義の再来

ところが、反ユダヤ主義は必ずしも解消されなかった。例えば、フランスでは一八四八年の二月革命の時期に、ドイツやスイスに接するアルザスで大きな反ユダヤ暴動が発生し、この地域のユダヤ人の二割が暴行や略奪などの被害に遭った。フランス・ユダヤ史研究の川﨑亜紀子によると、経済危機ゆえの農民の困窮が引き金になっていたこの暴動において、農村での高利貸しとのイメージが染みついていたユダヤ人が明らかにターゲットにされていた。

印象的なのは、パリのユダヤ人が、この暴動に対して一応遺憾の意を表明しつつも、やや冷めた目で見ていたことだ。パリのユダヤ人からすると、アルザス地方のキリスト教徒にしてもユダヤ人にしても、後進的で粗野な存在だった。アルザスのユダヤ人自身、旧態依然の頑《かたく》なさによってキリスト教徒から反感を持たれやすい状態だったと、ユダヤ人にも原因があるとする論調もあった。

ユダヤ人解放によって生じたのは、ユダヤ人同士の格差や分断でもあった。この問題にはのちほど立ち返るとして、ドイツの例も見ておこう。

ユダヤ人が農村にも多く暮らしていたドイツでも、移動制限が撤廃されたことで、ユダヤ人の都市化は進み、一九一〇年にはユダヤ人口の過半数が人口一〇万以上の都市に暮らすこととなった。だが、ユダヤ人が押し寄せるイメージは、反ユダヤ主義者を刺激していくことになった。

さらに、ロシア帝国でのポグロムを受けて東欧からのユダヤ移民が急増した一八八〇年代に、ドイツ政府はそれまで「宗派」と捉えていた「ユダヤ人」概念を「人種」として捉えるようになり、血統で「ドイツ国民」との線引きをすることで国籍付与を控えようとした。

ドイツ人一般のなかでも、伝統社会が資本主義化のなかで失われていくことをよく思っていなかった者は、ユダヤ人の顕在化をその象徴としてもその原因としても、あるいは両者の区分けなく捉え、ユダヤ人を叩くようになった。

その背後には、ユダヤ人と経済を安易に結びつける発想があった。例えば、経済学者ヴェルナー・ゾンバルトが一九一一年に発表した『ユダヤ人と経済生活』という著作だ。同書は、ユダヤ教ではなくプロテスタンティズムにこそ近代資本主義の精神が見られるとするマックス・ヴェーバーの説に対抗して、ユダヤ人にこそ近代資本主義の源泉があると主張した。だがつまるところ、それは資本主義とユダヤ世界を同一視する、先のバウアーやマルクスらの主張の焼き直しにすぎなかった。

当時からゾンバルトにはさまざまな反論が向けられており、国境を超えて議論が飛び交った。例えば、ロシア・シオニストの論客ダニエル・パスマニクは同年に痛烈な批判を発表している。いわく、ユダヤ人不在の日本でも資本主義は発展しているし、ユダヤ人が世界に離散した時期と、ゾンバルトが資本主義の開始と見る一六世紀には大きな隔たりがある。ゾンバルトの議論は、古代パレスチナでのユダヤ人の経済生活を参照するだけで、ディアスポラでの発展を説明していない。ディアスポラのユダヤ人の歴史は、ユダヤ人が何かを作ったのではなく、ユダヤ人が他のものに作られた歴史である——。

だが、経済学者の名で出された説は、ドイツのなかの過去へのノスタルジーとユダヤ人への反感が混ざった雰囲気のなかで、権威化していく。ドイツ・ユダヤ史研究の長田《ながた》浩彰《ひろあき》によると、ゾンバルト自身、翌年の著作において「ユダヤ人は宗教の信徒である以外にユダヤ的な種である」として、ドイツ文化にユダヤ人が「寄生」した状態を脱することがお互いにとって望ましいとの論を張った。もっとも、彼自身は、その限りであればユダヤ人もよきドイツ人になることはできるとしているので、ナチ的なユダヤ人排斥論とは距離があった。

一般に、近代の反ユダヤ主義は、キリスト教由来の中世のそれと違って人種主義的であり質が違うといわれる。見かけ上は確かにそうだし、社会全体が変化しているので現れ方も異なる。だが、ユダヤ人と経済を結びつける発想など、中身は旧態依然である場合は多い。すでに見たように、中世から人種主義の予兆は生まれていた。

科学的装いが特徴のナチの「人種科学」も、結局はユダヤ人は寄生的だとか小賢《こざか》しいといった非難に明け暮れていた。「〇〇人は××だ」式の議論は、つまるところ主語が大きすぎるため一向に議論が精緻化せず、装いだけ変えても本質は変わらないのだ。

ハスカラー（ユダヤ啓蒙主義）

当のユダヤ人は、近代社会のなかでユダヤの中身を変えようと奮闘するようになっていた。

ヨーロッパにおける啓蒙主義は一八世紀に始まる。一七世紀に起こった科学革命が人文・社会分野にも浸透した格好だ。神が気まぐれで自然を動かすことを否定し、神はすなわち自然であるとする、スピノザのあの考え方である。

例えば政治制度についていえば、近世までは神の意思を王が仲介して民を統治するという発想が基本となっていた。だが、存在するのは自然法則であって、現実がそれに則って動いているのだとすれば、その法則がわかれば、誰でも統治が可能になる。知るべきは、今この瞬間に神が何を考えているかではなく、民がどのような状態にあるか、である。こうした前提に立った人間の理性に対する信頼が、啓蒙主義を特徴づける。

「ユダヤ啓蒙主義」と一般に訳される同様の動きは、ヘブライ語では「ハスカラー」（叡智）と呼ばれる。ハスカラーは一七六〇年代から七〇年代にかけて、ベルリンを中心に生まれた。

その創始者とされるモーゼス・メンデルスゾーン（一七二九－八六年）は、他の国民のように、ユダヤ人も自身の古代からの言語であるヘブライ語を重視すべきだと唱えた。ドイツの啓蒙主義も、一六八七年に、ライプツィヒ大学の掲示板で法律家が講義をドイツ語で行うと予告したことに始まっている。それまで用いられていたラテン語は「古い世界」の言語（教皇の言語）だからだ。

メンデルスゾーンらは、「古い世界」の言語としてイディッシュ語を想定していた。ヘブライ語はユダヤ教の勉学の領域にとどまっており、日常的には縁遠い存在だった。ラビたちも会話ではイディッシュ語を使っていた。ベルリンのユダヤ啓蒙主義者（複数形でマスキリーム）は、イディッシュ語を教養のない二流のドイツ語と見なした。

ただし、ユダヤ人がヘブライ語に回帰してそこに閉じこもるべきだと考えていたのではない。むしろ、「正しい」ドイツ語と、ユダヤ人の言語としてのヘブライ語の両方を用いるバイリンガルを目指した。つまり、ドイツにおいてユダヤ人としてより正しく生きる方法を模索したのだ。

ユダヤ教に関しても、さまざまな手垢がついた状態からヘブライ語聖書に立ち戻ることを志向した。メンデルスゾーンはその観点から、自らの手でモーセ五書をドイツ語に翻訳した。ユダヤ教を純化するつもりでいたのだ。

メンデルスゾーンは現在のドイツ東部にあるデッサウのさほど裕福でない家庭に生まれた。当初ラビを目指して教育を受けていたが、次第にドイツ語での教育を受けるようになり、働きながら哲学の道に進んだ。彼の形而上学の論文は、かの哲学者カントを次席に差し置いてプロイセン王室科学アカデミーの賞を受けたほどである。その意味で、彼はユダヤとドイツの「バイリンガル」だった。ただし、ユダヤ人という理由で大学には就職できなかった。

主著『エルサレム』(一七八三年)では、彼自身は言葉だけでなく実践を重視する点でラビ・ユダヤ教を擁護し、国家が信仰に介入することはできないとして、ユダヤ人の市民権は保全されるべきだということを初めてユダヤ人の側から訴えた。彼によると、ユダヤ教もキリスト教も、それぞれの方法で真理に到達する。この真理は自然のなかに見出せるものであって、啓示(カバラーもその一つ)は必要ない。シナイでモーセが受けた啓示は特定の民族に、その特性に応じて向けられたものであって、それ自体が普遍的なものであるわけではないと彼は考えた。これは、前章で見たスピノザの考え方と同じだ(ただしスピノザの『神学・政治論』への言及はない)。

ユダヤ宗教思想研究の後藤正英によると、スピノザが、ユダヤ王国の消滅とともにそれとセットになった律法も効力を失ったと考えたのに対して、メンデルスゾーンは、神がユダヤ人に与えたものである以上、神が解かない限りは現在も律法は有効であると考え、近代国家との両立を目指した。

それでも、神秘主義的なものを退けたメンデルスゾーンが経路づけた道は合理主義的だった。その延長で発展した「ユダヤ教科学」(Wissenschaft des Judentums) は、ハシディズムを低く評価した。二〇世紀に入ってから、哲学者マルティン・ブーバーや、カバラー研究で知られるゲルショム・ショーレムといったユダヤ思想家は、ハスカラーの過度な合理主義を批判することになる。

もっとも、すでにドイツ化していたユダヤ人がメンデルスゾーンの想定どおりに「バイリンガル」になることは少なく、そのままドイツ社会への同化が進んだ。彼の孫である有名な作曲家のフェリックス・メンデルスゾーンはキリスト教に改宗した。なかには、ユダヤ人の鼻は鉤鼻《かぎ》であるとするステレオタイプを気にして、整形手術を受ける者もいた。

それでも、一九世紀半ばに、アブラハム・ガイガー(一八一〇－七四年)により、近代社会の諸条件に積極的に合わせていくタイプのユダヤ教として「改革派」がつくられるなど、ユダヤ世界がきれいに二分化したわけでもなく、さまざまな模索が続けられた。

ドイツ的教養と反合理主義

実際、シオニストなどからは同化主義者と揶揄されたタイプのユダヤ人でも、彼らなりに、例の二重のアイデンティティの普遍性の部分を実践してもいた。

ドイツ史家ジョージ・モッセによれば、ユダヤ人が解放されたとき、ドイツでは「教養」(Bildung) がドイツ市民意識と啓蒙主義にとって不可欠のものとなっていた。英語でハイ・カルチャーとでもいうべきこの概念には芸術や文学も含まれる。それは、ユダヤ人にとって、ドイツ人とともに身につけ、追求していくべき真理となった。ただ、先のユダヤ教科学のように、教養の追求がかえって神話と象徴の世界や感情の世界を退けるので、ユダヤ人を孤立させた、とモッセは指摘している。

確かに、先のゾンバルトしかり、近代の合理主義的な新傾向とユダヤ人は同一視され、前者への反発が後者に向けられることも反ユダヤ主義激化の要因になっていた。つまり、非合理的な伝統的偏見によるユダヤ人迫害だけでなく、合理主義の拡大が、そのことをよく思っていない層のなかで反ユダヤ主義を喚起するパターンも新たに生まれたのだ。

しかし、こうした合理主義的ユダヤ人は、開かれた教養こそがドイツ人とともに目指すべき目標だと信じていた。ドイツ語圏で活躍した作家シュテファン・ツヴァイクはその一人だった。ナチの締めつけが激しくなった一九三七年の時点でも、彼はこう述べていた。「ユダヤ精神は、普遍主義と脱＝国民主義を捨ててはならない。ヘブライ的民族主義の過去に後退してほしくはない。ユダヤ性と人間性は、別物であってはならないのだ」。

他方、大衆を怖れ、距離を取っていたツヴァイクとは対照的に、ドイツ民衆文化の基底にあるものと呼応したユダヤ人もいた。その一人がブーバーである。自由主義的傾向があるドイツ民衆文化には、一見すると対立的な流れがある。それが黙示録的歴史解釈だ。新しい夜明けの前には懲罰があるが、それが克服された暁には永遠の正義が広がるとの見通しのもと、現在の苦悩をそれとして受け止めるのではなく、そこに隠された意味を読み取るという、本書でもたびたび登場してきた考え方である。ブーバーの博士論文は、ドイツの神秘主義者に関するものだった。

個々人が相互に孤立した状態を脱し、人間的な対話が行われる関係に向かうことを説いた哲学者ブーバーは、啓蒙主義者からは「東方ユダヤ人」の蒙昧な伝統と蔑視されていたハシディズムを再評価したことでも知られる。

このように、近代のドイツでは、合理主義の世界でも、神秘主義的、黙示録的な世界でも、それぞれユダヤとドイツが組み合わさる局面があった。ドイツの文脈で、ユダヤ性を個々人が感じ取れる余地は残っていたのだ。

ユダヤ人のあいだの分断

もっとも、先のアハド・ハアムの辛辣な言葉は、西欧ユダヤ人に対する別の意味での反感にも発していた。ロシア・ユダヤ人は、西欧ユダヤ人に「東方ユダヤ人」（ドイツ語でOstjuden）として蔑まれており、彼もそのことをよく知っていた。

ドイツ・ユダヤ人が、自らも貢献しているところの「ドイツ的教養」を称揚すればするほど、彼らの世界観はドイツ人と一体化していく。ドイツにとってロシアは遅れた、野蛮な地域である。経済的苦境やポグロムにより、ロシア東欧地域から、多くのユダヤ移民がベルリンやウィーンなどドイツ語圏の諸都市に押し寄せていた。彼らは、身なりはいかにも古風で貧しく、イディッシュ語しか話せなかった。ドイツ人のユダヤ人イメージが彼らによって悪化してしまうと、せっかくドイツ文化に同化した努力が水の泡になりかねなかった。

そしてそれは杞憂《きゆう》とも言い切れなかった。一八歳からウィーンに住み始めたアドルフ・ヒトラーは、一九一〇年頃から三年ほど、ユダヤ人の貧困地区に住んでいた。彼は「東方ユダヤ人」にも出会っており、そこでユダヤ人に対する蔑《さげす》みの感情を持ったと見られている。

ドイツ・フランス戦争（普仏戦争）に勝利し、一八七一年に統一を果たしたドイツ帝国では、すでに一八七〇年代終わりから、宮廷聖職者にして政治家だったアドルフ・シュテッカーらが反ユダヤ主義を扇動するようになっていた。ドイツ・ユダヤ史研究のスティーヴン・アシュハイムはこうしたなかでのドイツ・ユダヤ人の動きを詳細に追っている。

一八八〇年から一九一四年のあいだに約二七五万人もの「東方ユダヤ人」がドイツを通過したと推定される。一八八四年夏にプロイセン政府がベルリンからの「東方ユダヤ人」の追放を通告したとき、リベラルなユダヤ紙『ユダヤ総合新聞』は沈黙を守った。ドイツ・ユダヤ人は彼らに対して援助を施しながらも、彼らにドイツにとどまらずに無事北米にたどり着いてもらうための道を模索した。ドイツ・ユダヤ人のあいだでもシオニスト組織は存在してはいたが、「東方ユダヤ人」の最終移民先の確保を目的にする場合が多かった。

ドイツ・ユダヤ人の団体として一八九三年に設立された「ユダヤ教徒ドイツ国民中央協会」は、ドイツのユダヤ人を「ユダヤ教徒のドイツ国民」と定義し、カトリックやプロテスタントのドイツ国民と同格であって、あくまでも「宗教」という一側面で異なるにすぎないとの宣言を採択した。

「宗教」という言葉は、キリスト教世界で近代においてそれを相対化するための意味を持つようになった。この宣言は、近世まで生活のほぼすべてであったユダヤ教を、「宗教」という狭い領域に限定することを意味する。

他方で、ユダヤ性を強調してシオニズムを推進しようとするブーバーやショーレムのような動きも若い世代を中心に、一九一〇年代から顕在化し、東欧のシオニストと連携を深めるようにもなっていった。

2 ロシア帝国とユダヤ政治——自由主義・社会主義・ナショナリズム

ユダヤ人口の新たな中心

近代文化の世界では、ドイツ語圏のユダヤ人のプレゼンスは高く、ナチによるホロコーストの印象も手伝い、二〇世紀前半までのユダヤ人の中心はドイツにあったかのような錯覚を持つ読者も多いだろう。

だが、一九〇〇年の時点で、世界のユダヤ人口の約半数に相当する五二〇万人が暮らしていたのはロシア帝国だった。同時期の二番手はオーストリア・ハンガリー帝国の二〇七万人、次いで当時移民により急速に増加していたアメリカの一〇〇万人であり、ドイツは四番手の五二万人にすぎなかった。

なぜロシア帝国にこれだけのユダヤ人が集まっていたのか。

ロシア帝国は、コサックの取り込みやオスマン帝国方面への南下政策の結果、一八世紀後半にウクライナ東部や南部を支配下に収めていた。エカチェリーナ二世時代の一八世紀末に行われたポーランド分割やオスマン帝国からの割譲により、今日のポーランドの東半分に相当する地域と、リトアニアやベラルーシ、ガリツィアを除くウクライナ、モルドヴァに相当する地域を領土に組み込んだ。要は、ポーランドが「誘致」したユダヤ人をそのまま飲み込んでしまったのだ。

ロシア帝国の対ユダヤ政策

だがツァーリ（ロシア皇帝）は、ユダヤ人を疎ましく思っていた。そのため、現在のロシア連邦の領域にユダヤ人が入るのを嫌い、まずは「ユダヤ人定住区域」にユダヤ人の居住を制限した（とくに一八二五年に始まるニコライ一世の治世に強化）。もっとも、それは広大で、現在のリトアニアからウクライナやモルドヴァまでのほぼ全域である（この区域内もキーウなど一部都市は居住が制限された）。

ポーランドについては、行政上は「ポーランド王国」（会議ポーランド）と呼ばれ多少枠組みが異なっていたが、ユダヤ人は引き続き居住が許された。（なお、ロシア帝国内の地名については、一般化しつつあるキーウ、オデーサ、キシナウ、ユダヤ人のあいだで通用していたヴィルナを除き、ロシア語名とする。）

図４－１　ロシア帝国のユダヤ人定住区域

ツァーリ政府のユダヤ人イメージは二つからなっていた。一つは、東西両ローマ帝国なきあとの第三のローマを自任するキリスト教帝国ゆえの伝統的な反ユダヤ的イメージだ。もう一つは、ウクライナやポーランドの農民が抱いていた、農民の搾取者というイメージである。

このため政府は、ドイツでユダヤ人が啓蒙化した事例を参照しつつ、ユダヤ人の「再教育」を進めようとした。そのためにマックス・リリエンタルという啓蒙ユダヤ人を招聘《しょうへい》した（一八四一年）。ミュンヘンに生まれたリリエンタルはミュンヘン大学を卒業後、ロシア帝国下のラトヴィアのリガでユダヤ人学校の校長を務めていたところに、白羽の矢が立ったのだ。

このように、ユダヤ人を排除するのではなく、光を与えることで蒙を啓き、「無害」にしようとする姿勢は、一八世紀終わりに神聖ローマ皇帝ヨーゼフ二世が宗教寛容令（一七八一年）をユダヤ人にも適用したことが先例として知られる。同時期のポーランド王国でも、ユダヤ人が劣悪な条件に置かれていることが「有益な公民」になる道を阻んでいるとする内省的な議論が提出されていた。

ユダヤ人エリートのあいだでも、やはりドイツのハスカラーの影響もあって、無知蒙昧な状態にとどまるのはユダヤ人の発展にとって好ましくないとの考えが広がり始めた。この点で、政府の方針と一致するところがあり、政府主導の学校でロシア語の知識を身につけ、ロシア市民として「有益」な民になるような教育が施されたりもした。

その一方で、ポーランド時代から続いていた自治組織カハルは一八四四年に名目上は廃止させられた。ただし、徴税機能や福祉の提供は引き続き、その単位に負わされた。こうした方針に伝統的なラビ・ユダヤ教体制はかなり批判的であり、すでにハシディズムの出現で生まれていたユダヤ人のあいだの分断はさらに拡大し複雑化していくことになる。

多民族・多宗教国家における選択的統合

オスマン帝国とのクリミア戦争（一八五三－五六年）では、英仏の加勢によってロシアは敗北した。一八五五年に即位したアレクサンドル二世は専制政治や農奴制などによる後進性が弱さにつながったと考え、六一年に農奴解放令を発布し、地方自治の先駆けをつくるなど、帝国の「大改革」を進めた。

ユダヤ人政策に関しても、政府はさらにメリハリをつけていく。「有益」と政府が見なしたユダヤ人に対する移動制限を撤廃することで、ユダヤ人をそのような方向に誘導した。ロシア・ユダヤ史家のベンジャミン・ネーサンズはこれを「選択的統合」政策と呼ぶ。商人の上層や第一ギルド（三つの同業組合のうち国際的に活動する商人が加盟したもの）のメンバー、技術者や機械工、酒造の熟練、医者や弁護士などが「有益」と見なされた。その際に改宗を求められることはなく、あくまでもユダヤ人であることは前提となっていた。

もっとも、これはロシア帝国が特段寛容だったということではなく、むしろ多民族・多宗教国家であることを政府もユダヤ人も大前提にしていたことによる。ロシア帝国ではウクライナ人やベラルーシ人は独自の民族と見なされず、ナショナリズムは抑圧された一方で、ポーランド人やその他カトリック教徒、ドイツ人、ギリシア人、コーカサスや中央アジアのムスリムなどの諸民族については、各々にそれとして対応し、大々的にロシア化を進めることもロシア正教を強制することもないか、あってもかなり不徹底に終わった。

一八二七年に、二五年もの兵役に就く少年（カントニスト）兵制度がユダヤ人の一部に課された。キリスト教への改宗を狙ったものでもあった。しかしこれも一八五六年に廃止され、七四年からは、ユダヤ人も他の民族と同様に徴兵されるようになった。

こうした一連の政策の結果、六万人のユダヤ人が定住区域を抜け、首都サンクトペテルブルクやモスクワなどに居住するようになった。彼らは「ロシア・ユダヤ人」という意識を持つようになり、政府と一丸となって帝国内のユダヤ人をユダヤ人として改革する司令塔となる。

その一方で、伝統的なユダヤ共同体を出たうえに、ユダヤ人全体に対して敵対的になった者もいた。ベラルーシのミンスク近郊に生まれたヤコブ・ブラフマンは、ラビの家に生まれたものの貧しく、共同体としばしば揉めていた。娘が死んだ際の葬儀のために、共同体から支払えないほどの額を請求され、担保として娘の枕を取られたことをきっかけに棄教し、ロシア正教に改宗した。そして共同体の内部文書をロシア語訳して一八六九年に『カハルの書』として出版し、ユダヤ人が異教徒を支配することを謀議している証拠だと吹聴した。

政府からは重宝されたこの書は各国語に翻訳され、その後二〇世紀初頭にまずはロシア語で出版され、反ユダヤ主義を後押しした偽書として悪名高い『シオン長老の議定書』（著者不明だがロシア人と見られる）の種本になった。

ロシアのハスカラーの特徴

ロシア帝国のユダヤ人のあいだで、ハスカラーはこのアレクサンドル二世時代に浸透していった。ただし、ドイツではハスカラーがドイツ人への同化を進める傾向が強かったのに対して、ロシアではユダヤ人としての集合性は保たれた。

アメリカの社会学者ミルトン・ゴードンは、移民の社会統合に関して、「同化」(assimilation) と「文化変容」(acculturation) を区別した。ここで「同化」は、人間関係や婚姻関係、アイデンティティなどにおいて、周囲の社会と一体化する傾向が強い状態を指す。他方、「文化変容」は、言語や社会習慣の点においては周囲の社会に適応しているものの、自己意識や社会関係の点では変容前の集団とのつながりが維持されている状態を指す。

西欧ユダヤ人のあいだでは、二〇世紀に入るまでにこの基準ではかなり多くの者が文化変容を遂げ、さらに同化の段階にまで進んでいた。だがロシア帝国では、先の「ロシア・ユダヤ人」というアイデンティティを持つ者を含め、大半が文化変容の段階にとどまった。

また、ロシア帝国ではそもそもユダヤ人口の過半数が、二〇世紀に入っても文化変容すら遂げていなかった。イディッシュ語を日常的に使い、商売においてロシア語やウクライナ語を片言で話す程度だった。一八九七年の国勢調査で、宗教を「ユダヤ教」と答えた者のうち九七%が第一言語をイディッシュ語と答え、ロシア語を読めると答えたのは男子の三二%と女子の一八%だった。

ロシアにおけるハスカラーは、先の「選択的統合」という政府の方針に沿う形で、可能な限りユダヤ人がそのように政府から選択され、ユダヤ人としてロシア帝国での自由を得ることを目標に掲げた。この時期、ヘブライ語やロシア語のユダヤ雑誌も発行されるなど、ユダヤ人の活動の自由度は上がっていた。メンデルスゾーン同様の観点から、民族語としてはヘブライ語が重視された。

ドイツとロシアでの差の背景は、何より人口構成の違いによって説明されるだろう。一九〇〇年頃の時点で、ドイツのユダヤ人口は、ドイツ全人口の一%程度にすぎず、ベルリンでも一九世紀後半から二〇世紀初頭は、四～五％といったところだった。

他方、ロシア帝国では帝国全体のなかでの人口比こそ四・一％だが、定住区域内の都市部では、ユダヤ人が過半数であるか過半数に迫り、少なくとも「最大派閥」である場合が多かった。例えば、都市部に限定すれば、ベラルーシのミンスク県ではユダヤ人は全人口の五九％、ウクライナのポドリア県では四六％。リトアニアのヴィルナ県では四三％で、ユダヤ人の居住が厳しく制限されていたキーウを含むキーウ県でも三一％を占め、定住地区の全都市部平均でも三七％だった。つまり、ロシア帝国においてユダヤ人は、日常的な感覚としては必ずしもマイノリティではなかったのだ。

社会経済的な苦境

ユダヤ人のステレオタイプどおりにユダヤ人が金持ちばかりであれば、これらの地域は世界有数の富裕地域だったに違いない。だが事実は違った。一九世紀から二〇世紀にかけてのロシア帝国において、ユダヤ人には貧困層が多かったのだ。

ハスカラーの方向性はソ連時代に入るまで続いた一方で、明るい展望を抱けたのはアレクサンドル二世の治世までだった。彼が一八八一年に暗殺された頃から雲行きは怪しくなっていく。二つの方向性からそれは始まった。一つは、次節で扱うポグロムが頻繁に発生するようになったことだ。もう一つは、その背景にもなった社会経済構造の変化である。

ロシア帝国編入後も中間マイノリティとしてある程度固有の社会経済的機能を果たしてきたユダヤ人の立場は、アレクサンドル二世の近代化政策の結果、揺らいでいった。「大改革」の目玉である農奴解放は、貴族の土地に縛られていた農民を解放した一方で、ユダヤ人にとってはその制度による安定的な「手数料」収入や農作物調達先の喪失を意味した。ポーランド時代からそうであったように、ユダヤ人は大口の商業や貿易よりも、地方の中小の規模の取引を得意にした。一八九七年の調査によると、ロシア帝国のユダヤ人の三二％が、農村の零細商店や貧しい行商も含めた商業に従事していた。ポーランド時代から、「シュテトル」とイディッシュ語で呼ばれるユダヤ人街が農村に隣接し、典型的には、そこでおもにユダヤ人の移動者のため宿泊所を兼ねた居酒屋などの商店を営んでいた。売店や銀行、遊技場を兼ねる場合もあり、非ユダヤ人の農民も頻繁に利用していた。

また、手工業にもユダヤ人は多く従事し、ユダヤ人の実に三五％が「製造業」に分類されている。一方、農林畜産漁業は合わせても三％弱にとどまった（ロシア人やウクライナ人などを含めた帝国全体では七四％が農民）。また、金融業者が含まれると思われる「資本・不動産収入生活者」は三・八％、「その他」も三・八％にすぎなかった。

当時進展していた工業化の要請として鉄道が急速に延伸すると、ユダヤ人が河川などを使

図4－2　ウクライナのユダヤ人行商　20世紀初頭

って担っていた都市間の穀物運搬は鉄道が取って代わるようになった。製造業についても、ユダヤ人が多く従事したのは、家内制手工業である。政府の肝いりで大工場がつくられると、とても太刀打ちできなくなった。ユダヤ人といえば資本主義の担い手という連想は、ロシア帝国での実態に反しているのだ。

これらの結果、ユダヤ人の多くは伝統的な職を次第に失い、農奴解放の結果増加した出稼ぎ農民などとともに工業労働者となっていった。一般に、経済的に上昇するほど出生率は下がり、逆に低所得者は子沢山という傾向がある。一八〇〇年におよそ一〇〇万人だったユダヤ人口は一〇〇年のあいだに五倍に膨れていた。

社会主義者のなかでのユダヤ人の割合が、国全体の人口のなかでのユダヤ人の比率よりはるかに高かったのはこうした背景によっていた。労働者の苦境は何より同胞の問題だったのだ。ヒトラーなどによる共産主義と「ユダヤ精神」の関連づけは、結果と原因を取り違えた議論である。

ユダヤ人の経済的苦境は、一九世紀終わりから一九二〇年代初頭までにかけての、西方、とくに北米へのユダヤ人の大移民の背景となった。アメリカへのユダヤ移民のピークだった一八八一年から一九一〇年にかけて、一五六万人のユダヤ人がアメリカに渡った。そのなかの実に七割を占める一一二万人がロシア帝国からであり、二割弱がオーストリア・ハンガリー帝国からだった。

第一次世界大戦期までの制限再強化

アレクサンドル二世の暗殺をきっかけに始まったポグロムは、ユダヤ人にとってはいわれのない暴力だった。ところが、政府はユダヤ人に責任を転嫁したのである。ユダヤ人が農民を搾取するから農民が反乱を起こしたのだ、と。早速一八八二年に、「五月法」と呼ばれる法律により、農奴解放以降慎重に解禁されていたユダヤ人の農村への移住や不動産取得が禁じられた。

被差別民にとって教育は差別を乗り越える手段でもある。もとより教育熱心であるユダヤ人のあいだでその意識はとくに高く、弁護士や医師になる者が多かった。ハスカラーの雰囲気のなか、大学進学率も高くなっていた。だがユダヤ人の比率が高すぎることが問題視されるようになり、一八八七年には「割当制」が始まった。

これにより、ユダヤ人は西欧に留学せざるをえなくなってしまった。もっとも、この意図せざる結果として、ユダヤ人は西欧でマルクス主義をはじめとした革命思想を学んで持ち帰り、ツァーリ体制打倒の動きを促進することになった。

第一次世界大戦が始まると、政府のユダヤ人に対する偏見はさらなる不信感へとつながっていく。敵対していたオーストリア・ハンガリー帝国やドイツ帝国にもユダヤ人は暮らしていた。ロシア軍は彼らと自国西部国境地域のユダヤ人が徒党を組んだりスパイ活動を行ったりすることを過剰に恐れた。そのため、行政官が反対するほどの無理な計画でユダヤ人を東方に移送しようとしばしば画策し、一部は実行に移された。前戦ではコサック部隊を中心とした兵士主導のポグロムも多発した。

結果的にユダヤ人定住区域は形骸化していき、ユダヤ人差別を撤廃したソ連において正式に廃止された。

シオニズム

シオニズムは、パレスチナにユダヤ人の民族的拠点を打ち立てることを目指す思想・運動であり、今日のイスラエルの思想的基盤になっている。一八八一年のポグロムを契機として、翌年からユダヤ人のあいだで組織的な運動として開始された。最初の指導者は、それまでハスカラーの先頭に立っていたレオン・ピンスケルである。ポグロムを契機にユダヤ人が差別される原因に目を向けるようになり、ハスカラーでは解消できないとの結論に達したのだ。

西欧ではシオニズムの動きは鈍かったのに対して、東欧ではユダヤ人の主要な運動の一つになった。この差は、先述した、ハスカラーの西欧とロシアでの展開の違いから説明することができる。西欧では、ユダヤ人として集合的な運動を興し、しかもパレスチナを目指すというならば、それは西欧社会との決別に見えてしまう。これに対し、ロシア帝国では、ロシアからの領域的な分離・独立を目指す民族運動は弾圧されたとはいえ、ユダヤ人が集合的存在であることそのものは当然視されていた。またシオニストの想定では、ユダヤ人の一部だけがパレスチナに移住し、多数は帝国に残ることになっていた。

ではロシアのシオニストにとって、必ずしもパレスチナに行かないシオニズムにはどのような意味があったのか。

それは、ロシア帝国において差別されていたユダヤ人を誇り高き民族に引き上げるためのアピールだった。いつもユダヤ人ばかりがポグロムの対象になるのは、ユダヤ人が国を持たずに放浪したり農民に寄生したりする賤民だと蔑まされているからだとシオニストは考えた。

ユダヤ人の民族的故地とされるパレスチナに拠点を設け、そこで農業中心に自活することで、ユダヤ人も民族として自立する能力と意志を持つことを証明しようとしたのだ。ディアスポラではヘブライ語による教育や文化活動を推進した。

このために内政にも関心を向けたシオニストは、一九〇五年革命後の議会政治に積極的に関わった。最初の選挙で当選したユダヤ人一二名のうち五人がシオニストだったのだ。彼らはシオニズムと自由主義や社会主義を組み合わせてロシアとユダヤ双方の変革を目指した。

ドイツ語圏でジャーナリストとして活躍し、『ユダヤ人国家』（一八九六年）を著したテオドール・ヘルツルが一八九七年に世界シオニスト機構を設立したことで、西欧のユダヤ人もシオニズムに合流する。それでも人的リソースの大半は東欧ユダヤ人によっていた。

同化主義的だったヘルツルがシオニストに転向した契機は、一八九四年にフランスで発生したドレフュス事件である。ユダヤ系のフランス軍大尉ドレフュスがドイツと内通しているとされ、のちに冤罪《えんざい》と判明した。ヘルツルに「ユダヤ人問題」の頑強さを突き付けたこの事件は、東欧ユダヤ人からしてみれば、先進的なフランスでさえ反ユダヤ主義が再燃した点で衝撃的だった。

一九〇五年革命とユダヤ政治の多様化

シオニズムが始まったのとほぼ同時期のロシアでは、社会主義者と自由主義者がそれぞれツァーリ体制の打倒、少なくともその改革を模索するようになっていた。その最初の成果である一九〇五年革命では国会が開設されることになった。もっとも、一九〇六年に行われた選挙はかなりの不平等選挙だった。革命派はこの選挙をボイコットした。

選挙は新たな対立の火種にもなった。ロシア領ポーランドでは、ロシアの自由主義政党（後述の立憲民主党）と連携する自由主義ポーランド人とユダヤ人は連携する場合が多かった。だが、この姿勢は、ポーランド・ナショナリズムを率いて支持を集めていた国民民主党（エンデツィア）からはポーランド民族の観点が不十分でユダヤ人の事情に寄せすぎだと批判され、社会主義者からは資本主義体制下のブルジョワを具現化するものと批判された。

ロシア帝国西部の民族関係が専門のセオドア・ウィークスによると、ユダヤ人は総じてポーランドの自治獲得に反対ではなかったが、ポーランド国民民主党は、ユダヤ人が「モスクワ人」（ロシア人）とつながっていると喧伝《けんでん》し、警戒心と敵愾心《てきがいしん》を隠さなかった。こうした国際的な「つながり」への疑心暗鬼は、二〇世紀前半の東欧の民族関係全般に暗い影を落としていく。同党はウクライナ人に対しても、とくに、現在のポーランドとウクライナにまたがるガリツィア地域において非妥協的だった。

一九〇六年国会選挙では、国民民主党の連合がポーランド選挙区の過半数に達し、進歩民主同盟という左派政党の連合とユダヤ人の連合は四割にとどまった。あるポーランド語誌は、「選挙闘争はワルシャワをユダヤ人から守るというスローガンのもとで行われた」と書いた。

ロシア帝国全体では、最初の選挙で想定以上に政府批判の党が得票したため、一九〇七年には、選挙法がさらに政府に有利な形に改変され、ポーランドの議員数は半分以下になった。それ以上に厄介だったのが、二議席が充てられていたワルシャワの選挙区で、一人はロシア人から選ぶとされたことだった。ワルシャワのユダヤ人口は一八九七年の統計では二一万人で、全人口の三四％に達していた。残りの一議席をポーランド人とユダヤ人が争う構図になることをとりわけ民族主義者が喧伝した。

選挙を導入するに際して、慎重に制度設計をしない限り、それまで意識されていなかった境界線が政治化してしまい、新たな分断が生まれる可能性があることを以上の例は示している。ポーランドでは、この時期以降に反ユダヤ主義はかなり激化していくことになった。商業などでユダヤ人と競合関係になったポーランド人の新中間層などに、貴族とユダヤ人の同盟関係がポーランドの発展を阻む悪しき旧体制と見なされてしまったことも、ユダヤ人に対する印象を悪くしていた。

ポーランドにはユダヤ人が攻撃をされやすい材料はほかにもあった。この時期までに、リトアニア方面からロシア語話者のユダヤ人が多数移民していた。同じ帝国内の移動ではあるものの、彼らはポーランド民族主義者からはロシア化の手先と見なされていた。

一方、首都を含むロシア帝国の他の諸地域では、一九〇五年革命は必ずしも民族対立を激化させたわけではなく、むしろイデオロギー対立の萌芽を形成した。のちの歴史の展開から見れば社会主義勢力が最も注目されるが、帝国の漸進的改革を目指す自由主義もこの革命の時期には活躍していた。

ユダヤ人はいずれの側にも関わっており、しばしばライバル関係になった。ヴラディーミル・レーニン率いるボリシェヴィキではレフ・トロツキーがユダヤ人としてよく言及された(本人のユダヤ人意識は希薄だった)。一九〇三年にこれと決別したメンシェヴィキの指導者ユリー・マルトフは、イスタンブルの生まれだが、父がロシアの船会社の代表を務めており、その関係で、ウクライナのオデーサで育っている。オデーサは、ユダヤ世界のなかで伝統が強かったリトアニアやベラルーシから、経済的機会や自由を求めて移民したユダヤ人が多く暮らし、ロシアのハスカラーの中心地の一つになっていた。

少数精鋭のエリート組織が農民や労働者を率いるイメージを持っていたボリシェヴィキに対して、メンシェヴィキはより民主的な形態を理想とした。のちに流通した「ユダヤ人＝ボリシェヴィキ」というステレオタイプに反し、ユダヤ人はメンシェヴィキに多かった。

ブンド

ユダヤ人の労働運動の組織に「ブンド」（同盟）と呼ばれるものがあった。メンバーではなかったマルトフも理論を提供していた。ブンドは、貧困と搾取にあえぐ、イディッシュ語話者のユダヤ人労働者の地位向上を目指して一八九七年にリトアニアのヴィルナ（ヴィルニュス）で設置された。

ブンドはイディッシュ語による教育の発展も訴え、民族文化自治運動の先駆けになった。現在居住している地域での自治を目指した点で、シオニズムのアンチとも目されるが、前記のように、シオニズムにも同様の側面はあった。ただ、シオニストが世界のユダヤ人を単一のネーションであるとしたのに対して、ブンドはイディッシュ語話者の世界に限定し、世界のユダヤ民族の一体性という考えを退けた。

ブンドがイディッシュ語を強調したのは、ロシア人の社会主義組織と差異化するためだけではなかった。伝統的にヴィルナの人口の多くを占めていたポーランド人のあいだでも社会主義運動は盛んで、彼らはユダヤ人にもポーランド系の運動に参加することを求めていた。そうしたなか、ユダヤ人固有の苦境と誇りを表現する言語としてイディッシュ語が重要になったのだ。

ただし、ブンドが掲げていたものと、ナショナリズムという言葉から今日連想する伝統の重視とはかなり開きがある。他の潮流と異なり、ブンドには何名かの女性指導者がいた。その一人、エステル・フルムキン（本名マルケ・リフシツ）は、次のように語っていた。

…メシアや贖罪日《しょくざい》、ユダヤ歴新年《ロシュ・ハシャナ》の清めの儀式、贖罪の儀式が象徴する古びたユダヤ人は死にゆく。それを目にして喜ばしく思う。古いものは新しいものを妨げるし、新しいものが活性化するためには古いものは乗り越えられねばならないのだから（西村木綿「「イディッシュ労働者」運動としてのブンド――ナショナリズムと社会主義のはざまで」臼杵陽監修『シオニズムの解剖』人文書院、二〇一一年、六八頁）。

彼女にとって伝統的ユダヤ教はさまざまな抑圧の象徴だった。内なる旧体制を打破しながら、ロシアの旧体制とも闘い、ユダヤ人労働者の権利を勝ち取ろうとした。

自由主義

帝国の自由主義者にもユダヤ人は多かった。その代表政党であり、最初の選挙では第一党に躍り出たロシア立憲民主党の立ち上げに関わったユダヤ人として、マクシム・ヴィナヴェルを挙げることができる。

ヴィナヴェルはワルシャワの中流家庭に生まれ、弁護士としてサンクトペテルブルクで活動していた。社会主義には抵抗感がある商人や金融業者、工場主などはおもに自由主義を支持していた。ヴィナヴェルはユダヤ人の組織でも公然と活動しながら、一九一七年の革命後に起こった内戦期に自由主義者たちがクリミアに作った臨時政府で外相を務め、その後パリに亡命したあともロシア人自由主義者と交流を続けるなど、ロシア人からの信頼も厚かった。

パリに亡命してすぐの一九二〇年、ヴィナヴェルは『ユダヤ・トリビューン』というロシア語の週刊誌を創刊した。その創刊号に掲げられた「我々の綱領」は、ユダヤ人の自由主義者が、彼らが無法者と見るボリシェヴィキからロシアを取り戻さなければならない理由を説く。

ユダヤ人は法の民族である。古代の伝統においてだけでなく、すべての歴史的経験のなかで、また実際の道徳的・物質的利益においても。法の不在、アナーキー、そして感情の無法状態は、誰よりもユダヤ人にとって有害である。ユダヤ人にとっての法の崇高さとは、理想であるだけでなく、喫緊の要求であり、切実な必要である。だからこそ、ロシアのユダヤ人はこれほど積極的に、専制と暴力に対する法の勝利への偉大な闘争に参加したのだ（鶴見太郎『イスラエルの起源――ロシア・ユダヤ人が作った国』講談社、二〇二〇年、一二六頁）。

ここに書かれているのは、法を重んじる伝統を持つユダヤ人こそが、ロシアを正しい道に導くことができるとの自負である。この意味で、ヴィナヴェルのなかで、ユダヤ・ナショナリズムとロシア・ナショナリズムは一心同体だった。そして、法治という普遍主義がそこを貫いていた。

伝統主義

本章では、新しい動きとして非伝統ないし反伝統層に注目しているが、東欧では、エリート層を除くとユダヤ人の大多数は依然として伝統的な生活形態と考え方を保持していたことも強調しておきたい。ユダヤ経済の斜陽化にともない、ハラハーの知識の重要性や権威が低下していたとはいえ、生活形態を急に変えるのは困難だった。

ユダヤ教正統派は、近代政治の枠組みの外で根強く存在していた。彼らは、新興の政治勢力が世俗主義的であることを非常に警戒していた。そのため、ロシア政府を味方につけることを画策した。革命ユダヤ人が治安上の不安要素であると「告げ口」したのである。だが、反ユダヤ主義が強い政府は、共闘相手になりえたこうした人びとに対しても心を開くことはなかった。

ロシア帝国等の崩壊後に独立したポーランドでも、正統派（「アグダス・イスロエル」という政党を結成）はユダヤ人の世俗勢力とはつねに距離を置く一方で、政府に対して最も従順な勢力だった。

このように二〇世紀初頭に顕在化したユダヤ人の政治的多様性は、周囲の社会変動や暴力によってふるいにかけられたことでユダヤ社会内部の格差が広がり、文化や志向性が多角化していった結果だった。

ロシア革命と内戦

一九一七年、さらなる荒波をユダヤ人が襲うことになった。二度にわたるロシア革命である。

もっとも、一つ目の二月革命は多くのユダヤ人にとって歓迎すべきものだった。アレクサンドル二世を除きユダヤ人抑圧の象徴であったツァーリ体制が打倒され、自由主義者と社会主義者がタッグを組んで、より自由で民主的な国を打ち立てようとしたからだ。

しかし、この新体制に不満を持ったボリシェヴィキはこれを乗っ取ってしまった。十月革命である。ボリシェヴィキはことさらユダヤ人に敵対的だったわけではないにしても、これによって国家秩序が大混乱に陥ったことは、結果的にユダヤ人に深い傷をもたらすことになった。

これに先立ち一九一四年七月に第一次世界大戦が始まっており、ユダヤ人の多くが従軍や戦禍で苦しんだだけでなく、前記のようにユダヤ人は強制移住の対象になった。ロシア全体が疲弊していたなか、一九一八年にドイツとの単独講和に持ち込んだことで、ボリシェヴィキはそれなりに支持を得ることとなった。

このことを含め、ボリシェヴィキの権力奪取を承服できなかった自由主義者やツァーリ主義者（右翼）は白軍を結成し、日本を含む列強にも支援されながらボリシェヴィキの赤軍に対抗し始めた。この内戦は、赤軍の司令塔トロツキーらの活躍によって、一九二二年にソヴィエト連邦が発足することで終結した。

だがユダヤ人にとって内戦期はおぞましいものだった。ボリシェヴィキの政策は「反ブルジョワ」であり、地主の土地を没収する「土地に関する布告」によって、ユダヤ人の経済と密接に関係していた農村経済は大きく転換し、また、零細商店さえブルジョワだとして攻撃された。

その一方で、これに対抗する白軍も、そのなかの自由主義者の少なからぬ部分こそユダヤ人に同情的だったとはいえ、右翼はおしなべて反ユダヤ的であり、ボリシェヴィキはユダヤ人による陰謀であるとして幾多のポグロムを仕掛けた。帝政期以来ツァーリに忠誠を誓っていたコサックもこれに加勢した。

内戦がとくに複雑化したのがウクライナである。一九一八年に独立を遂げたポーランドと異なり、ロシアの自由主義者も社会主義者もウクライナはロシアと同じ枠組みに収まることを当然視していた。それを前提とするウクライナ人も少なくなかった一方で、ポーランドのような独立を目指すウクライナ民族主義者もそれなりの勢力を形成した。一九一八年から一九年にかけて一部で国家樹立を宣言したほどである。

だがこの結果、凄惨なポグロムが吹き荒れることになった。

3　ポグロムとホロコースト――東欧というもう一つのファクター

ロシア帝国におけるポグロム

ポグロムに触れる世界史の教科書は少ない。だがその波及効果を含めると、世界史級の出来事であることは間違いない。「ポグロム」は雷や轟音《ごうおん》を意味する「グロム」を語幹に据え

図4－3　ロシアとポーランドの社会民主党員とともに、ヴィルナのポグロム被害者を表敬するブンドのメンバー　1905年

るロシア語であり、民衆間の集団暴力を指す。おもにユダヤ人に対して用いられてきた。というのも、被害者のほとんどはユダヤ人だったからだ。

かつては、ツァーリ政府がガス抜きのために、あるいは革命運動に興じるユダヤ人に対する懲罰のために仕掛けたものだと語られてきたが、近年の研究ではこれは否定されている。とはいえ、政府はたいてい民衆側に同情的で、暴動の拡大こそ嫌ったものの、「初期消火」は怠っていた。その結果、ユダヤ人が殴られたり殺されたりしただけでなく、女性はレイプされ、商店や家屋は略奪されたうえで破壊されるなど、多大な被害と精神的な衝撃がユダヤ人を次々に襲った。

ポグロムは一九世紀中に三回ほどオデーサで起きたことがあった。しかしいずれもギリシア商人との抗争を背景としており、局所的だった。

これに対して、一八八一年から八二年にかけて発生したポグロムはウクライナ南部を中心に各地に広がり、農民が加害者だった。西欧のようにユダヤ人が解放されていく道を思い描いていたユダヤ人のショックは大きかった。このときのユダヤ人の犠牲者数は四〇名以上にのぼる。

アレクサンドル二世がこの直前に暗殺され、その首謀者がユダヤ人であるという噂が立ったことが、ツァーリを崇拝していた農民の心証を悪くしていた。そしてキリスト教の復活祭（パスハ）のタイミングで気分が高揚し、ポグロムが発生した。

以前から根強く存在していた「ユダヤ人＝農民の搾取者」という偏見とともに、ウクライナ南部は、ロシア帝国が重工業化政策を敷いていた地域であり、農村出身の労働者が多く暮らしていたことから、反ユダヤ主義のマグマが蓄積していたのだ。不作による不況も重なった。ポグロムが拡大するにしたがい、略奪という実利を目的としたものも増えていった。

次いで一九〇三年に現在のモルドヴァの首都キシナウ（キシニョフ）で発生したポグロムは、ウクライナやポーランドなどさらに広域に拡大し、政治や社会の混乱とも連動しながら〇六年まで続いた。犠牲者は二〇〇〇人にのぼると推定される。このポグロムも復活祭の盛り上がりのなかで始まった。だが、「ユダヤ人＝革命家」というステレオタイプも流通するようになっており、「黒百人組」というロシアの右翼がユダヤ人を虐殺する例も現れた。

ポグロムに対するユダヤ人の反応も多様化した。当のユダヤ人の革命家のなかには、農民による暴動は革命に向けた第一歩だとして好意的に受け止める者さえいた。その一方で、ローマ時代以来初めて、ユダヤ人は限定的ながら自衛組織を立ち上げた（ただし、当局に弾圧された）。ユダヤ人の意識も変わりつつあった。

内戦期のポグロムと「想像の民族対立」

先に記した第一次世界大戦期のポグロムの記憶がまだ新しい一九一八年に始まるロシア内戦期のポグロムは、桁違いの規模に拡大した。監督責任を負うべき政府が消滅したこともあり、正確な数字はわかっていないが、五万人から二〇万人のユダヤ人が死亡したとされる。直接殺された場合もあれば、逃れた先で餓死した場合もあった。第一次世界大戦から革命、内戦、ポグロムを経て、五〇万人のユダヤ人が難民化し、西欧やロシア内地に移民した。

中心地となったのは再びウクライナだった。ロシア帝国というタガが外れたことで、ポーランドにおいて一九〇五年革命後の選挙制度のなかで生じたのと同様の構図がウクライナで顕在化していったことが大きい。ウクライナでは赤軍と白軍の戦闘が激しかったことに加え、ウクライナ民族主義者が第三の勢力として加わり、ウクライナの独立に協力しない勢力が敵視されるようにもなったのだ。中立的な態度を取ることが多く、ロシア語使用が普及していたユダヤ人は、ウクライナではロシアの手先やボリシェヴィキとして攻撃されることになった。

ロシア・ユダヤ・ウクライナの三者関係のなかで、ユダヤ人への攻撃者が想起していたのは「民族対立」でもあった。ユダヤ人はほとんどそう考えていなかったし、赤軍や白軍の関心も民族なるものには必ずしもなかったため、それはあくまでも「想像の民族対立」だった。だが、そのように想起した者にとって、ユダヤ人は自民族の存続を脅かす敵に見えた。

ウクライナで殺害された人数について、控えめな推計として五万から六万と出している研究によると、ポグロム件数が最も多く、しかも死亡率がそれ以上に高かったのがウクライナ民族主義者のシモン・ペトリューラ率いる地域で、件数は四〇%を占め、ポグロム死者数の五三・七%を占めた。次にポグロム件数が多かったのがアントン・デニキン率いる白軍の支配下であり、一七・二%、その次がウクライナ民族主義者でデニキンにも近かったが、途中で赤軍に接近していったニキフォル・フリホリフ率いる軍隊の支配下で四・二%（ただし死者の一一・二%も占める）、さまざまな反乱軍によるものが二四・八%、赤軍によるものが八・六%（死者のほうは二・三%）だった。

このように、ロシア政府同様の反ユダヤ主義を携えていた白軍以上に、ウクライナ民族主義者が激しくユダヤ人を攻撃していたことがわかる。彼ら民族主義者にとっては白軍だけでなく、ウクライナを取り込もうとしていた点では同類だった赤軍もウクライナの敵だった。農民に対してボリシェヴィキをわかりやすく悪魔化するために、伝統的なユダヤ人に対する偏見や反感が利用されたことも、ポグロムの被害を拡大した。

実際には、ウクライナの独立運動に協力したユダヤ人もいれば、ウクライナ民族主義者のなかに、ユダヤ人やロシア人と連携することを思い描いていた者もいた。ユダヤ人を匿《かくま》ったウクライナ農民や教会関係者もいた。だが、世界大戦から革命、そして内戦の混乱のなかで、相互不信は増幅していた。

その一方で、赤軍によるポグロムが少ないことも目を引く。社会主義者は一般に、反ユダヤ主義はブルジョワが真の敵（資本家や資本制）から民衆の目をそらすために焚《た》きつけるまやかしであると捉え、反ユダヤ主義を禁じていた。民族主義に関しても同様に自制を求めていた。また何より、ユダヤ人の党員がそのことを強く求めていた。

もともとはそれほどボリシェヴィキに入っていなかったユダヤ人が、最終的にボリシェヴィキの側につくようになり、とくに強い忠誠心を見せるようになったのは、以上のアクターのなかで、ボリシェヴィキが「最もまし」だったからだ。ポグロムで親兄弟を殺された恨みを赤軍に入隊して晴らそうとしたユダヤ人もいた。

被差別民ユダヤ人が一方的に蔑まれる事件として理解されがちなポグロムのなかに潜む

「民族対立」という局面は、その後のウクライナ史でもくすぶることになる。わかりやすい例では、一九二六年、ウクライナ民族主義の象徴ペトリューラが亡命先のパリで、モルドヴァ生まれのアナーキストのユダヤ人に暗殺されたことがあった。ペトリューラ自身は反ユダヤ的ではなかったとされるが、先述のように彼の支配下で最もポグロムが発生していたこと、つまり彼が抑えきれていなかったことは事実だった。

だが、ウクライナ人にとってペトリューラは、フメリニツィキー同様に民族独立のために戦った英雄であったから、ポグロムの反省よりも英雄を殺されたという憎悪が再びウクライナ人のなかで渦巻くこととなった。

ポグロムの記憶は、民族間の関係を不穏にするとしてソ連では敬遠された。だが、ユダヤ人自身は確実に記憶していたし、ユダヤ人からの反撃をウクライナ人も覚えていた。

ウクライナはソ連の原加盟国である。ソ連には秘密警察として恐れられたチェカー（「反革命・サボタージュ取締り全ロシア非常委員会」の略）という組織があった。そこに入ったユダヤ人は、ポグロムの復讐としてウクライナ人を処罰することがあった。そうした姿は実態を上回る形で噂され、ウクライナ人のユダヤ人に対する反感を高める結果にもなった。そしてソ連の抑圧とユダヤ人は重ね合わせられるようになっていく。

もっとも、ウクライナ人がことさら反ユダヤ的であったり異民族に対して不寛容であったりしたわけではない。重要なのは、三者関係という構造が不可避的に促進してしまう敵愾心である。

戦時に疑心暗鬼となったウクライナ民族主義者から見て、ロシア人とユダヤ人は徒党を組んでいる。いずれも敵であるが丸腰のユダヤ人のほうが攻撃しやすい。だが、実際にはロシア人とユダヤ人はほとんど徒党を組んでいないので、ユダヤ人はロシア人に守ってもらうこともなく、そのまま惨殺されてしまうのだ。

そして生き残ったユダヤ人も物理的な損害と深刻な心の傷を負うことになる。だが、これらの被害に対して、関係政府や国際機関はほとんど検証も補償も行わなかった。かわりに、サンクトペテルブルク(ペトログラード)拠点の「戦争被害者支援ユダヤ人委員会」(EKOPO)や、ニューヨーク拠点の「アメリカ・ユダヤ人共同配給委員会」(通称「ジョイント」ないしJDC)といった国際的なユダヤ人の慈善団体やその他シオニスト等の政治組織が救済に奔走した。結果的に、ユダヤ人の結束が高まり、ユダヤ人のことはユダヤ人しか助けてくれないという記憶が刻まれたことは無理のないことだった。

ホロコーストの全貌

「想像の民族対立」という局面は、ホロコーストでなぜ六〇〇万人ものユダヤ人が殺害され

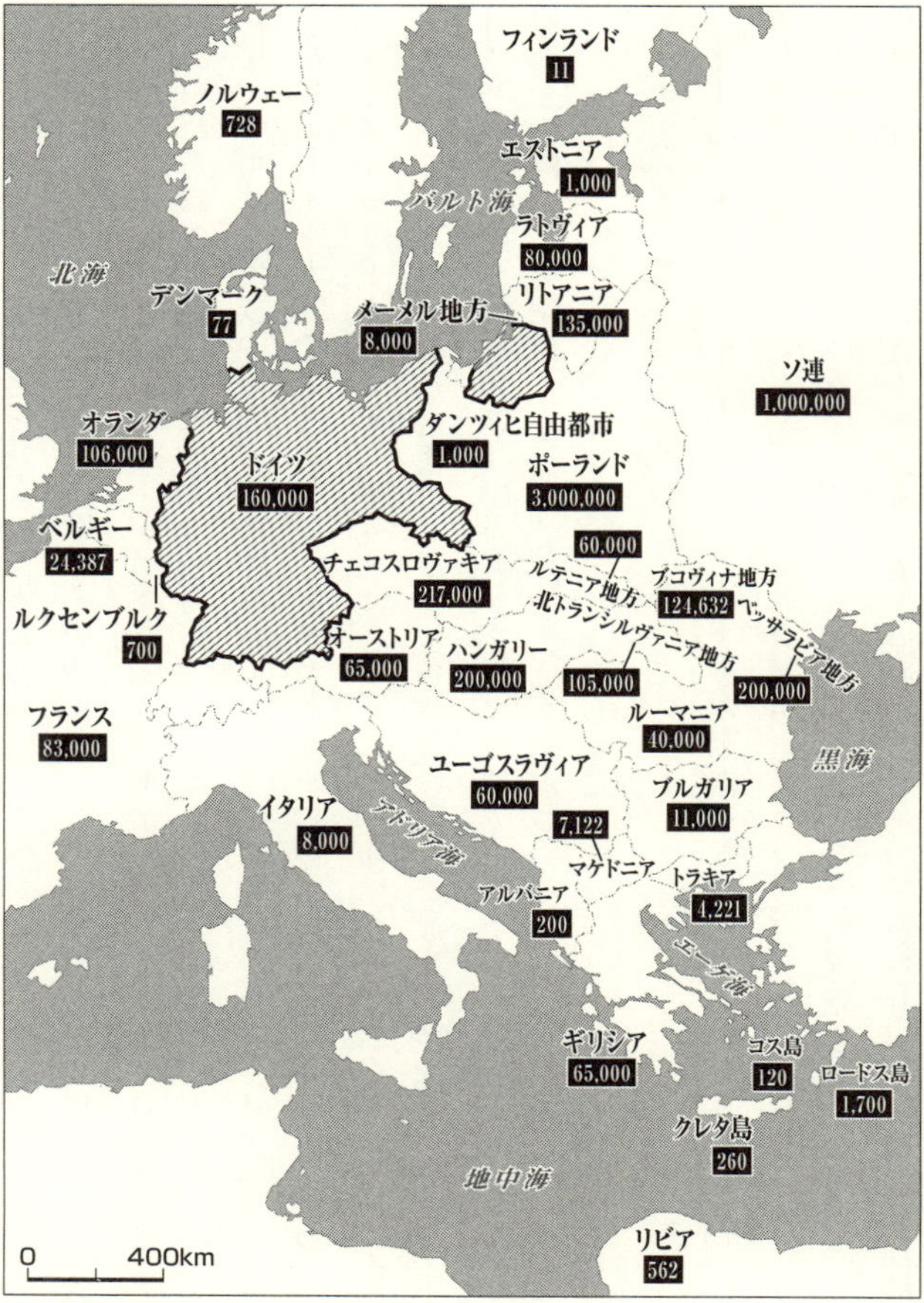

図４－４　ホロコースト犠牲者の各国・地域人口

たのかを考えるうえでも重要なカギとなる。

ホロコーストについても、西欧中心史観によって、ドイツでなぜ反ユダヤ主義が高まったのかとか、ナチがどのようにユダヤ人を捉えていたのかといったことからその原因の解明が進められる傾向が強い。世界史の教科書でも、ホロコーストはナチとしか結びつけられておらず、中東欧諸民族の協力や犠牲に触れているものもわずかだ。

だが、ドイツ本国で犠牲になったユダヤ人は一六万人であり、アウシュヴィッツ収容所があったポーランドをはじめ、図4−4のように、中東欧での死者数がさらに突出している。むろん、これらの地域にナチ・ドイツが侵攻したことが最大の要因で、ドイツ軍が直接手を下した場合は多い。それでも、現地人の協力は多数報告され、また記憶されている。しかし彼らの動機はナチ党員（ナチス）とは少なからず異なっていた。

ナチ・ファクター

まずは、ナチ・ドイツのほうはどのような動機や経緯でホロコーストを起こしたのかを整理しておこう。

ナチ・ドイツにおける反ユダヤ主義は、ドイツ人の優越意識ととくに東方のものに対する侮蔑意識がセットになった人種主義を原動力として、「人種衛生学」のような科学的装いを伴ったところに特徴があった。

ユダヤ人のなかにも人種衛生学者や優生学者がいたぐらいだから、当時としては真面目な科学だと信じられていた。ナチ党登場以前から、ユダヤ性の維持を望むユダヤ人のあいだでは、ユダヤ人を周囲に同化することで「ユダヤ人問題」を解決しようという安易な議論に対して、ユダヤ人は独自の「人種」であるのでそれは不可能だと論陣を張る向きもあった。ユダヤ人が「人種」か否かはユダヤ人内部でもさまざまな思惑から議論の的になっていたのだ。

現在の科学の基準では、「人種」という概念はあまりに杜撰《ずさん》であるため、使用されることはない。肌の色や体格、顔つきといった外見的特徴を恣意的に分類し、それと中身を結びつける発想に無理があった。肌の色一つとっても、境界はグラデーションなので線引きは恣意的になる。肌の色にかかわらず血液型が同じであれば輸血可能だが、似た色同士でも血液型が異なれば不可能だ。肌の色は生物学的には文字通り表層にすぎない。それが社会学的な意味を持ってしまったのが人種主義の歴史である。

「人種科学」の歴史では、イギリス生まれにしてドイツに魅了されて移住したヒューストン・チェンバレンが一八九九年に著した『一九世紀の基礎』が大きな契機となっている。「アーリア人」という概念を登場させた同書は、ドイツ人がいかに優れているかを説き、人種と精神的特質を結びつけて、ユダヤ人を底辺に位置づけた。ゲルマン精神をローマ・カトリック精神とユダヤ精神から守ることを説き、人種混交の阻止を訴えた。

こうした議論が広範に受容されるようになったのは、ドイツの第一次世界大戦敗北以降だ。列強間の勢力争いに敗れたドイツは多額の賠償金を要求され、経済的にも苦しむことになった。ユダヤ人はいわばその八つ当たりをされたのだ。「背後からの一突き」論と呼ばれる議論がそれであり、戦場で圧倒していたドイツが負けたのは、国内で革命分子、すなわちユダヤ人が秩序を乱したからだ、というのである。ドイツにユダヤ人の共産主義者がいないわけではなかったにしても、ロシアにおいて共産主義者が革命を起こしたこと、そこでユダヤ人が活躍していたらしいことなど、東方で起こった諸々が混同されてもいた。

ヒトラーの主著『我が闘争』(一九二五年)は、どこにいても害悪を与える病原菌としてユダヤ人を捉え、その根絶をしなければ、社会をその病原菌から守ることはできないと訴えている。すでに『シオンの長老の議定書』を読んでいたヒトラーは、それによって「ユダヤ人=ボリシェヴィキ」という偏見を持ち、ソ連も毛嫌いし、ドイツ人のための征服先と見なすようになった。

一九三三年、ヒトラーを首相とするナチ政権が誕生すると、同年には早速、ユダヤ人は公務員から締め出されることになった。「ユダヤ人」の定義もナチ独自のものであり、一九三五年に制定されたニュルンベルク人種法では、祖父母のうち一名だけがユダヤ人である場合

(「四分の一ユダヤ人」)のみドイツ人とされ、二人以上がユダヤ人である場合はユダヤ人とされた(二人の場合に限り例外規定あり)。「ユダヤ人」と非「ユダヤ人」の結婚は禁止された。

当初はユダヤ人が国外退去することでよしとされていたため、ユダヤ人のパレスチナ移住を差配するシオニスト機関であるユダヤ機関と「ハアヴァラ」(移送)協定が結ばれたりもした。ドイツ・ユダヤ人のパレスチナへの出国や資産移転を認めるかわりに、ドイツ商品をパレスチナに輸出する、という取り決めだ。

一九三八年には、ナチの扇動によりユダヤ人の商店が破壊されるポグロムがドイツ全土で起こった。飛び散った商店のガラスの様子から「水晶の夜」と呼ばれ、九一名が殺害された。この頃から、半ば強制的にユダヤ人は国外追放されるようになる。

一九三九年、ドイツはポーランドに侵攻し、第二次世界大戦が始まった。ナチはさらに東進し、ユダヤ人を強制収容所に送り続けた。だが、対処すべきユダヤ人の数は増える一方で、出国によるユダヤ人の排除は限界に達した。

それでもドイツの「生存圏」の外に移送しようと、移送前に一時的にユダヤ人を集めておく場所としてゲットー(周囲を壁で囲った街区)がポーランド各地に作られた。最大のものとなったワルシャワ・ゲットーには四五万人が収容された。多数のユダヤ人をすべてドイツ人で管理するのは不可能だから、一九三九年から「ユダヤ人評議会」という組織をゲットー内部で組ませ、ナチ政権の意のままに「自治」をさせる体制も整えた。

ゲットーは生存ぎりぎりの状態になり、病気が蔓延し、餓死者も増えていった。監視の目が張り巡らされ、気力を削《そ》がれていくなかで、一九四三年にユダヤ人が蜂起したワルシャワの例を除くと、ユダヤ人が表立った抵抗を見せることはなかった。

彼らの移送先としてドイツ軍は、さらなる東方、つまりソ連を制圧する必要があった。

独ソ戦が行われた地域

一九四一年六月に開始されたドイツのソ連侵攻では、侵攻過程でも多くのユダヤ人が殺害された。ほとんどが銃殺であり、占領下の住民に掘らせた穴のうえで銃撃して穴に落としていく方法も頻繁に用いられた。ホロコーストにおけるユダヤ人の死亡者数は六〇〇万人。そのなかでガス室で命を落としたのは半数ぐらいであり、そのほかはこのような形で銃殺されたり、収容所等で餓死したりした。

国別では、収容所が多くつくられたポーランドは全ユダヤ人口に占める死亡者数も死亡率も最も高く、三〇〇万人近くが殺され、これはユダヤ人口の九割近くに相当した。一九四四年にソ連に最終的に併合されたリトアニアでは一三万人が死亡（ユダヤ人口の八五％）、ホロコースト中心地だったウクライナとベラルーシを領域にもつソ連では一〇〇万人以上（同三三％）が殺害された。

なぜ、ドイツ本国と異なりナチ支配が隅々まで確立していなかったこれらの地域でこれほどの被害が生まれたのか。

もちろん、大前提として、最終的にナチが支配できなくても、ナチが次々に押し寄せ、ソ連も抗戦するなかで、この地域の人びとが民族の別に関係なく多く犠牲になったことは押さえておく必要がある。独ソ戦の主戦場となったポーランドでは六〇〇万人近くのポーランド市民が死亡した。

もっとも、その半数近くはユダヤ系だった。すでに述べたように、ナチがユダヤ人を狙い撃ちにしたことによるところは大きい。しかしそれでも、ポーランドに限らず、現地住民がそれぞれの事情のなかでユダヤ人狩りや殺害に加担したりそれを黙認したりした場合は少なくなかったのだ。

では、何がそうさせたのか。

ソ連を含めて中東欧諸国では、ドイツと比べると人種衛生学はあまり流行していなかった。ことにソ連では、多様性を取り込むことが多民族国家として重要だったこともあり、むしろ敬遠されていた。

ボリシェヴィキ、のちのソ連共産党は、イデオロギー上の要請で反ユダヤ主義を抑え込もうとしていたことはすでに述べた。ユダヤ人を苦しめるナチに対してソ連がいかに戦っているかをアメリカ（のユダヤ人）にアピールするために、一九四二年に「ユダヤ人反ファシスト委員会」を設置したことさえあった。ゆえに、ソ連支配下やドイツとの係争地でホロコーストに加担する動機をソ連当局は持ち合わせていなかった。

焦点は、ソ連とドイツに挟まれた地域である。

ポーランドの変化

まず見るべきは、ポーランドでの変化だ。

近世にはユダヤ人が繁栄したポーランドであったが、二〇世紀に入ると、ユダヤ人が攻撃される機会は増えていった。ポーランド人の気質が変わったなどということではない。例によって、構造で捉える必要がある。

ユダヤ人のパトロンだった貴族が没落し、社会の構成が大きく変わっていたのだ。近世でも、フメリニツィキーの乱で見られたように、農民のユダヤ人に対する捉え方は貴族とまったく異なっていたし、都市でも早くからユダヤ人とキリスト教徒とのあいだで商業などでの競合が見られた。

ロシア領についていえば、農奴解放と土地改革はとくに零細貴族に打撃を与えた。かといって農業も効率化せず、没落貴族・農民ともに都市部へそれぞれ専門職・知識層や労働者として流入していく。ワルシャワの人口は一八六四年の二五万人から一九一〇年には七六万人に増加し、ドイツ資本により工業化したウッチは一八六〇年の二・八万人から一九一〇年には四一万人にまで急増した。ロシア帝国の他地域と同様に、ユダヤ人も貧困化し、都市に流れていた。

そのポーランドを分割した三列強は第一次世界大戦で正面衝突し、ポーランドにさらなる傷を残した。戦線離脱したボリシェヴィキはポーランドの独立を認めざるをえなかった。米大統領ウィルソンが発表した「十四か条」は、米英仏の協商国（連合国）が、オーストリア・ハンガリー帝国とドイツの同盟国地域の諸民族を味方につけるべく、民族自決を支持するもので、とくに、第一三条でポーランドの独立を掲げていた。一九一八年にドイツが降伏することで、ポーランドの統一的な独立は現実化した。

ポーランド統一を目指す政治の動きでは、ユゼフ・ピウスツキとロマン・ドモフスキがキーパーソンとなる。

ピウスツキはロシア帝国リトアニアのポーランド貴族の家に生まれた。反ロシアの立場で、独立したポーランドで元首に上り詰めた。混乱ののちに一九二六年にクーデターによって実権を握り、死去する一九三五年まで独裁を敷いた。基本的には諸民族を統合する方針を掲げ、反ユダヤ主義も抑制するように努めていたため、ピウスツキ時代の政治の表舞台はまだ穏やかだった。

だが、ロシア帝国の一九〇五年革命後の選挙の際に言及した国民民主党は確実に勢力を拡大していた。同党はピウスツキの最大のライバルだったロマン・ドモフスキが率いていた。ドモフスキはワルシャワ近郊の没落貴族の家に生まれた。ピウスツキとは対照的に反ドイツを掲げ、そのための同盟相手として親ロシアの立場に立ち、ドイツ領のポーランドでは支持を得ていた。だがロシア領でロシアの政策が強硬になるとこの立場は失望を呼び、これを巻き返すために一九一一年から反ユダヤ主義を明確に掲げて、ユダヤ人の商店のボイコットを訴えるようになる。

国民民主党は、独立後の議会では最大政党に躍り出た。一九三〇年代にはボイコット運動がしばしばポグロムを伴うようになっていた。一九三六年には、大学内に「ユダヤ人専用席」が設置されるなど、露骨な差別が広がっていった。

独立後、ウクライナ方面の領土をめぐってポーランド・ソヴィエト戦争（一九二〇－二一年）が起こり、西ウクライナ（ポーランド人もユダヤ人も多かった）がポーランド領となる。その結果、ポーランドはユダヤ人だけでなくウクライナ人も多く取り込むこととなった。

こうして、新生ポーランド国民の非ポーランド人の比率は三分の一にのぼった。少なく見積もってもウクライナ人一四％、ユダヤ人一一％、ベラルーシ人四％、ドイツ人四％であった。一九二二年に独立後初めて行われた選挙では、少数民族連合が善戦した。この連合はおもにウクライナ人や中産階級のユダヤ人（社会主義系は加わらず）から成っていた。大統領選挙では、この連合の支持もあって中道左派の候補が当選したことで、ユダヤ票により選ばれたと右派は憤慨し、この大統領はすぐに暗殺されてしまった。

ポーランド民族主義者の観点では、少数民族は国民統合にとっての障害にとどまらなかった。国境の向こう側のそれぞれの「同胞」とのつながりが懸念される安全保障上のリスク要因でもあったのだ。

そしてそれは国際機関とも連動しているように彼らの目には映った。独立後の反ユダヤ主義について、アメリカや西欧のユダヤ人団体はたびたびポーランドのユダヤ人の権利を保護するよう国際連盟に訴えた。独立の条件としてポーランドは国際連盟の少数民族保護条約に加盟していたが、こうした動きを内政干渉だとして憤った。

ソ連の脅威と「想像の民族対立」

東欧に固有のホロコーストの促進条件こそ、こうした国境をまたいだ疑心暗鬼だった。つまり、ユダヤ人は人種として劣っていてポーランド人を遺伝的に蝕《むしば》むから排除するという人種衛生学的な動機があったわけではない。むしろ、国境の向こうのユダヤ人やソ連と結託して国家としてのポーランドの独立性を阻んでいく存在としてユダヤ人を捉えた。ユダヤ人を単体として危険視したのではなく、危険な敵と手を結ぶスパイないしその予備軍のようなものとして過大評価したのである。

一九三九年に結ばれた独ソ不可侵条約の秘密議定書を一部改訂する協定により、現在のポーランドの東部や当時ポーランド領だった東ガリツィア（現在のウクライナ西部）などの東部国境地域を、九月よりソ連が占領し始めた。この過程で、反共産主義・反ソヴィエト活動に目を光らせていたチェカーの後継組織NKVD（内務人民委員部、のちのKGB）は、多数のポーランド人やウクライナ人を反共産主義運動支持の疑いで逮捕し捕虜としてソ連内地に移送した。

一九四一年に独ソ戦が始まると、ドイツ軍は早々にこの地域を占領した。ドイツ軍も親ポーランドでは決してなかったにもかかわらず、ソ連支配をよく思っていなかったポーランド人は、ドイツ軍を歓迎することがあった。

大国中心史観で見てしまうと、ナチ・ドイツとソ連が綱引きを行っていたこの時期の現地住民はフリーズしていたものと錯覚しがちになる。もちろん、両国による占領のために自由な活動はできなくなっていた。だが、将来に向けた動きは少なからず続けられ、例えば占領軍に対して協力を持ちかけるなど、さまざまな動きがあった。

現在ではホロコーストとして一括して理解される国境地域のユダヤ人虐殺のなかに、ポグロムと呼ぶほうが適切な、地元住民主導の反ユダヤ暴力が複数含まれていたことが今日では知られている。例えば、二〇〇〇年にポーランド系アメリカ人の歴史家ヤン・グロスが『隣人たち』のなかで明らかにしたイェドヴァブネ事件である。ポーランド北東部の同名の小さな町で数百人以上が殺された事件だ。当時ナチ統治下であったこともありナチによる仕業と考えられてきた。しかし実際にはポーランド人が主導したことをグロスは明かした。

一九四一年六月、独ソ不可侵条約を破って開始されたのが、先のソ連侵攻だった。この一帯がナチ支配下に入った直後の七月一〇日にこの事件は発生した。ユダヤ人が（事実かは別として）ソ連とつながっていたことや共産主義を支持したことに対する報復だった。

もっとも、この国境地域で一九四一年頃に多数発生したポグロムには、実際にはもう少し複雑な構図があった。

東欧史研究のJ・コプステインとJ・ウィッテンバーグは、ポーランド人が多い地域と、ウクライナ人の比率がやや高まる（ただしポーランド人が多数派の場合も多い）東ガリツィアの各自治体について、それまでの民族構成や議会選挙での得票から読み取れる政治的選好の分布を量的に比較し、どのような要因がポグロムを後押ししたかを検討した。その最大の結論は、ポーランド人やウクライナ人が、それぞれユダヤ人を自民族にとっての政治的脅威であると認識しやすかった場合にポグロムが発生しがちだったというものである。

まず、町ごとのユダヤ人の人口比については、多いほうがポグロムが起きやすかった。とくに重要なのが、ユダヤ人が先述の少数民族同盟（ユダヤ人の場合はおもにシオニスト）を支持していた場合にポグロムが起きやすかったということだ。ポーランドの一体化や、東ガリツィアであればウクライナ人の独立にユダヤ人が後ろ向きであり、脅威になりうると受け止められたからだ。政府に従順なユダヤ教正統派の政党を支持する者が多かった町ではポグロムは起きにくかったという。

シオニストはあくまでもポーランド国家の枠組みのなかでユダヤ人の平等や自治を訴えていたにすぎず、ポーランド国家を貶《おとし》めること、ましてやソ連とつながって転覆することなどは考えていなかった。したがって、これはあくまでもポグロムを起こした者たちによる「想像の民族対立」にすぎなかった。

では、ポグロムが共産主義支持に対する報復であったという説は妥当なのか。

コプステインらは否定的だ。共産主義政党への支持が高かった自治体はソ連軍を歓迎する傾向にあったので、ソ連が撤退してナチが占領した際に、共産党支持のユダヤ人は報復に遭いやすそうだ。しかし実際にはこうした地域ではポグロムはあまり起きなかった。というのも、これらの地域ではユダヤ人よりもベラルーシ人やウクライナ人のあいだで共産主義が支持されており、共産主義の支持が高いところでは、共産主義特有の、民族を超えた連帯志向がユダヤ人と敵対するよりも連帯する方向に向かったからだ。

もっとも、これはミクロに見た場合の結論であって、マクロにはやはり共産主義に対する報復の意味合いがあった可能性を否定するものではないだろう。というのも、自治体内のユダヤ人に共産主義者ではなくシオニストが多かったとしても、その自治体のポーランド人やウクライナ人が、ユダヤ人と共産主義のつながりを疑っていた可能性は十分にあるからだ。

一九三九年から四一年までこの地域をソ連が支配し、ＮＫＶＤに取り締まられた記憶は新しかった。実際にはＮＫＶＤにユダヤ人はそれほど多くなかったが、そう噂されていた。目の前のユダヤ人が共産主義支持かどうかを確かめる前に、偏見により一様にユダヤ人を攻撃した可能性はある。

中東欧ユダヤ史家の野村真理は、東ガリツィアのウクライナ人やポーランド人が、それぞれ反ユダヤ的な者やユダヤ人を助けた者など、個々人ではさまざまでありながら、全体的な傾向としては、ユダヤ人が各民族の独立志向を共有しない異質な存在と目されていた様子を描いている。その際、やはりソ連の支配への嫌悪やＮＫＶＤへの恐怖が語られ、それらとユダヤ人が結びつけられていたことが独ソ戦の際に頻発したポグロムの背景として示唆される。

またその一環で、一九四一年の七月に、ペトリューラ暗殺一五周年と称し、ユダヤ人への「報復」としてのポグロムが中心都市リヴィウで起こっている。ウクライナ人の民警が重要な役割を果たし、二〇〇〇人以上のユダヤ人が殺害されたという。

もちろん、ドイツ軍主導による虐殺のほうが死者数ははるかに多かった。その一方で、そこに他の集団が加勢し対立が複雑化していくのがこの地域の特徴だった。

ソ連領内で最も悪名高いのが、バビ・ヤールの虐殺だ。キーウ郊外の峡谷、バビ・ヤールにて一九四一年九月二九日から三〇日にかけて、ドイツ人部隊とウクライナ民兵によって三万人以上のユダヤ人が殺害された。その後、この峡谷では、ユダヤ人に加え、共産主義者や「ウクライナの解放者」の敵と見なされたウクライナ人やロシア人も殺害された。

ソ連とナチ・ドイツが一進一退を繰り返し、それゆえの疑心暗鬼が渦巻いたこの地域にあって、虐殺の被害者はユダヤ人だけでなかったのである。ほかにも非ユダヤ人同士の殺し合いは発生していた。

よく知られるのはポーランド・ウクライナ国境で起きたヴォウィン事件である。ポーランド現代史研究の宮崎悠《はるか》によると、一九四三年から四五年にかけて、東ガリツィアの北隣に位置するヴォウィン（ウクライナ語ではヴォリニ）において、ウクライナ民族主義者により八万から一〇万人のポーランド人が殺害され、その報復や混乱のなかで一万から一万五〇〇〇人のウクライナ人が殺害された。

その前段として一九四一年から同地域をドイツが占領し、ウクライナ民族主義者を協力者に仕立て上げていた。まさに、ドイツ・ウクライナ・ポーランドの危険な三者関係が生じていたのだ。このような多方面での民族対立という状況が、中東欧でのホロコーストの重要な背景になっていた。

絶滅収容所と責任の所在

むろん、ホロコーストの「主犯格」がナチだったことには違いない。

ドイツ軍のなかでは、ソ連侵攻に際してユダヤ人を「処理」していく方法として、ガス・トラックが用いられるようになっていた。だが、ユダヤ人に関する全体的な方針は決まっていなかった。独ソ戦が膠着《こうちゃく》状態に陥り、ソ連領への移送がうまくいかないことが見えてきた一九四一年の一二月、ついに絶滅収容所が設立された。

なぜそこまで徹底して殺す必要があると考えたのか。

それは、人種という概念にとり憑《つ》かれたユダヤ人陰謀論のなれの果てだった。一九四一年、ベルリン近郊のヴァンゼーで会議が開かれた。ホロコースト研究の芝健介によると、収容されたユダヤ人はしばしば東方での労働にも充てられ、過酷な環境ゆえに死者も多く出て、いわば淘汰《とうた》された状態だった。ところが、この会議では、この生存者こそが頑強なユダヤ人の核であって、ユダヤ的生活を再建する危険分子だとする意見が出された。彼らこそ、殲滅しなければならない、と。

アウシュヴィッツ強制収容所では、一九四一年九月、まずはポーランド人の政治犯やソ連軍の捕虜からガス殺が始まった。そして、一九四二年より、ユダヤ人に対しても本格的に「稼働」していく。そこでの大量虐殺がホロコーストの頂点である。

だが、ホロコーストは一九四五年五月のドイツ敗戦で終わったわけではなかった。

ドイツから解放されたユダヤ人のなかにはポーランドの自宅に戻る者もいた。しかし、すでに入居していたポーランド人に追い払われたり殺害されたりする例があとを絶たなかった。有名な例が一九四六年七月に中部の都市キェルツェで起こったポグロムだ。四二名のユダヤ人が殺された。

戦後の外交政策上、ホロコーストを積極的に反省した西ドイツはなかばホロコーストの全責任を被ることになった。だが、以上の諸地域に限らず、リトアニアやラトヴィアなどでも、ドイツとソ連に挟まれた状況で現地住民主導のポグロムが同様に蔓延していた。研究はある程度されているものの、彼らの責任については、わずかな反省や謝罪を除き、いまだに曖昧なまま残されている。

第5章　現代——新たな組み合わせを求めて

ユダヤ史の大きな一部が文字通りに灰と化した。直感的には、そこから立ち上がるのがユダヤ人にとっての現代史だ、といいたくなるかもしれない。

ホロコーストにより、一九三九年の世界のユダヤ人口約一七〇〇万人のうち六〇〇万人が死亡し、この時点での人口の中心は、およそ四五〇万人を擁していたアメリカに移った。一九四八年には、その時点でのユダヤ人口は七二万人にとどまっていたとはいえ、主権国家と定義されるものとしては史上初めてユダヤ人が中心となるイスラエルが建国された。東側陣営を率いることになるソ連は、ホロコーストでユダヤ人口の三分の一を失ったものの、二〇〇万人のユダヤ人が残っていた。

だが、ホロコースト以前から、これら三つの中心では、すでに歴史が動き始めていた。とりわけイスラエルでホロコーストはある確信の源泉とはなったものの、それ以前からの流れが強化される形での影響だった。

西洋史では、第一次世界大戦期からを「現代」と定義することが多い。初めての総力戦ののちに各帝国が崩壊し、ロシア革命を経てソ連が発足した。アメリカ・イスラエル・ソ連という三つの中心も、このあたりの時期が起点になっている。ソ連はもちろんのこと、シオニズムは一九世紀の終盤に始まり、イギリスがパレスチナへの関与を強める第一次世界大戦後に、アラブ人との対立構図を含め、原型が完成した。アメリカにユダヤ人が多数移民を始めたのは一九世紀終盤で、それが止まったのが、アメリカが厳しい移民制限を敷いた一九二〇年代初頭である。

本章では、これら三つの中心の現代史を、相互の関係にも注目しながら追っていく。その際に着目する点は、「国の法は法なり」という原則のその後である。もちろん、これはユダヤ教のなかでの議論であるので、世俗化の時代においてこの原則が明示されることはなかった。それでも、ユダヤ人として生きるうえで、支配原理に正面から対抗するよりも、それとの組み合わせを工夫し、普遍性を追求する点で一致できるところは一致するという姿勢は、三者三様に続いていた。

1　ソ連のなかの／ソ連を超えるユダヤ人――社会主義的近代化

ソヴィエト体制と女性解放

内戦期のポグロムで多大な犠牲を払ったユダヤ人にとって、ソ連体制の確立でようやく平穏かつ平等な社会が訪れたかに見えた。社会主義的な意味での平等というより、ユダヤ人差別がないという意味だ。

もっとも、一九二六年の時点で二六〇万人を数えたソ連のユダヤ人が一枚岩だったわけでは決してない。立場によってソ連の見え方は異なっていた。例えば、伝統的なユダヤ教を実践していた男性にとって、無神論国家はかつてない脅威となった。それまでの「パトロン」は、「アブラハムの宗教」のいずれかを国教としており、同じ神の信仰をそれなりには尊重してくれた。だがモスクワの救世主ハリストス大聖堂さえ爆破したソ連では、シナゴーグは閉鎖されるか映画館や倉庫となった。

他方、もともとラビ・ユダヤ教体制の主流から外されていた女性にはまた別の見方もできた。ソヴィエト体制は大きなチャンスに見えたのだ。

ソ連確立前の二〇世紀初頭の段階から、例えばブンドのメンバーの三分の一が女性だった。

女性の社会参加が珍しかった当時にしては異例だ。ソ連が発足してから、共産党政権は女性を宗教の「暗い力」から解き放つことを意識し、女性部門や「イェフセクツィア」(イェフ＝ユダヤ＋セクツィア＝セクション)と呼ばれた共産党ユダヤ部門で具体的な政策に取り組ませた。

ソ連全体において、男女平等は社会主義イデオロギーとして重視されただけではなかった。第一次世界大戦で銃後を女性が支えた貢献に報いる必要もあったし、戦後は、生産性向上を狙う体制にとっても女性の社会参加は重要だったのだ。そのため、女性の労働人口は一気に上昇し、現在でも旧社会主義諸国の女性労働者の比率は非常に高い。

女性部門は、ソ連のムスリム地域での改革をとくに意識していた。婚姻に関して両親の意志に反した少女が、親族などへのけじめとして両親に殺害される「名誉殺人」がたびたび起きるなど、伝統宗教が女性を縛ってきたとの認識があった。ソヴィエト法はそうしたしきたりを違法化した。

東欧ユダヤ史家のエリッサ・ベンポラドの研究によると、こうした方向性の結果、ユダヤ人に関しても、教育をはじめとした社会上昇の機会が女性にも訪れることになった。ユダヤ部門は女性部門と連携し、イディッシュ語での女性集会を各地で開催した。社会主義体制をつくるための女性エリートが養成され、彼女らは初めて、父親や夫ではなく、党を通した社会的移動を経験することになった。

だが、「ガラスの天井」はソ連にもあった。女性部門は一九三〇年に、女性問題は解決したとの判断で早々に廃止されてしまった一方で、女性は男性の監督下に置かれるべきだという旧習が消え去ることはなく、結局女性は外で働いても家庭での仕事を一身に背負わされることが多かった。二重労働を強いられる女性をしり目に、責任あるポジションにはたいてい男性が就いた。歴代のソ連の書記長や各共和国のトップにしても、ユダヤ関連の諸組織のトップにしても、すべて男性であるのはその象徴だ。

しかも、旧習の打破の責任を女性のほうが負わされることもあった。公的な場での宗教が駆逐されたのち、女性は家庭内で宗教を維持するうえでの中心になるはずだとして次なるターゲットとなったのだ。そこには、女性のほうが精神的な意味で宗教的であるとの長年の偏見も寄与していた。

このように、最も解放された者——つまり初期条件からの改善幅が最も大きかった者——が最も猜疑心《さいぎしん》を向けられるというのは、近代社会においてよく見られるパターンである。

「持ち上げ」と「はしご外し」

それはソ連のほかの局面でも繰り返された。

一九二二年に発足したソ連は、列強が介入する内戦を辛うじて勝ち抜くも、まだ足腰が弱かった。多民族国家を盤石にするうえで、諸民族の協力は不可欠だった。

その一環として、一九二〇年代に「現地化政策」が敷かれた。その目的は二つあり、一つは、ロシア語で共産主義を講じても文字通りに通じないので、現地語で「ソヴィエト人」を養成し、モスクワからの指令の伝達を効率化することだ。もう一つが、各民族の懐柔である。例えば、ウクライナ共和国では、ウクライナ語が優先され、ウクライナ人が共産党のなかで要職に就くことになった。

ソ連は法的なユダヤ人差別の一切を廃止しただけでなく、国家として世界で初めてユダヤ人を「民族」として認定した。それは個人としてしか受け入れないとしたフランス革命型のユダヤ人解放からの転換だった。ソ連は世界で初めて「ユダヤ人問題」を解決したと喧伝した。

もっとも、民族の「内容」はあくまでも「ソヴィエト的」でなければならなかった。前記のようにユダヤ教は弾圧された。第4章で言及したフルムキンをはじめブンドの出身者の多くがユダヤ政策に関わっていたこともあり、民族の言語はイディッシュ語のみとされた。ユダヤ教やシオニズムとのつながりが強かったヘブライ語は排除された。

そのかわり、同時代において他の東欧諸国が補助しなかったイディッシュ語教育や文化振

図５－１　現在も極東のビロビジャンに残るシナゴーグ　2011年

興に対して、ソ連はロシア語やウクライナ語に対するのと同様に予算をつけた（のちほど言及する「多文化主義」と同じ原理だ）。ユダヤ人が多いウクライナやベラルーシの通りや駅にはイディッシュ語の標識が設置され、イディッシュ語による劇場、新聞・雑誌、文芸活動が隆盛するようになった。

一九二四年にレーニンが死去し、トロツキーとの権力争いに勝ったスターリンがソ連のトップとなってからも、一九二〇年代はおおむね現地化政策が続いた。一九二八年には、極東のハバロフスク近郊の町ビロビジャンを中心に、一九三四年に「ユダヤ自治州」として発足するユダヤ人居住区が建設される。領域的に集中しないユダヤ人に土地を与えることで、民族として平等に扱っているとアピールでき、かつ極東防衛の観点から人口を増やすことも兼ねられる政策として立案された。イギリスの庇護で進められていたシオニストのパレスチナ入植への対抗も意識された。

だが、ユダヤ人の人口の中心から遠いうえ、湿地帯で農地開拓もうまく進まず、一九三四年に至ってもユダヤ人は自治州全人口の一六％、一・八万人しか集まっていなかった。この自治州はソ連崩壊後もロシア連邦「ユダヤ自治州」という名前のまま残っているが、現在のユダヤ人口は一〇〇〇人に満たない。

実は、この極東以外にもユダヤ自治州の候補地があった。クリミアである。帝政期より、農業人口が極端に少ないユダヤ人の農民化を進めるために、ドイツやアメリカのユダヤ人の支援を受けて最新技術による農場が開拓されていたのだ。だが、現在でもロシア人の保養地として人気が高いクリミアにユダヤ自治州をつくることで、ただでさえ「ユダヤ人＝ボリシェヴィキ」という偏見が強く残るなかでユダヤ人を贔屓《ひいき》していると非難されることを恐れ、取りやめになった。

ソ連ユダヤ史研究の高尾千津子によると、クリミアで培われた農業技術、とくにアメリカのフォード製のトラクターを効率的に運用するシステムは、その後のソ連の集団農場に技術的なモデルを提供した。また、ここで訓練を積んだユダヤ人は、クリミアを追われたのちにパレスチナに移住し、その技術を発揮した。

最新技術と農民の組織化で生産力を大幅に向上できると踏んだスターリンは、一九二八年の第一次五ヵ年計画に基づき、農民の異論や抵抗を無視して強引に農業集団化を進めていく。その結果として、ウクライナを中心に一九三二年から三三年にかけて大飢饉が発生した。ユダヤ人がこの強引な政策の一端を担っていただとか、穀物を売り惜しみしているといった噂が広まり、民衆のあいだの反ユダヤ感情の一因となった。

当のスターリンは、一九三六年、「スターリン憲法」と呼ばれる、表向きは民主的内容の新憲法を制定し、社会主義が基本的に実現したと宣言した。

イディッシュ語からロシア語へ

だがすでに一九二〇年代の段階で、ソ連が推進する政策と実態の乖離は進んでいた。ソ連の平等社会の意味合いは、イディッシュ文化人と一般民衆では異なっていた。民衆にとっては、移動の自由が何より喜ばしかった。だがそれは、イディッシュ語に基づく現地化政策との乖離が進んだ要因にもなった。領域的な拠点を持たないユダヤ人にとって、ソ連という枠組み全体のなかで社会的に上昇することが目標となることが多かった。経済的な機会は、ウクライナやベラルーシの片田舎よりも、ロシア語化が進んだそれらの都市部、さらには、モスクワやサンクトペテルブルク（一九一四年からペトログラード、二四年からレニングラードに改称）などのロシアの都市部にこそあったからだ。

そこを目指すうえで、イディッシュ語は不要だった。むしろ、ロシア語の能力を高めたかったのである。

しかも、イェフセクツィアが主導したイディッシュ語学校は、革命的であるためにかなり反ユダヤ教的だった。ユダヤ・エリートは、伝統的ユダヤ教を近代社会でユダヤ人が発展していくための足かせだと考えた。それゆえ、イディッシュ語学校の教師はユダヤ教の悪口ばかりを言いつのったのである。

だが、大人たちの多くはユダヤ教をそれなりに大切に考えていた。自分の子どもを、ユダヤ教批判を展開する学校には送りたくなかったのだ。ロシア語学校も反宗教を掲げていたものの、矛先はキリスト教に向けられ、ユダヤ教への攻撃は控えめだった。

共産党の反ブルジョワ政策によって、ユダヤ人の伝統的職業は先細りになり、生活のために大都市に移住せざるをえない流れは決定的となった。一九三九年までに、ユダヤ人の約四〇%がユダヤ人定住区域を去ってロシア内地、さらには中央アジアの諸都市などに移住した。一九二六年の調査で、ユダヤ人のうち七〇%が日常語はイディッシュ語（その他はおもにロシア語）と答えていたのに対して、三九年には五五%のユダヤ人がロシア語と答えた。

時限つき親ユダヤ主義

スターリンの強引な政策によってさまざまな軋轢が生まれた一九三〇年代には、統制、そして粛清が吹き荒れるようになった。ロシア人は「対等な諸民族のなかの第一人者」とされ、各民族がロシア人に倣うべきだとする方向性が強まった。

共産党が推進したはずのイディッシュ世界は、いまや「ブルジョワ民族主義者」の温床との目を向けられるようになっていた。イェフセクツィアは解散し、その中心人物たち、さらにはユダヤ自治州の中心人物さえ逮捕され、なかには粛清された者も少なくなかった。フルムキンもカザフスタンの強制労働収容所で最期を迎えている。

しかし、第二次世界大戦が始まると、ユダヤ人への締めつけはいったん緩和される。ソ連当局は、ユダヤ人を「金づる」と見ていた節があり、経済が悪化するとユダヤ人を懐柔するパターンが見られた。ただし、ソ連のユダヤ人に直接たかったわけではなく、アメリカとつながる梃子にしようとしたのだ。

ユダヤ人差別というと、ユダヤ人を蔑む方向性にばかり注目が集まりがちだが、差別とは必ずしも蔑むことだけを意味するのではない。あるカテゴリの人びとが一様に同じ性質を持つことを、当事者一人ひとりの固有性を無視して決めつけることに差別の基礎がある。そこに蔑みを込めれば典型的な差別となる。しかし、褒めたつもりでも、社会のなかで選択肢が限られた者に対して、特定の役割に押し込める方向で勝手な決めつけを行うのであれば、典型的な差別と本質は変わらないことになる。例えば、ある人が女性だからというだけで子育てに長けているとか料理がうまいと決めつけることが差別と見なされるのは、このためである。

ユダヤ人を一様に称揚したり、つながるとよいことがあるのではないかと勝手に考えたりする思考は一般に親ユダヤ主義と呼ばれるが、反ユダヤ主義と根は同じなのだ。

第二次世界大戦時、ソ連はアメリカからの支援を欲していた。第4章で触れたユダヤ人反ファシスト委員会は、ソ連内のユダヤ人を懐柔すれば、アメリカのユダヤ人が親ソ連的になり、アメリカ政府を動かしてくれるだろうとの発想に基づいていた。アメリカにおけるユダヤ人の力を過大視するところも、いかにも偏見だった。

ところが、大戦に勝利すると、当局は再び手のひらを返した。アメリカとのつながりを期待して懐柔したにもかかわらず、冷戦が開始したこともあり、今度は、ユダヤ人はアメリカとつながっていて怪しいと見るようになった。反ファシスト委員会は一九四八年に解散させられたうえに主要委員は逮捕された。

ソ連は公式的には反ユダヤ主義を禁止している。そこで、「反コスモポリタニズム・キャンペーン」と呼ばれる政策を張ることになった。建前としては、根無し草でソ連への愛国心がない知識人を締め出すというものだった。これにより、多くのユダヤ人の文化人や経済学者、さらにはスポーツ選手が立場を追われた。

ただし、ソ連史研究の長尾広視《ながおひろし》によると、「コスモポリタン」という語は、冷戦下でのアメリカ資本の世界的浸透への警戒も反映しており、他の民族に関しても、汎イスラーム主義などが同様にやり玉に挙げられていた。帝政期から残る反ユダヤ主義とソ連的な世界観が組み合わさった、あるいは混在した現象ともいえるだろう。

一九五三年にスターリンが死去すると、後継の第一書記ニキータ・フルシチョフは、五六年のスターリン批判に先駆けて、五五年に「コスモポリタン」のかどで追放された文化人を復帰させた。

ソ連領内でも甚大な被害を出したホロコーストに関しては、ポグロムの記憶と同様、ユダヤ人の被害を強調することは民族融和に逆行するとして、西側諸国のようなユダヤ人迫害としての記憶は抑えられ、ソ連国民がみな苦しみ、また一丸となってファシズムと戦ったという「大祖国戦争」の記憶に包摂された。ソ連全体でも二六六〇万人が独ソ戦で死亡しており、ユダヤ人の被害ばかりを強調することがはばかられる状況があったのも確かだ。

異論派と出国運動

一九六四年にレオニード・ブレジネフに書記長がかわると再び体制は硬直化していった。フルシチョフが演出した「雪解け」（一時的な締めつけ緩和）を経験した知識人の一部は、自家出版（サミズダート）を使いながら体制に異論を唱えることになった。

この異論派知識人にはユダヤ人も多く含まれていた。ベンジャミン・ネーサンズによると、彼らはソ連を全否定せず、ソ連の理念に沿って現状を批判するという論法を取った。いわば、「国の法」で国を批判したのだ。

具体的には「人権」という概念である。一九二四年の憲法では労働者と農民にしか十全な人権がないとされたが、スターリン憲法ではすべての市民に人権があるとされた。ところが、いま人権が蹂躙《じゅうりん》されている、というわけだ。当局も、この正論に対して当初は正面切って弾圧することはできなかった。

そして、この「人権」は移動の自由とも結びつけられた。ソ連の厳しい出国制限は人権侵害だ、というのである。これはアメリカなどの知識人の琴線にも触れ、国際的な運動となる。アメリカ人は、ついにソ連でも西側の正義を認める動きが生まれたかと高揚した。もっとも、実際にアメリカに渡ったソ連人はそのような捉え方に当惑した。彼ら自身は西側の真似をしたつもりはなく、ソ連で発展した人権概念を踏まえたにすぎなかったからだ。

ソ連とアメリカの双方で運動家にユダヤ人が多かったこともあり、再びソ連はそのつながりを活用することを考えるようにもなっていた。経済が行き詰まっていくなかで、西側からの支援がどうしても欲しかったソ連は、限定的ではあるが、出国を認めていく。

同様の動きは、イスラエルへの出国運動にも拡大した。

一九四八年のイスラエル独立宣言時は、アメリカによる承認の直後にソ連も承認していた。イスラエル建国が、中東でのイギリスの影響力を挫《くじ》くと考えたからだった。ところが、一九六七年の第三次中東戦争でイスラエルがソ連の支援するアラブ連合軍に大勝すると、面子《メンツ》を潰されたソ連は一気に反イスラエルの急先鋒となる。ソ連内では反イスラエルの言論が溢れていった。「ユダヤ人の世界支配」のような陰謀論に類似した反ユダヤ主義と見分けがつかないこともあった。

一方、イスラエルの大勝は、ソ連のユダヤ人の一部に高揚感をもたらした。彼らの文化はロシア人と変わらなかったが、国内パスポートの民族の欄にユダヤ人と書かれており、「ユダヤ人」が半ば「人種」化したなか、ユダヤ人としての意識をどこかに持ち続けてもいた。

一九四九年にモスクワに生まれ、モスクワ大学で経済学を講じていたユーリー・シュテルンは、一九八一年にイスラエルに渡り、イスラエルの右派政党の議員になったのち早世した。死後出版された回想のなかで、シオニストとなり、イスラエルに渡った動機を語っている。

私はユダヤ教の基礎知識をそれほど持たない。…私は教育によって自身のユダヤ性に到達したのではなく、ゲームのルールに縛られたくないという欲求によってであった。そのゲームでは、自分自身であること、自身が帰属する伝統や文化を知ることへの基本的な権利、同胞が暮らす国と連帯する権利を奪われていた。…ソヴィエトの反ユダヤ主義とイスラエルへの中傷が増すにしたがって、自然と、ユダヤ的なテーマは一層強く響くようになったが、私にとって、それは何より、市民権のテーマであった。…あらゆる不公正への反抗である。（Штерн, Юрий, Юрина книга: воспоминания, стихи, интервью, Родные и друзья о Юрии Штерне, Иерусалим: Гешарим, 2008, 85, 143）

先に述べた異論派の言葉遣いを彼の回想から読み取ることができる。シュテルンは、ソ連社会の性質と組み合わさり、また反発し合いながら、シオニズムに到達したのだった。

ソ連最後の書記長ミハイル・ゴルバチョフ（一九八五年就任）が始めたペレストロイカは、ついに出国制限の大幅緩和に向かった。経済の混乱と相まって、とりわけ一九八九年以降、ソ連のユダヤ人の、ロシア帝国末期以来の大移動が始まった。この結果、今日では旧ソ連地域のユダヤ人口は二〇万人程度にまで激減した一方、一二〇万人のユダヤ人がものの十数年のあいだに押し寄せたイスラエルの趨勢に大きな影響を与えることになる。

2　パレスチナとイスラエル――「ネーション」への同化

社会主義シオニズム

第4章で見た背景からパレスチナにユダヤ人の民族的拠点を打ち立てるべく乗り込んだ者の多くは、社会主義シオニズムを掲げていた。シオニズムのようなナショナリズムとマルクス主義は、一般に矛盾するとされる。マルクスによればナショナリズムは問題の本質から労働者の目を逸《そ》らすためのまやかしだからだ。

だが、東欧では、言語も宗教も多様であり、一部に民族意識も発展しつつあった。そうした実態を無視して画一化することはあまりに非現実的だった。ユダヤ人以外でもナショナリズムと社会主義が結びついた例は多く、一九世紀末から隣国で影響力があったオーストリア・マルクス主義では民族自治論が提唱されていた。

社会主義シオニズムの理論家ベール・ボロホフ（一八八一―一九一七年）は、ユダヤ人は固有の土地を持たない限り、階級闘争を行ううえで不利になると訴えた。もっとも、なぜパ

図5－2　1901年のシオニスト会議の招待状に描かれていたエフライム・リリエンによる絵　ゲットーのユダヤ人とパレスチナを耕すユダヤ農夫が対比して描かれる

レスチナでなければならないか、ボロホフの説明は要領を得ない。社会主義シオニストはかなり世俗的だったので、ユダヤ教に根拠を求めることは控えた。ユダヤ人のあいだでの素朴な感覚として、あえてユダヤ人が戻るとすれば、古代に縁のあったパレスチナだということだったのだろう。

言語については、シオニストはヘブライ語化を進めた。イディッシュ語を暗黒時代の混合言語と忌み嫌っていたからだ。

ブンドと異なり、一九六九年に首相になったゴルダ・メイルを除いて東欧系のシオニストのなかから女性指導者はあまり生まれなかった。それでも、社会主義らしく、男女平等に対する意識は高かった。一九〇九年に初めて設置されたキブツ（「集団」

の意）と呼ばれる、シオニスト共産主義集団農場がある。当時のキブツは、私有財産をほとんど認めなかった。また男女平等を徹底し、子どもは「子どもの家」に入れて集団で育てる体制を整えた。

もっとも、ユダヤ移民研究のグル・アルロエイによると、こうした理想と重ねられがちだった二〇世紀初頭のシオニスト移民にあっても、実際には経済的動機で移民した者は多かった。第4章で見たロシア東欧地域での貧困を背景に、渡航費用が北米行きよりかなり安価だったパレスチナは選択肢の一つだったのだ。

シオニズムとジェンダー

シオニスト社会におけるジェンダー観は、社会主義イデオロギーのみならず、ユダヤ人の歴史的環境にも影響されていた。

オーストリア・ハンガリー帝国下のブダペストに生まれ、ドイツ語圏で文明批評家として活躍したコスモポリタンなユダヤ人マックス・ノルダウ（一八四九–一九二三年）は、都市化する現代文明における人間の堕落を論じた。同じ視点で次第に「ユダヤ人問題」に関心を持つようになった彼は、歴史的に肉体労働を避けてきたユダヤ人こそが発育不良となり、それが精神も病ませ、最も堕落していると考えるようになった。

ノルダウは、その対処として一九〇一年のシオニスト会議で、「筋肉質のユダヤ人」をつくらなければならないと訴えた。とくに「東方ユダヤ人」は貧困状態のなか、無教養で伝統に縛られており、彼らこそ、パレスチナの地で再生されなければならない、と。

伝統的なユダヤ社会において、タルムードに精通していることこそが男らしさだった。だが、そのような「ひ弱な」状態ゆえにユダヤ人は蔑まれ、またユダヤ人自身も貧困に苦しんできたというのがノルダウの診断だ。同時代のヨーロッパ思想や巷《ちまた》の言説のなかでも、ユダヤ人はしばしば否定的な意味で女性的（女々しい）存在であると揶揄されていた。農業をはじめとした肉体労働にあまり従事していないのは事実でもあった（もっとも、それは非ユダヤ人の都市民も同じはずだ）。

シオニズムがその初期から重視したものこそ、パレスチナでの農業入植だった。これにより、それまでのユダヤ人の生き方が根本的に変わり、土地とつながりながらユダヤ民族が全体的に再生していくことを見通した。それはユダヤ人に対する差別が反転した意識だった。

一般に、二〇世紀前半の男女平等思想の限界は、女性のほうが男性に合わせる建て付けになっていることにある。工場で働いたり兵士になったりして男性のようになって初めて女性も対等な存在になることができるとフェミニスト自身が考えることもあった。

こうしたなかでシオニズムでは、女性的とされてきたユダヤ人を全体として男性的な「新しいユダヤ人」に変革し、そのなかでさらに男女平等を目指すという、アクロバティックな変革が目指されていた。それは、差別と貧困に苦しむユダヤ人男性にとっては新たな可能性に見えたし、ユダヤ人女性にとっても、伝統的な男性支配を丸ごと棄却したうえで、あらためて男女平等な社会をともに築く第一歩であるように思えた。マイノリティにおけるジェンダー状況がえてしてマジョリティにおけるそれと異なるなかでも、シオニストの例は珍しいパターンだった。

結局はソ連の場合と同様、キブツでさえ、女性が家事や育児といった「女性的」な役割を背負わされることは少なくなかった。それでも、民族再生事業に母としても農民としても貢献できる充実感が伴っていた。シオニスト社会が女性にとっても誇れるものであることが、例えば先に言及したメイルのシオニズムに対する確信につながっていた。

イスラエル建国前から、ユダヤ人の自衛組織や地下軍事組織がパレスチナのシオニスト社会では作られていた。女性も少なからず入隊し、男性との平等をできるだけ実現しようと努めていた。ただ、現実の戦場では、女性は補助的な役割にとどまる場合が多く、かえって不平等を突き付けられることもあった。

それでも、第二次世界大戦時には四〇〇〇名の女性が、パレスチナを統治したイギリス軍の志願兵となった。そしてイスラエル独立宣言の翌日に始まった第一次中東戦争にもイスラエル国防軍として多くの女性が従軍している。現在でもイスラエルでは原則的には男性が二年八か月、女性は二年兵役に就く。

初期の先住民との関係

このように理念が先行しがちだったシオニストに、パレスチナの現実はどのように映っていたのか。先住のアラブ人の存在は確かに目に入ってはいた。問題は、シオニストの色眼鏡を通してしかそれを認識できなかったことである。

シオニスト自身は、伝統的なアラブ農民になかば憧れてもいた。彼らこそ、耕すことでパレスチナの大地とつながり、健康的な生活を送る理想だったからだ。なかにはアラブ農民の格好を真似るシオニストもいた。

第一次世界大戦終結(一九一八年)までのパレスチナはオスマン帝国の一部であり、聖地管理のため帝国が直轄したエルサレムを除くと、シリアやレバノンなどと同じ行政単位に入っていた。シオニスト自身は、強引にパレスチナに侵入したわけではなく、土地をアラブ人から購入して入植していた。

だが問題は、土地を売ったのが、シリアやレバノンにいる不在地主だったことである。不在地主は、パレスチナの小作農に土地を貸していた。代々土地を耕してきた小作農は、それをシオニストに引き渡すことで失業することになった。

オスマン法上は合法的であったにせよ、実際問題としては、パレスチナに入植していくユダヤ人は、一般的な移民としてではなく、この土地の主人の顔をして乗り込んでいた。また、アラブ人よりも自分たちのほうがこの土地をうまく開発でき、それはアラブ人にもメリットになるともアピールしていた。その意味で、典型的なヨーロッパの植民地主義者だった。「進んだ西洋」に「遅れた東洋」を対置する思考をオリエンタリズムと呼ぶ。

それでも、二〇世紀初頭の段階のシオニストは、一帯の排他的所有までを考えていたわけではなかった。一九世紀後半からある程度民族自治が認められるようになったオーストリア・ハンガリー帝国のような形で、あるいはまさにオスマン帝国のミッレト制のように、非ユダヤ人もパレスチナで共存し続けるものと考えていた。それゆえ、オスマン帝国時代は、ローカルな単位で若干のいざこざや暴力事件があったにしても、基本的には、少なくとも今から見れば牧歌的に時間は過ぎていた。

人口も、ユダヤ人（アラブのユダヤ教徒含む）の人口は、シオニズム開始時の一八八二年の時点は二・四万人で、ムスリムとキリスト教徒が合わせて二八万人だった。一九一四年の時点でも非ユダヤ人の六〇万人に対し、ユダヤ人は九・四万人にすぎなかった。

農業初心者のユダヤ人にとって低賃金の農業入植には困難が多く、それ以外にユダヤ移民が成功しやすい業種や産業が少なかったため、ユダヤ人口は三十余年のあいだに七万人しか増えなかったのだ。先述のアルロエイによると、港町でくすぶったのち、さらに北米などに再移民する者も少なくなかった。

なお、「アラブ人」とは「アラビア語を話す者」という意味であるので、元来ユダヤ教徒も含んでいた。その点で、「ユダヤ教徒」と「ユダヤ民族」の両方を意味する「ユダヤ人」と横並びで語ることは本来できない。それをそう語れるかのように錯覚させていったのが、もっぱらヨーロッパ発の「民族（ネーション）」概念にしか関心を持たなかったシオニストの色眼鏡である。ただ、それに沿って紛争が展開していくうちに、当のアラブ人もそのように認識せざるをえなくなっていったのも事実だ。そのため、本書でこれ以降「アラブ人」と書く場合は、ユダヤ人を除いたそれを意味する。

アラブ人との対立激化

さらに事態が動いていくのは第一次世界大戦の前後である。オスマン帝国はドイツなどとともに英仏露（のちに露のかわりに米）と対決することになった。イギリスは、オスマン帝国との戦いを優位に進めるために、一九一五年にメッカの太守とのあいだでフサイン・マクマホン協定を結んでオスマン帝国のアラブ地域の独立を支援する約束をした。ところが、ユダヤ人からも協力を引き出すため、一九一七年にバルフォア宣言を発し、パレスチナにユダヤ人の「民族的故郷」（「国家」とはいっていない）をつくることも支持したのである。

さらにイギリスは、オスマン帝国解体後の勢力圏をフランスやロシアと山分けすべくサイクス・ピコ協定を一九一六年に締結した。パレスチナや現在のヨルダンやイラクではイギリスが、シリアやレバノンではフランスが優越することが確認された。現在のトルコ東部を約束されたロシアは革命後に離脱し、この秘密協定を暴露した。以上はイギリスの三枚舌外交と呼ばれる。

一九一八年、オスマン帝国は敗戦する。サイクス・ピコ協定どおりに、パレスチナはイギリス軍が駐留を続け、一九二二年には国際連盟から統治を委任されたという形で正式にイギリス政府が統治を開始した。イギリスはエルサレムの聖地に若干の関心を持つ以外は、基本的には地中海からインドに抜ける紅海ルートやイラクの石油利権の確保に興味を持っていた。ゆえに、イギリスにとっては、統治コストをかけずに平穏が保たれることがパレスチナにおけるもっぱらの関心事だった。

だが一九二〇年代から、パレスチナでは「民族対立」という構図が次第に浮き彫りになっていく。一九二〇年四月と一九二一年五月に立て続けにエルサレムやヤーファー（現在のテルアビブの南部の港町）でシオニストに対する反乱が発生した。シオニストが次々に流入し、イギリスが一向にアラブ独立に舵《かじ》を切らないなかでの不満が爆発したのだ。

これらの背景は、ユダヤ人がいわれなき暴力の餌食になったロシア東欧でのポグロムとは大きく異なっていた。むしろ反植民地闘争の側面が強かった。実際に暴力の対象になったのは、シオニスト入植前からパレスチナに暮らしていたアラブのユダヤ教徒である場合が少なくなかったため、ターゲットの選択の杜撰さだけは、ポグロムに似ていたかもしれない。

ところが、シオニストはこれらを全体として「ポグロム」という言葉で表現した。しかも（ムスリムの）宗教的な祭りを契機に開始したことや当局が十分な対処を行わなかったことを指して、東欧でのポグロムと同じであると喧伝した。

もちろん、自らを被害者の立場に置くことで自らの正義を訴えるという打算は多少なりともあったかもしれない。だが、まさに旧ロシア帝国では内戦期のポグロムが吹き荒れていた時期であり、ユダヤ世界にそのことは知れ渡っていた。合法的にパレスチナに入植しているとシオニストは考えていたから、ユダヤ人が再びいわれなき暴力の餌食になったと考えたのだ。

このような認識は、さらなるすれ違いを呼ぶことになった。土地を奪われた、もしくはこれから奪われていくことに対するアラブ人の苦悩や恐怖に対して、シオニストはこの初期の時点から無頓着になってしまったのである。アラブ人との対話や交渉の努力がまったく行われなかったわけではないにせよ、以降、紛争の原因をめぐって大きな溝が発生していったことは、紛争の解決をより一層困難にした。

もし東欧でポグロムが起きていなければ、展開は大きく違っていただろう。そもそもシオニズムも盛り上がらなかったはずだ。起きてしまったポグロムに対する東欧諸国や国際社会のケアがほぼ皆無だったことも忘れてはならない。ポグロム被害者を救ったのはユダヤ人の諸組織だった。ユダヤ人のことはユダヤ人自身で守る以外にないという自助・自衛の精神が高まるのは不可避だっただろう。すでにホロコーストの前の段階で、ヨーロッパでのユダヤ人迫害は別の地域に暗い影を落とし始めていたのである。

決裂

一九二九年にさらに大規模な暴力事件（「嘆きの壁事件」）が起きると、一九三六年から三九年にかけて、アラブ大反乱と呼ばれる、イギリス政府に対するものを含めた抵抗運動が吹き荒れた。

イギリスは住民交換を含めた土地の分割を検討しながら、現地の多数派であるアラブ人の声を受け、ユダヤ人の入境制限を引き上げていった。しかし完全に停止したわけではなかった点でアラブ人は不満だった。他方、ヨーロッパの状況が逼迫《ひっぱく》しており、一九二四年にアメリカがほとんど移民を受け入れなくなるなか、シオニストは大いに反発した。シオニストの過激派は地下軍事組織をつくり、イギリス政府に対するテロを繰り返した。

のちにイスラエルの首相になる、ブレスト（現ベラルーシ）に生まれポーランド文化圏で育ったメナヘム・ベギンも、その一つイルグン・ツヴァイ・レウミというシオニスト右派の組織の指導者であった。同組織は一九四六年に、イギリス司令部が入っていたエルサレムのキング・デイヴィッド・ホテルを爆破する事件を起こした。

このシオニスト右派のテロ組織は、「修正主義シオニズム」と呼ばれる流れから派生した。修正主義シオニズムは、ウクライナのオデーサに生まれたヴラディーミル・ジャボティンスキー（一八八〇―一九四〇年）が一九二五年に創設した修正主義同盟に始まる。彼から見てイギリスなどに妥協を重ねる主流派は、ヘルツルが掲げた本来のシオニズムから逸脱している。本来の道に軌道「修正」すべきだとしてこうした名前をつけたのだ。

修正主義者たちは中心地を独立間もないポーランドに置き、その猛々しい独立精神に影響を受けて、東欧各地で軍国主義的な青年運動を組織した。ベギンもそこで頭角を現した。

彼らが関係した対アラブ関係の事件で最も悪名高いのが、イスラエル独立宣言の前月に発生したデイル・ヤーシーン村事件だ。エルサレム近郊にあるこの村を、イルグンなどのシオニスト地下組織が襲い、少なくともアラブ人一〇七名を虐殺したのだ。村人の記憶によると、当時、周囲はユダヤ人入植地で囲われていたが、経済的な関係は良好だった。ただ、村民たちはイギリスの統治体制に不満を持つようになり、イギリスに対する襲撃事件を起こしていた。

イギリスが対応しきれなくなるとパレスチナの問題は国連の場で協議されるようになり、一九四七年一一月に、パレスチナ分割決議が採択される。だが、パレスチナの人口の三割しか占めなかったユダヤ人に六割近くの面積の土地を与えるこの決議に対し、シオニストは賛成した一方でアラブ諸国は猛反発した。翌月に、イギリスが委任統治を四八年五月一四日一杯で終了すると宣言すると、この村に対するシオニストからの挑発が激化するようになった。村民たちも応戦したが、最終的にシオニスト民兵に虐殺されたり追放されたりした。

パレスチナ研究の金城《きんじょう》美幸《みゆき》によると、この事件は当初、彼らシオニスト地下組織によっても手柄として宣伝されており、二五〇名が犠牲になったとも報道されていた。これによりアラブ人のあいだに恐怖心が植え付けられたことが、一九四八年におけるアラブ人のパニックによる逃避の背景となる。

興味深いのは、シオニスト主流派の労働シオニスト（社会主義シオニスト）は事件の二日後にこの事件に対する非難声明を発し、その翌日にはヨルダン国王に対して謝罪を行ったことである。当時、ダヴィド・ベングリオン（一八八六―一九七三年、ロシア領ポーランド出身）率いる労働シオニストは、修正主義シオニストと以前にもまして対立していた。

ベングリオンらは、まるでデイル・ヤーシーン村事件だけが例外的にアラブ人を不当に苦しめた事件であるかのように語ることになった。だが実際には、主流派の軍事組織「ハガナー」もアラブ人追放計画を策定していた。ヘブライ文字の四つめのアルファベットから名づけられた「ダレット計画」は、一九四八年の二月から三月にかけてベングリオン周辺で検討された。全貌は明らかとなっていないが、アラブ人の村々が破壊されることになっており、デイル・ヤーシーンも対象に含まれていた。

イスラエル建国

現実は、おそらくこの計画の想定以上に大きく動いた。

一九四八年五月、イギリス委任統治の終了に合わせてベングリオンがイスラエルの独立を宣言すると、翌日からアラブ諸国とのあいだで第一次中東戦争が開始された。すでにハガナーなどで訓練を積み、士気も高かったシオニスト軍は大勝し、翌年に分割決議以上にユダヤ領が増える形で停戦となった。この停戦ラインをグリーンラインと呼び、「二国家解決」が謳われる際に想定される国境線となった。

この過程で少なくとも七〇万人のアラブ人が難民化してこのグリーンラインの外側のいわ

ゆるヨルダン川西岸地区やガザ地区、さらには隣国ヨルダンやシリア、レバノンなどに逃れた。イスラエル領に辛くも残ったアラブ人は一六万人弱で、彼らはイスラエル国籍を付与された。当時のイスラエル政府には、国際的な体面もあり、彼らについては懐柔することで他のアラブ人と分断しつつ、イスラエル国家に統合することが得策だとする判断があった。

次第に、パレスチナ地域にとどまったアラブ人とこの難民が「パレスチナ人」と呼ばれるようになった。当人たちはイスラエル建国前からそのような自己意識を持つ場合もあったが、より広範にはイスラエル建国前後の大災厄、アラビア語でいう「ナクバ」を経験したという共通性によってパレスチナ人としてのアイデンティティを高めていくことになった。

図５－３　エルサレムの超正統派の人びと　2006年

初代首相をベングリオンと

した新生イスラエルは、労働シオニズムの方針どおり、世俗的な民主国家を目指した。しかし、ヨーロッパでの苦境のなかで移民してきたユダヤ人には伝統的な者が多かったため、ラビ・ユダヤ教体制ともある程度妥協することになった。

同国は基本的には政教分離を旨とするが、ユダヤ人の婚姻についてはラビの管轄とし、安息日に公共の交通機関を止めるなど、ユダヤ教に対する配慮が公的な場でもある程度見られる。これは今日も変わらず、辛うじて国際線こそ安息日でも飛ぶようになったとはいえ、テルアビブ近郊のベングリオン空港に金曜の夕方から土曜の夕方の時間帯に降り立っても、公共の交通機関は一切ない。非ユダヤ人かユダヤ人でも世俗的な家族が迎えに来ない限りは、アラブ人が運転するタクシーが唯一の足だ。

かつてロッド空港の名で知られたこの空港は、一九七二年に二六名が殺害された日本赤軍による乱射事件の舞台としても記憶される。ユダヤ人迫害への同情やキブツなどへの関心から、初期にはイスラエルに好意的な場合もあった日本の左翼も、以下で見る一九六七年以降の展開により、批判的になっていた。

アシュケナジームとミズラヒーム

シオニズムを率いたのは東欧出身のアシュケナジームである。二〇二一年にアメリカ出身の家に生まれたナフタリ・ベネットが首相になるまで、歴代首相は全員旧ロシア帝国領の生まれ、もしくはその出身の家の生まれで、名誉職である大統領や主要な理論家・指導者にも旧ロシア帝国、とくにウクライナの出身者が多い。

当初はシオニズムから距離を置いていたスファラディームも、パレスチナでの紛争が激化するなかで「ユダヤ人」の側に巻き込まれていき、他方でユダヤ人口を増やしたかったイスラエルは中東・北アフリカ諸国からのユダヤ人を形のうえでは歓迎した。

形のうえでは、というのは、アシュケナジームは、第3章で言及した世界イスラエリット連盟よろしく、スファラディームを遅れた人びとだと考えていたからだ。スファラディームはイスラエルに移民後、「マアバラ」と呼ばれるキャンプに収容され、伝染病を疑われて殺虫剤を体中に散布される屈辱を味わうこともあった。

中東・北アフリカではさらなる変化もあった。一九五六年にモロッコとチュニジア、一九六二年にアルジェリアがそれぞれフランスから独立する。二〇世紀半ばには、それぞれ一〇万人から三〇万人のユダヤ人が暮らしていた。第3章で触れた通り、フランス統治時代に彼らの一部はフランス化するようになっていたため、独立運動のさなか、フランスの「手先」としてもユダヤ人は憎悪の対象になり、ポグロムも発生した。これを避けるため、フランス市民権を持つアルジェリアのユダヤ人の多くはフランスに移民したが（哲学者のジャック・

デリダや反移民・反人権の政治家エリック・ゼムールはアルジェリア系)、そうでなかったモロッコ系やチュニジア系はおもにイスラエルに移住した。

このほかにもイラクやイラン、トルコ、イエメン、エジプトなどからも多く流入があり、一九七〇年代までにイスラエルのユダヤ人口の半数が中東・北アフリカ系という構成になった。彼らは大きく分ければスファラディームに分類されるものの、次第に「東方系」を意味する「ミズラヒーム」と呼ばれるようになっていく。もともと西欧ユダヤ人から「東方ユダヤ人」と蔑視されていた東欧系のユダヤ人も、「東方」への蔑視はすでに内面化していた。オリエンタリズムの連鎖である。

ミズラヒームは、世俗主義者が率いたアシュケナジームと比べると宗教的だが、イスラエルにおける定番の分類としては、多くが「伝統的」との形容をアンケートでは選択する。宗教的というほどではないにせよ、ユダヤ人としての伝統的な暮らし方を保ってきたというニュアンスだ。「宗教派」や「ハレディーム」(黒服のユダヤ人をイスラエルではおもにこう呼ぶ)と答える者は、アシュケナジームにも多い。

二〇〇九年の調査では、イスラエルのユダヤ人のうち、自らを「世俗派」と答える者は最も多い四八%であり、実は過半数に至らない。「伝統派」が三二%、「宗教派」が一〇%、「ハレディーム」が九%と続く。そしてこのことが、イスラエル政治やパレスチナ人との関係をさらに複雑化している。アシュケナジームとミズラヒームは思想や習慣の次元ですれ違いがあり、それに社会的な立場の違いが組み合わさり、大きな亀裂に発展していく。

イスラエル社会におけるミズラヒーム差別の問題は一九七〇年代に脚光を浴びる。よく知られるのが、一九七一年に、アメリカのアフリカ系運動に触発されて「ブラック・パンサー」を名乗り、そこにギャングも加わった反差別運動である。彼らはエルサレムの貧困地区で育ったモロッコからの移民第二世代からなっていた。

ミズラヒーム研究を専門の一つとする臼杵《うすき》陽《あきら》によると、この運動には伏線があった。一九五九年にモロッコ系が多く集住した港町ハイファで、モロッコ系の一人が酔っ払って警察沙汰になった。警官は威嚇射撃をしただけだったが、警察がモロッコ系を殺したとの誤報が広がってしまい、それが暴動に発展したのだ。彼らがそう思い込むのには背景があった。ポーランド系移民にはすぐに住宅が支給されたにもかかわらず、モロッコ系にはなかなか支給されないなど、「人種差別」が顕在化していたのだ。

興味深いのは、そのさらなる背景に、モロッコの独立運動があった点だ。モロッコ系イスラエル人研究のシャイ・ハズカニによると、彼らがイスラエルに移民するきっかけとなったフランスに対する反人種差別＝反植民地主義運動に、モロッコ系ユダヤ人も少なからず共感しており、彼らはその想いとともにイスラエルに移民していた。彼らは、イスラエルの「ポーランド人」（ベングリオンはポーランド出身）の差別体制はファシズムであり ナチであるとさえ論難した。

ホロコーストの記憶

こうした亀裂を修復すべく、国民統合の新たな物語が求められていた。

女性も含めて肉体労働を行い、伝統的なユダヤ人のあり方を根本的に変えようとする自助主義のシオニスト社会は、ホロコーストで殺されたユダヤ人には冷淡だった。シオニストに従わず、自衛意識が欠如した先に訪れた破局であると見ていた。ホロコーストを生き延びるも、どの国も引き受けてくれなかった三三万人が建国後にイスラエルに移民したが、彼らは沈黙するしかなかった。もちろん、深い傷ゆえでもあった。

こうしたなかで、一九六一年、転機が訪れた。アウシュヴィッツでの虐殺の責任者にしてアルゼンチンに潜伏していたアドルフ・アイヒマンを、イスラエルの諜報機関モサドが捕えて秘密裏にイスラエルに移送し、裁判にかけることになったのだ。そこで世界的にホロコーストが脚光を浴びるとともに、生存者の証言によって、彼らなりに抵抗していたことなどが理解されるようになると、社会のホロコーストの捉え方も変わっていった。また、第二世代は親の経験を知りたいと思うようになった。

そして政治家も、バビロン捕囚やユダヤ戦争のような、ユダヤ民族全体の記憶としてホロコーストを位置づけることを考えるようになった。ホロコーストは教育カリキュラムに埋め込まれ、ホロコーストと直接関係しないミズラヒームの生徒も、自分事としてホロコーストを捉えるようになった。

イスラエルの社会心理学者ダニエル・バルタルによると、現在のイスラエルでは、アラブ人・アラブ諸国からの攻撃や非難を、おしなべてホロコーストのアナロジーで理解する傾向がある。ポグロムのアナロジーで現実を捉えてしまうのと同様の事態だ。この結果、シオニストの加害行為への応報さえも不当な被害として理解する思考が常態化してしまっている。バルタルはこうした認識を「概念拡張」と呼ぶ。

この認識は、二〇二三年一〇月七日にハマースがガザから越境し市民を虐殺した際にも大いに「拡張」された。そこでは、長年続くイスラエルによる抑圧への言及、さらには直後に始まる報復によるパレスチナ人の犠牲に対する懸念表明さえも忌避されることになった。

一九六七年戦争と宗教派の台頭

一九六〇年代後半になると、ミズラヒーム人口の比率が高まるのとは別に、宗教派のなかで過激なシオニストが生まれるようになった。アメリカを含む、世界的な宗教復興の流れとも連動していた。

伝統的ユダヤ教は、世俗勢力としてのシオニズムには本来は敵対的だった。そもそもパレスチナには、メシアに導かれるまで大挙して移民すべきではないと考えたからだ。ところが、一九四八年以降にイスラエルが既成事実化すると、既存の国家権力には盾突《たてつ》かない、つまり「国の法は法なり」という伝統的な姿勢が再始動することになった。

そして、現代イスラエル史において大きな転機となるのが一九六七年の第三次中東戦争でのイスラエルの大勝である。この結果、イスラエルは、それまでそれぞれヨルダン、エジプト、シリアが統治していたヨルダン川西岸、ガザ、ゴラン高原を占領し、さらにシナイ半島までエジプトから奪った。虐げられたのちに共産主義の理想に沿ってつくられた国家というイメージはこれ以降消えていくことになり、一部の共産主義者からの共感も失っていった。アラブ連合軍を支援したソ連の面子を潰したことで、国際政治の次元でもそれは決定的になった。

だがこの大勝は世界のユダヤ人の一部の宗教心を大いにくすぐった。神の何らかの意思の表れなのではないか、というわけだ。グシュ・エムニーム（「信者たちの塊」の意）という強硬な宗教シオニスト組織がこの時期に生まれ、西岸やガザの占領地にユダヤ人の入植地を建設していった。

宗教シオニズムとは、ユダヤ教によってシオニズムを正当化する思想である。二〇世紀の初頭にその方向性を掲げる運動は生まれ、パレスチナに入植することが、メシアの到来を早めるとの教義を掲げるようになった。ユダヤ教からは、ユダヤ人がパレスチナを排他的に所有しなければならないとの教義は生まれないはずだが、現在の宗教シオニストは、イスラエルの政権にも参画しながら、パレスチナ人の追放を公言してはばからない。

政権交代と経済自由化

こうした社会の変化のなかで、社会主義シオニズムを掲げ、建国来政治を率いてきた労働党への支持率は低下していく。

ミズラヒームは、エスタブリッシュメントとしての労働党への不満から対抗馬としてのリクードを支持した。同党は修正主義を源流とする自由主義的な世俗右派であり、もともと大イスラエル主義を掲げ、西岸・ガザ・ゴラン高原を含めてユダヤ人国家にすべきだと訴えていた。伝統的ユダヤ教にも寛容だったから、宗教右派とも相性がよい。

こうして、一九七七年に初めての政権交代が起こり、いまやリクード党首となっていたベギンが首相に就任する。途中で二年間労働党にかわったほかは、一九九二年までリクードが、宗教政党などと連立を組みながら政権を運営した。もっとも、大イスラエル主義を背景とした入植地拡大一辺倒ではなく、アメリカの仲介により一九七九年に最大の敵国エジプトと平和条約を結び、国家安全保障を確保しつつ、パレスチナ人をアラブ諸国から切り離して孤立させる戦略を推し進めてもいった。

イスラエルはいわゆる社会主義国家にはならなかったが、国営企業のプレゼンスは高く、労働組合も強かった。しかし経済が行き詰まりを見せるなかでリクードが政権に就いたことで、一九八〇年代半ばから経済の自由化が進んだ。

その一方で、一九六七年からの占領が長期化したことで、占領下のパレスチナ人の苦境は強まっていた。西岸・ガザはイスラエル経済に安価な労働力を提供し、イスラエル産品を購入する事実上の植民地にもなっていた。パレスチナ人の伝統的支配層がこれを変えられないなか、相互扶助組織としてのイスラーム系組織が台頭するようになった。ハマースもそこに起源を持つ。彼らが主体となって一九八七年にインティファーダ（蜂起）が起こると、世界中からイスラエルに対する批判が集まった。

イスラエル経済が自由化してグローバル経済とつながっていくと、こうした紛争は不安定要因として海外からの投資を止め、経済の足かせに感じられるようになっていく。イスラエルの財界は和平を望んだ。一九九二年にリクードから辛うじて政権を奪取した労働党のラビン首相は、和平を実現することによる支持の安定化を図った。

オスロ合意の外の非合意

パレスチナ人のあいだでも、ヤーセル・アラファート率いる伝統的支配層は、イスラーム系新興組織の台頭に危機感を募らせていた。アラファートは湾岸戦争（一九九〇－九一年）の際にパレスチナ人に人気のあったサッダーム・フセインを支持したことで大口支援者のアメリカや湾岸諸国の不興を買っており、その挽回《ばんかい》も必要だった。

こうしてイスラエルとパレスチナの時の支配層同士の利害が一致したことで、当初はノルウェー、次いでアメリカの仲介のもと、一九九三年にオスロ合意が結ばれた。西岸とガザが将来のパレスチナ国家になる見通しがつけられたように感じられたため、当時の世界はこれを大いに歓迎した。

だが、そこで支配層同士以外の利害が一致していなかったことは見落とされていた。大イスラエル主義者や宗教シオニストは、パレスチナ人への無用な妥協としてラビンを非難した。ハマースなどのイスラーム組織やパレスチナの共産主義者もまた、パレスチナ人の譲歩があまりに大きく（確かに「自治」の名に値しない暫定自治合意だった）、難民問題やエルサレムの地位問題がまったく解決されていないことに抗議した。こうして、ものの数年のうちに暴力対立はむしろ激化し、オスロ合意は形骸化していった。

一九九四年に西岸のヘブロンのモスクで宗教右派シオニストが銃乱射テロを起こすと、ハマースなどによるイスラエル市民をターゲットとしたテロが相次いだ。一九九五年、ラビンはイエメン系宗教右派のユダヤ青年に暗殺される。

西岸やガザの経済も国境管理もともにイスラエルが握る状態は変わらないままパレスチナ人への締めつけは強化され、しかも（テロ対策には明らかに逆行する）入植地が拡大していくといういびつさはむしろ増大した。一部のパレスチナ人の武装闘争路線は続くことになるが、屈辱を耐え忍び、肉親を殺害される哀しみに暮れるパレスチナ人もまた急増していく。

その後も経済が好調で、自前の軍事力の増強を続けるイスラエルは、アメリカを含む国際社会からの苦言にはますます耳を貸さなくなっていった。

ソ連からのアシスト

一九八九年に本格的に始まったソ連からイスラエルへの大移民の結果、二〇〇〇年代初頭までにイスラエルのユダヤ人口の二割が旧ソ連出身者となった。彼らの存在は、二つの点で同国のパレスチナに対する強硬姿勢を強化する方向に働いた。

まず、旧ソ連系移民は、おしなべて右派政党を支持した。すでに社会主義には十分に幻滅していたし、ソ連で喧伝されていた反シオニズムもいつものプロパガンダだと見ていた。そして、ミズラヒーム同様、イスラエルのエスタブリッシュメントへの不満もあった。旧ソ連系は高学歴で、医者や技術者が多かったが、イスラエルの公用語となったヘブライ語ができないばかりに低賃金労働に甘んじていたのだ。

しかも彼らは強硬策をむしろ積極的に支持した。ソ連人として、彼らは各民族が本拠地を持ち、そこでは民族自決権が優先されることを当然視していた。カザフ人がカザフ共和国で優先されるように、イスラエルではユダヤ人が優先されるのが当然であり、十全な権利が欲しいアラブ人はアラブ諸国に行けばよいではないか、というわけである。

また、ソ連崩壊直後から始まる、ムスリムであるチェチェン人による独立闘争も、ムスリムは野蛮で危険だという偏見を助長した。もともとソ連のなかで文明的存在としての自負を持っていた彼らは、移民後もチェチェン人とパレスチナ人を重ね合わせ、ロシアのプーチン大統領が前者に行ったような強硬策を後者に適用しようとしたのだ。

こうした政治的選好とは別に、彼らは結果的にも今日のイスラエルを支えることになった。西岸やガザの監視を効率化し、パレスチナ人のイスラエルへの侵入を防ぐためのセキュリティ技術に、高学歴な彼らは多数の人材を提供することになったからだ。この技術はイスラエルが世界からの非難をよそに外貨を稼ぐうえでの強みともなっている。パレスチナ人に対する「実戦経験」があることが売りになるという皮肉な事態も生じている。

「国の法」としての現代国際政治秩序

このように、ユダヤ人があらゆる点で我が道を行くイスラエルは、ユダヤ史のなかの例外なのだろうか。

むやみにユダヤ史やユダヤ性とイスラエルの現状を結びつけることは控えるべきだが、シオニズムそのものは、ある面で「国の法は法なり」という姿勢に基づき、ユダヤ人の集合体の維持に努めた結果だったともいえる。

シオニズムは、それまで独特な存在としてユダヤ人自身も理解していた「ユダヤ人」という存在を、宗教集団でも過去の残滓《ざんし》でもない、ドイツ人やポーランド人に匹敵する「ネーション」であると定義した点に最大の特徴がある。「ネーション」とは、国を持つ価値と能力のある民族、といった意味だ。同時代のユダヤ人の政治思潮にそうした方向性を示すものは少なくなかったが、シオニズムは最も徹底して非ユダヤ人の「ネーション」を模倣した。

もちろん、こうした姿勢に対する批判もあった。ユダヤ人はロシア東欧地域で非領域的な文化的自治を獲得することを目指すべきだとしたロシア・ユダヤ人の歴史家セミョン・ドゥブノフ(一八六〇―一九四一年)は、シオニストはユダヤ人の同化を批判しながら、その実ユダヤ人が非ユダヤ人のようなネーション、つまり、自前の領域を持つタイプのそれになることを目指す点で、結局は同化主義者であると喝破した。

ウィルソンの「十四か条」にしても、ソ連の民族政策にしても、第一次世界大戦後に確立した国際連盟（League of Nations）と少数民族条約の体制にしても、現代の国際秩序は領域的な「ネーション」を国際社会の基礎単位に据え、その次元での整合性を優先するようになっていた。そうした体制を覆すことがとてもできないマイノリティとして、むしろ「国の法」であるこの秩序に最も忠実に順応する道を選んだのがシオニストだったのだ。

それはアラブ人に対する態度にも表れている。先に言及したメイルは、一九六九年のインタビューで、「パレスチナ人などという人びとは存在しなかった」と言い放ったことがあった。パレスチナにユダヤ人以外は存在しなかったと言っているのではない。パレスチナ固有のネーションは存在せず、いるのは「アラブ民族」であって、彼らはほかにアラブの国々を持っているのだからそちらに行けばよいではないか、という発想なのだ。パレスチナの村に生まれそこを故郷と感じてきたアラブ人にはまったく無意味な論理であることはいうまでもない。

こうした論理を背景にしてシオニストやイスラエルがアラブ人／パレスチナ人に行ってきた数々の非道は糾《ただ》されなければならない。だが、それは国際政治の「国の法」に従った結果でもあった。また、ポグロムからホロコーストに至る先行する非道がその方向を後押しし、これらに対する補償と反省もきわめて不十分だった――ポグロムは忘却され、ホロコーストも西ドイツ（当時）だけが責任を負った――ことに対して、国際社会による対処はほとんど進んでいない。

3　アメリカと文化多元主義――エスニシティとは何か

アメリカ・ユダヤ人とイスラエルの微妙な関係

二〇二四年現在、イスラエルのユダヤ人口七〇〇万人超に拮抗《きっこう》する六〇〇万人程度のユダヤ人口を擁するアメリカは、最大のイスラエル支援国となっている。

だが双方のユダヤ人のあいだには微妙な緊張関係もある。イスラエル・ユダヤ人からすれば、本来イスラエルに「帰還」すべきところ異郷にとどまるアメリカ・ユダヤ人は、十全なユダヤ人になることができていない。他方、アメリカ・ユダヤ人は、自らはマイノリティの条件下で努力してユダヤ人であり続けているので、何もしなくてもユダヤ人としての地位に甘んじられるイスラエルの同胞とは一味違う。しかも、自分たちはイスラエルを支援してやっているのだ。

ユダヤ人のみならずアメリカ全体としてもイスラエルを支援する理由や背景は複数あり、何か一つが決定打であるわけではない。

軍事的な支援は、とりわけ一九七三年の中東戦争に端を発する石油危機や一九七九年のイラン・イスラーム革命を受けて、中東の安全保障に高い関心を持つようになったことに始まる。第2章で言及した福音派によるイスラエル支持や、迫害から逃れて自らの手で開拓して国をつくるというアメリカ同様の物語への親近感、さらには、とりわけ九・一一以降の「対テロ戦争」の掛け声のもと、イスラーム・テロリズムと戦う同盟相手になっていることも関係している。

アメリカの外交分野での最強のロビー団体といわれることもあるイスラエル・ロビーの存在も小さくはない。だが、中東現代政治が専門の立山良司《たてやまりょうじ》によると、その中核であるAIPAC（米イスラエル公共問題委員会）には近年陰りも見られ、二〇〇八年に、新たに「Jストリート」という団体が結成された。一応イスラエル支持を掲げているものの、個々のイスラエルの政策には批判的であることも多い。

二〇二四年現在、二〇二三年一〇月七日に始まるハマースとの戦闘（およびガザの破壊）に関し、AIPACのサイトが漠然とイスラエル支持の雰囲気を醸し出しているのに対し、Jストリートはガザでの停戦をバイデン米大統領に訴える声明を掲げている。

アメリカ・ユダヤ人は、その人口の二割がニューヨークに暮らすほか、ロサンゼルスやマイアミ、フィラデルフィア、シカゴなど、民主党の地盤である大都市に多いこともあって、長年、七割前後が民主党の大統領候補に投票してきた（なお、同じく大都市に暮らしているが、正統派のみ共和党の支持者が六割近くとなっている）。無条件にイスラエルを支援しがちな共和党に対し、民主党はある程度距離を取ることがある。二一世紀に入ってイスラエルが右傾化するにしたがい、イスラエルと距離を置くユダヤ人は増えている。

こうしたアメリカ・ユダヤ人の動向や多角化は、基本的にはアメリカの「国の法」に順応してきたことにより、彼らがどちらかといえば平均的なアメリカの都市民と同様になったことと関係している。

アメリカに渡ったユダヤ人女性と男性

一六五四年に現在のニューヨークにスファラディームが移民してから二世紀近くのあいだのユダヤ人口は非常に少なく、多少まとまった数が集まり始めたのはドイツ語圏での迫害が激化する一八二〇年頃である。一八八一年までに、おもにドイツ語圏からの移民が二五万人加わり、ユダヤ人口は三〇万人となった。

彼らはアメリカでも他のヨーロッパ系の集まりからは排除されがちで、独自に相互扶助を行った。もともとドイツ系移民が多く、ユダヤ人の文化的拠点にもなったオハイオ州シンシナティなど、さまざまな地域に分散していった。

アメリカのユダヤ人口が本格的に増えるのは、一八八一年以降ロシア帝国を中心とした東欧系ユダヤ人が大挙して押し寄せ、アメリカが東欧からの移民を大幅に制限する移民法を制定した一九二四年までのあいだである。一九二六年の調査でユダヤ人口が四〇〇万人に到達したあとは、人口はあまり増えなくなった。

第４章で見たように、東欧ではユダヤ人の伝統的職業が衰退し、貧困が深刻化した。まずは帝国内での移動を考える場合も多く、ロシア帝国の場合、伝統的にはリトアニアやベラルーシに暮らしていたユダヤ人がウクライナの南部や東部の港湾都市や工業地帯、あるいは新興の農村に移民する流れもあった。一般には迫害は移民の主因ではないとされてきたが、ロシア・ユダヤ史研究の中谷昌弘《なかたにまさひろ》は、ポグロムが吹き荒れたのがこれらの地域であったので、それがなければこれらの地域に移民したはずのユダヤ人がアメリカに行き先を変えたのではないかと指摘する。

イタリア人やギリシア人、ポーランド人、ハンガリー人などの移民は、アメリカで一定期間出稼ぎしたのちに出身地に戻るつもりだったため、男性のほうがはるかに多く移民した。年対してユダヤ人の場合、女性もヨーロッパを脱出することを望み、ほぼ同数が移民した。年

図5－4　ユダヤ人のボクサー、ルー・テンドラー（左）と「ゲットーの魔術師」と呼ばれたベニー・レナード　1923年

齢層は他の移民同様に一六歳から四五歳に集中していた。

ニューヨークのエリス島に上陸して審査と検疫を経たのち、多くはロワーイーストサイドなどの衣服産業に落ち着いた。二〇世紀初頭のニューヨーク市の衣服産業は全国既製服生産の約半分も占めていた。一九一〇年の衣服産業の約九割がユダヤ人の経営で、その労働者の七～八割がユダヤ人だった。

これら工場は「スウェットショップ」と呼ばれる過酷な条件にはあったが、東欧において貧困と伝統の縛りにあえいでいたユダヤ移民にとって、アメリカは、その消費社会しかり、明るさに満ちていた。とくに、伝統だけでなく、男性にも縛られていた女性にとって、自由の拡大幅はきわめて大きかった。

そして、教育や賃金労働がその自由に方向性を与えた。一九二五年のフィラデルフィアでは、ユダヤ人の夜間学校の生徒の実に七割が女性であり、一九三四年にニューヨークのカレッジに通う女子学生の半分以上がユダヤ人だった。ほとんどの女性は結婚するまでの数年、衣服産業で働いた。彼女らはより開かれた大工場を好んだ。家族の事業をいずれ手伝う見通しのなかではあれ、得られた賃金と、それをどのぐらい家族に入れるかを決められるという経験によって、アメリカ社会が価値を置く独立精神に触れたのである。

アメリカ社会に入ることで、男性もまたそれまでのタルムード中心のジェンダー役割から解放されるようになった。スポーツでの活躍はその典型例だ。

極端な展開としては、一九二八年までに、アメリカのボクシング界では、イタリア人やアイルランド人を差し置いてユダヤ人が最も多いエスニック集団となった。先のノルダウの指摘を一蹴する事態だ。ただし、ユダヤ人ボクサーたちは、ユダヤ人に向けられた偏見に打ち勝つためにボクシングを始めたのではなかった。端的にそれが魅力的であり、お金になったからだ。

つまり、あくまでも個人の好みによるもので、ユダヤ社会の規範が急に変わったわけではなかった。実際、ボクシングはユダヤ文化にふさわしくないとする向きもあり、ニューヨークのイディッシュ語新聞『フォワード』はボクシングについてはほとんど報じず、スポーツといえばサッカーや野球だった。

もっとも、一九四〇年代になるとユダヤ人のボクサーは減り、一九五〇年代にはほとんど姿を消すことになった。

ミドルクラスへの急上昇

それは、移民後一世代から二世代のうちに、ユダヤ人が階級上昇を遂げたからだった。もはやスウェットショップのような肉体的な苦労を伴う環境と隣合わせになることもなくなり、ホワイトカラーとして稼ぐ選択肢も拡大した。

ユダヤ人がアメリカでこれほどまでに成功を収めた背景には、第一に、ユダヤ人同士の相互扶助や仕事の紹介という、充実したソーシャル・キャピタル（社会関係資本、平たくいえば、コネ）の存在があった。先行して移民していたドイツ系とは軋轢もあったが、やはり何かと助けになった。時流にも乗った衣服産業は成功し、それがそのまま階級上昇の梃子となった。

第二に、反ユダヤ主義が同時期のヨーロッパと比べて格段に弱く、そうした道が阻まれなかったことも大きい。反ユダヤ主義が弱かった要因はおもに次の二点だ。

一つに、アメリカ社会ではアフリカ系やアジア系など、見た目からして異なる人びとが多く、彼らが社会の鬱憤のおもな受け皿になっていた。もう一つに、多くが新参者である社会であり、伝統的に地域で引き継がれてきたキリスト教的反ユダヤ主義が弱かった。地域社会における過去の対立を引きずらなかったことも、東欧におけるホロコーストまでの展開に照らすと、重要だったといえるだろう。

むしろ、「ユダヤ・キリスト教文明」という言葉が流通するようになったように、ユダヤ人とアメリカ人の多数派は同盟関係にあるとさえ考えられるようになった。中世ヨーロッパや近世ポーランドにおいて領主や貴族という限られた層としか同盟関係を結んでいなかった脆弱さはそこにはなかった。

もっとも、二〇世紀的な事態として、もし「ユダヤ人＝ボリシェヴィキ」という偏見が流通していたら、とくに赤狩りが吹き荒れた冷戦期は危険だったかもしれない。だが、ユダヤ人は革命家だというイメージが根付くほどには、アメリカでの革命運動は持続しなかった。

革命運動はなぜ退潮したか

アメリカでもユダヤ人のあいだで革命運動が盛り上がることはあった。衣服産業でユダヤ人がこき使われていたときだ。当時東欧から多くの革命家が流入しており、それが一九二〇年代の移民制限の遠因の一つにもなっていた。しかも一方通行ではなく、出版の自由があったアメリカでイディッシュ語の革命本が印刷され、その思想とともに東欧に「逆輸入」されることさえあった。

では、ロシアでは革命にまで発展した運動が、なぜ活動の自由があったアメリカでは退潮したのか。

アメリカ社会全体でも移民の増加が変化をもたらしていたなか、「革新主義」と呼ばれる改革の雰囲気が広がっていた。ただ、一八七〇年代からアメリカで盛んになる労働運動は、政治体制の転覆を視野に入れるよりは、実利的に労働環境の改善を求めていく傾向があった。ユダヤ人のあいだでも同様で、よく組織された労働組合によるストライキなどの「順法闘争」によって、待遇は確実に改善されていった。

その背景には弁護士の尽力があった。「平和協約」と呼ばれた使用者との協定は労働時間や給与を改善し、労働者に不利な契約の撤廃や環境改善、話し合いの場の設定などを取り決めた。これによって、労働者も使用者も将来の不測の事態に対する不安が解消されたのだ。こうして革命の必要性は減じられていった。

このときに活躍した弁護士にルイス・ブランダイスがいる。彼が生まれたのは、オーストリア・ハンガリー帝国下ボヘミア（現チェコ）のプラハからアメリカに移民したドイツ語系のユダヤ人の家庭だった。この移民は、ヨーロッパ各地同様にボヘミアでも起こった一八四八年革命が失敗したのちに反ユダヤ主義が激化したことを受けたものだった。

ハーバード・ロースクールを一八七七年に卒業後、ボストンで開業したブランダイスは、ユダヤ人に限らず、それまで代弁されてこなかった類の人びと、とくに大企業に飲み込まれがちな消費者や納税者、労働者の声を拾った。社会への影響を考慮した法の適用を訴える姿勢から、「人びとの弁護士」(people's attorney)と呼ばれた。

その功績から、一九一六年に当時のウィルソン大統領から、ユダヤ人として初めて、最高裁判所陪席判事にブランダイスは任命される。保守派からその革新的思想とユダヤ人であることをめぐり反対意見を出されるも僅差で選出され、二〇年にわたってその座を守り続けた。フランクリン・ローズヴェルト大統領にも信頼され、他のユダヤ系弁護士などとともにニューディール政策の策定に寄与した。そのため、同政策は反対派から「ジューディール」とも揶揄されるほどだった。

ユダヤ教のカスタマイズ

このような上昇傾向は、ユダヤ人がアメリカの価値観やルールを内面化した結果である。それにもかかわらず、ユダヤ人としてのアイデンティティやつながりは消えなかった。

確かに、イタリア人移民などと同様にほとんどが英語化してもとの言語は第一世代で廃れたし、安息日や食物規定についても厳格に守られなくなった。雑婚も進んだ。一定数がユダヤ社会からほぼ完全に離脱した。それでも、過半数はユダヤ人としての意識やシナゴーグを中心としたつながり(congregation)を維持し、二〇世紀後半にその流れはむしろ強化されていった。

それは、おもに改革派・保守派・正統派に分かれていたユダヤ教宗派同士の競争を背景に、ユダヤ教がアメリカ・ユダヤ人の価値観や現状に歩み寄ったことにもよる。

当初、多数押し寄せた東欧出身者は伝統が強く、正統派に属しがちだった。ドイツ系を中心とした改革派は一九三〇年代にはメンバーの減少傾向に入った。そこで、東欧系を取り込むために、ユダヤ教で伝統的に男子が一三歳になると行うバル・ミツヴァ（「戒律の息子」の意）という成人式のような儀式を復活させ、その他礼拝も再開した。また、シナゴーグの社会的機能を強化し、少年クラブのようなものを設置した。さらには、一八八五年に早々に表明していたシオニズムへの拒絶を一九三八年には撤回した。

一九世紀のドイツにおいて、改革派の行き過ぎに対して揺り戻しを図りつつ、最も保守的な正統派までは戻らない位置を狙う保守派も生まれていた。アメリカでは、一九五〇年代にアメリカ・ユダヤ人の状況に合わせてちょうどよい塩梅を探ることで勢力を拡大していった。礼拝中も男女は一緒に座り、ラビは英語で時宜を得たトピックについて説教を行った。

階級上昇したユダヤ人は郊外に暮らすようになっていた。シナゴーグまで歩いていくのは難しいが、例によって、ユダヤ教では安息日の車の使用は禁じられていた。そこで、保守派はシナゴーグに行く場合に限り車の利用を解禁した。また、郊外では女性がユダヤ教の祭りや社交、ボランティアなどに関わることがユダヤ・コミュニティの趨勢を大きく左右することも保守派は認識し、男性にしか許可されていなかった儀式への女性の参加を認めるようになった。

世界で初めて女性のラビが正式に任命されたのは一九三五年のドイツにおいてだった。レギナ・ヨナスというそのラビは、しかし一九四四年、アウシュヴィッツで殺害された。その後多くの女性ラビが誕生するようになったのが、ジェンダーの抜本的な見直しが行われるようになった一九七〇年代以降のアメリカだった。二一世紀に入ってからは、正統派でも女性ラビが登場している。

現在、ピュー・リサーチ・センターの調査（二〇二〇年）によると、アメリカ・ユダヤ人のうち、改革派（Reform）が三七％、保守派（Conservative）が一七％、正統派（Orthodox）が九％、その他が四％で、残りの三二％は特定の派に属さないと答えている。若い世代ほど改革派が少なく正統派が多くなる傾向があるが、これは若者の宗教回帰というよりは、正統派の出生率が高いからだろう。

こうした多様化は、ユダヤ人内部でもさまざまなあり方が許容されるようになったことの裏返しでもある。

文化多元主義と多文化主義

第二次世界大戦時の結束ののち、ベトナム戦争（一九五五―七五年）への姿勢をめぐってアメリカ社会が分裂し始めた一九六〇年代、アメリカ全体でエスニシティ（民族性）に対する捉え方は変わっていった。それまでは、主流のアングロサクソンに移民が同化するか、多様な人びとがメルティング・ポットのなかで溶け合うようにアメリカ文化が全体的に変容するかのどちらかが想定され、人びとの差異は消えていくと思われていた。

これに対して、事実として差異は残っており、またそれは望ましいものであるとする文化多元主義が唱えられるようになった。アメリカ人としての共通部分を備えつつも、それぞれ宗教や習慣、価値観といったエスニシティにおいて異なりながら、緩やかにつながり合う社会がイメージされるようになったのだ。

「文化多元主義」という言葉は、プロイセンからアメリカに移民したユダヤ系哲学者ホレイス・カレンが生みの親とされる。彼はすでに一九一五年の時点で「民主主義対メルティング・ポット」と題した論文を発表し、アメリカは諸民族のネーションであるところの民主主義だと定義した。

実は、カレンも、先の弁護士ブランダイスも、ともにシオニストであり、後者にいたっては二〇世紀前半のアメリカ・シオニズムの指導者でもあった。アメリカ人としての意識を持ち、アメリカ社会や政治に深く関わりながらも、シオニストとしてイスラエルを支援するというあり方は、この文化多元主義によって担保されていた。

文化多元主義と一見似た概念に多文化主義がある。例えば、カナダでは、フランス語が支配的なケベック州はその配慮をカナダ全体に対して求め、現在では公的文書の英仏併記が義務づけられている。そのためのコストは国全体で負担するので、ケベック州が我が道を行くというだけの話ではないところが、多文化主義の核心である。格差を埋め合わせるための富の再分配の一環に、エスニシティを含める格好だ。

他方、文化多元主義は、アメリカ国家に忠誠を誓い、その基本的価値観と法律に従う限りにおいて、個々人が好き勝手に生きることを国家は邪魔しないが補助もしないという考え方だ。原理は自由放任主義に近いといえる。格差が生じようが、それぞれ国家の枠のなかで自由に工夫すればよいと考える。

そして、この違いは、近年では多文化主義をモデルにする傾向にあるアフリカ系の権利向上運動と、文化多元主義を念頭に置くことが多いユダヤ人の姿勢が齟齬をきたすポイントにもなっている。

一九六〇年代の公民権運動までのアメリカでは、アフリカ系とユダヤ人のあいだには不遇なマイノリティ同士の共闘が存在していた。ユダヤ人の階級上昇後も、ナチの登場で再びユダヤ人の側にアフリカ系と共闘する動機が現れ、また公民権運動の際は、ユダヤ人が持つ白人としての特権を活用する動機がアフリカ系の側に生じるなど、共闘を支える条件はそれなりに存在していた。だが当時から両者のあいだには溝もあり、今日ではすっかり疎遠になってしまった。なぜか。

大学入学者「割当制」問題でのすれ違い

大学入学者数のエスニシティ別の割り当て（クォータ）という問題は、そのことを考える好例だ。

アメリカ・ユダヤ史研究の北美幸《きたみゆき》によると、一九二〇年代に、学費が無料だったニューヨーク市立大学（ニューヨーク州立大や私立のニューヨーク大とは別）の学生の八割から九割がユダヤ人だったことを筆頭に、一九世紀末以降に流入した移民の子どもが大学に入る年齢になった頃、東海岸の大学のユダヤ人学生数は急増した。

文化・習慣がかなり違う正統派ユダヤ教徒が多かったこともあり、白人社交クラブの側面を持っていた大学は、彼らが増えすぎることに難色を示し始めた。その結果、ハーバードやコロンビアといった名門大学でユダヤ人入学者の制限を行うようになった。といっても、ロシア帝国のように公然と制限したのではなく、秘密裏だった。しかし、ある年からユダヤ人学生の数が半減していたりするなど、この「割当制」はすぐに「公然の秘密」となった。

これに対してユダヤ社会は、エスニックな差異を考慮すべきではないとして「割当制」撤廃運動を展開した。一九四〇年代終わりには、ようやく「割当制」は数字上検出できなくなった。また、ユダヤ人が安心して入学できる世俗的な大学として、先のブランダイスの名を冠したブランダイス大学が、一九四八年、ボストン近郊にユダヤ人の出資により設立された。

一方、一九六四年の公民権法制定後、アフリカ系に対する差別是正が全米で懸案となっていった。差別を積極的に是正していくという、アファーマティヴ・アクションの登場である。そして、大学においても「割当制」が復活することになった。もっとも、今度は逆方向、つまり、特定のエスニシティの学生を増やすための割り当てである。ただ、入学定員自体が増えるわけではないため、事実上それ以外のエスニシティへの若干の制限となる。

一九七〇年代にこれに関連して行われた裁判で、この「割当制」に対して、ユダヤ系の団体はこぞって反対を表明した。北が示すように、ユダヤ人がたどった歴史的経緯によってこの反対意見が出たのである。エスニックな差を考慮すべきでないと主張してきた以上、エスニックな差に応じて枠を設けるべきだという主張は承服しがたいからだ。

加えて、移民して以来、ユダヤ教を媒介に助け合いながら上昇していったという自負を持つアメリカ・ユダヤ人には、集団に対して公的補助をつけるという多文化主義的考え方が納得しにくいところもあっただろう。

ユダヤ人とアフリカ系の現在地

ただ、ユダヤ人とアフリカ系アメリカ人を同じ土俵で比較することには注意が必要だ。貧困や迫害のゆえとはいえ、望んでやってきたアメリカにおいてユダヤ人は大きな差別に阻まれることなく一世代で階級上昇し、「白人」と同等に扱われてきた。彼らは望んでユダヤ文化を守り、望んでユダヤ人という集合性とつながり続けてきた。それがソーシャル・キャピタルとなり、政府の支援の必要なくコミュニティを維持する原資となる好循環のなかにいる。

これに対し、アフリカ系アメリカ人が直面する課題は、強制移住を伴う奴隷制以来続いてきた差別と貧困、そしてそれゆえの教育の不足と経済的低迷という悪循環だ。アフリカ系文化を守ることは必ずしも第一の目的ではない。アフリカ系を排他的にまとめてソーシャル・キャピタルを作り出す宗教があるわけでもない。そもそも「アフリカ系」という大雑把な括り自体が、少なくとも奴隷として不本意に連行されてきた時点では自ら望んだ括りではなかった。その一方で、たとえ白人への同化を望んでも、それが叶《かな》わない現実がある。

実はかつてアフリカ系アメリカ人のあいだで、アフリカに帰還しようという「ブラック・

シオニズム」という運動があった。例えば二〇世紀前半、ジャマイカ生まれのマーカス・ガーヴェイ（一八八七―一九四〇年）は、アメリカに全世界黒人改善協会をつくり、アメリカを超えて活動していった。公民権運動のきっかけとなったバスボイコット運動の主人公ローザ・パークスの母親や、「ネーション・オブ・イスラム」の指導者マルコム・Xの父親も、このガーヴェイの運動に関わっていた。

ユダヤ人の歴史から想像してみよう。

かつて東欧でシオニズムが盛んになったのも、差別と貧困という袋小路のゆえだった。シオニズムはその後の凄惨な歴史の結果成就し、ユダヤ人はアメリカというもう一つの選択肢にも恵まれた。だが、アフリカ系アメリカ人には、シオニズムが成就するほどの歴史的機運は訪れなかったし、ユダヤ人にとってのアメリカがないのである。

むすび

世界史上の大きな出来事の現場にユダヤ人はしばしば居合わせている。そうした現象の表層にだけ囚われると、ユダヤ人が裏で手を引いているのではないか、という陰謀論が語られる。

だが、ユダヤ人の特性が活かせる「組み合わせ」を探求し続けたのがユダヤ人の歴史であることを鑑みれば、そのような神出鬼没ぶりは決して不自然なことではない。長らく安定し、さらにいえば停滞しているところに新参者がうまく組み合わさるチャンスはない。ダイナミックに動き続ける場所にこそ、ユダヤ人ははまりやすい。

序章で掲げた「主体か構造か」という問題に照らせば、本書で追ってきた歴史において、マイノリティとしてのユダヤ人は圧倒的な構造を前に黙ってそれに従うのではなく、構造を理解し、自らの特性が活かせる隙間にうまく入り込むという意味での主体性を発揮してきた。

ただ、それは構造ありきである点で、結局は構造に規定されているともいえるし、彼らが主体性を発揮すればするほど、その構造はかえって強化されていくという循環にもなっている。それが好循環であるのか悪循環であるのかは、さまざまだった。

中世にイスラーム世界と組み合わさったとき、ユダヤ教はうまく発展を遂げることができた。しかし、近世のポーランドで貴族とうまく組み合わさったことは、その後長く続くユダヤ人は農民の搾取者であるというイメージを形成してしまった。二〇世紀前半には、危険な――しかしユダヤ人が望んだわけではない――三者関係が破綻をきたした。

筆者は前著『イスラエルの起源』（講談社、二〇二〇年）の第一章でこうした組み合わせの妙を、個々人のアイデンティティの次元で捉え、「相補的アイデンティティ」として定式化した。自らのなかで、例えばロシア的側面とユダヤ的側面を両立させ、かつ、両者が相互補完的になるような形で自己を理解し、行動していくというあり方だ。第4章で登場したロシア・ユダヤ人の自由主義者ヴィナヴェルがその典型である。

自己の諸側面をどのように組み合わせるか、またユダヤ的な側面をどのぐらい前面に出すか、それをどのような意味で捉えるかは個々人により千差万別である。

ユダヤ現代史の三大拠点を生きる以下の三名のユダヤ人も、ユダヤ的なものの程度や他の側面との絡まり方は、個々にかなり異なっている。

ヴォロディミル・ゼレンシキー

ウクライナのヴォロディミル・ゼレンシキー（ゼレンスキー）大統領（一九七八年―）は、二〇二二年二月に始まったロシアによるウクライナ全面侵攻でにわかに世界の注目を集めた。本人も公言するように、ユダヤ系である。イスラエル以外の国の実質的なトップにユダヤ系が就いた例としては、イギリスで一九世紀終わりに首相を務めたベンジャミン・ディズレーリ以来二人目だ。もっとも、ディズレーリは一三歳のときにイングランド国教会に改宗している。

ゼレンシキーはウクライナ東部のクリヴィー・リフに、研究者の父とエンジニアだった母のもとに生まれた。ホロコーストで亡くなった親戚も多い。この地域は、本書でも見たようにロシア帝国の開発で工業化し、ソ連時代までに多くのユダヤ人が流入していた。

ソ連ユダヤ人の典型にたがわず、ゼレンシキーはロシア語化し、ユダヤ教やそのコミュニティからは疎遠になっていた。彼はユダヤについてほとんど語ってこなかったため、どのぐらいユダヤ人意識を持っているのかはわからない。

ただ、ポグロムやホロコーストが吹き荒れたウクライナで、ユダヤ人であることをわかったうえでウクライナ人が彼を圧倒的に支持して大統領に選んだことは、彼の意識とは別に興味深い現象だ。

まず、それらの虐殺やソ連崩壊前後でのイスラエルへの移民の結果、数万人程度までユダヤ人が減ったことにより反ユダヤ主義の必要性がなくなったことが前提としてある。大国間に挟まれた状況のなかでユダヤ人が政治的な脅威に映ったことが反ユダヤ主義の主因だったからだ。二一世紀のウクライナは、ヨーロッパのなかでも反ユダヤ主義が最も弱い地域として知られるようになっていた。

とはいえ、大統領にまで上り詰めるにはもう少し背景が必要だろう。彼がユダヤ人が活躍しやすい芸能界で頭角を現し、ユダヤ系のオリガルヒであるイホル・コロモイシキーから支援が得られたのはもちろん大きい。政治腐敗に辟易《へきえき》していたウクライナの有権者から、政治経験がないことに好感を持たれたことも奏功した。

しかしそれだけでなく、ユダヤ系でもウクライナを率いてよいのだと思える感覚があったことも重要だ。一九九〇年代の調査にはなるが、ロシアとウクライナのユダヤ人の意識を探った調査で、ロシアではユダヤ人が大統領になる見通しに肯定的なユダヤ人は少なかったのに対して、ウクライナではその割合は少し高かった。

伝統的に、ウクライナのエスニック・ウクライナ人は農民が多く、ソ連期以降、行政ではロシア人やユダヤ人も多く活躍していた。事実、一つ前のポロシェンコ政権でもユダヤ人が首相を務めていた。ロシアではロシア人ばかりが支配層を形成しがちになる。一方、ウクライナでは異民族であってもウクライナを引っ張っているという自負を持ちやすい状況や、それを当然とする雰囲気があったのだ。以上のような組み合わせのなかで生まれたのがゼレンシキー大統領だった。

ベンヤミン・ネタニヤフ

通算で一三年ほど首相を務めたベングリオンを抜いて、イスラエルで過去最長の通算首相在任期間を務めるベンヤミン・ネタニヤフ（一九四九年－）は、確かに近年のイスラエルのある部分を代表している。それは、イスラエルという国家の存在理由が、ユダヤ人を守ること以外に見出せなくなっているという変化である。

ベングリオンの時代にもその側面は重要ではあった。それでも、独立宣言はアラブ住民を含めた差別のない民主国家を築く方向性を掲げていた。もっとも、設立されるのが「ユダヤ人国家」であると明記されていることがこの理念を蝕んでいったともいえる。

ネタニヤフの父はユダヤ中世史の専門家ベンツィオン・ネタニヤフで、ベンヤミンの幼少期にフィラデルフィアの大学に勤めていた。一九一〇年にワルシャワに生まれたベンツィオンは、シオニスト右派の修正主義シオニズムの活動家でもあった。その指導者ジャボティンスキーの「鉄の壁」論という、ユダヤ人が強靭《きょうじん》な力を持って初めてアラブ人はパレスチナを諦めるという考えを受け継ぎ、パレスチナ人への強硬策を主張していた。

ベンヤミンが、イスラエルでの兵役後、マサチューセッツ工科大学に入学し、政治学の博士号取得を目指していた矢先の一九七六年、イスラエル国防軍の将校だった兄のヨナタンが悲劇的な死を遂げる。テルアビブ発パリ行きのエールフランス機が、経由地アテネから乗り込んだパレスチナ人などの活動家にハイジャックされ、彼らの協力者だった大統領が統治するウガンダのエンテベ空港に降り立ったのだ。人質解放作戦のさなか、イスラエル軍唯一の犠牲者となったのがヨナタンだった。

ネタニヤフの「テロリスト」への具体的な憎悪はここに始まる。一九七八年にイスラエルに戻って政界を目指し、国連大使を務めたのち、八八年にリクードの国会議員となると、ラビン暗殺後の九六年に行われた総選挙で同党が第一党となり、首相に選出された。

シオニズム右派研究のコリン・シンドラーによると、ベギンなどのリクードの先人が大イスラエル主義を堅持していたのに対し、ネタニヤフはもともとイデオロギーではなく「応酬」に突き動かされる傾向を持っていた。パレスチナ人による反イスラエル的行為に対して懲罰的報復を行い、入植地の拡大にもその意味を込めていたのだ。

二〇二三年一〇月に始まるガザへの徹底した攻撃も、その延長にあると見ることができるだろう。アメリカの制止にも無頓着なその姿勢が示すのは、ユダヤ人の敵と思《おぼ》しきものを殲滅する意図以外にない。イスラエルがどのような国家であるのか、つまり、ユダヤ人が従う「国の法」とは何かという問いは抜け落ちている。その意味で、ネタニヤフはユダヤを名目としては前面に掲げる一方、ユダヤが何と組み合わさり生存するかを考えない点で、ユダヤ史のなかでは例外的存在といえるかもしれない。

だが、そのような例外が生じたのもまた、ユダヤ人が関わった歴史の一つの帰結である。つまり、イスラエルという存在を歴史のなかの組み合わせから捉える思考は、私たち自身に求められている。

エレナ・ケイガン

二〇一〇年、オバマ大統領からアメリカ連邦最高裁判所判事に指名されたエレナ・ケイガン（一九六〇年―）は、ユダヤ人としてはブランダイスから数えて八人目、女性としては四人目、ユダヤ人女性としてはルス・ギンズバーグ以来の二人目としてその席に着くことになった。

ケイガンは、マンハッタンのアッパーウェストサイドのユダヤ教正統派に属す家庭に生まれた。父は弁護士で、借家人と大家の争いごとに、借家人の立場から仲介することに奮闘し

図結－1　ギンズバーグ（左）とケイガン

ていた。母はエレナも通った私立学校の教師だった。

ケイガンは一二歳のとき、男子のバル・ミツヴァ（一三歳の成人式）同様のものが女子にはないのかとラビに詰め寄った。正統派では女子には一二歳のときにバト・ミツヴァ（戒律の娘）と呼ばれる儀式を行うが（改革派や保守派では一三歳に男子同様に行う）、シナゴーグ外でのパーティーのような形で、男子と違って律法（トーラー）を読む礼拝もない。ケイガンはラビと妥協点を探り、土曜でなく金曜に、また律法ではなく聖書のルツ記の一部をシナゴーグで読むことで妥結した。

伝統を重んじる正統派のラビが少女の意見に少しでも耳を傾け、満額回答ではないにしても習慣の変更に応じた土壌は、彼女に少なからず影響しただろう。プリンストン大学やオクスフォード大学で学んだ後、ハーバード・ロースクールに進んで研究の世界に入り、判事に指名される前年まで同校の学部長を務めていた。

いわゆるリベラル派の判事であるケイガンは、二〇一八年にトランプ大統領がムスリムの入国を禁じる方針を示した際、公聴会で、それは反ユダヤ的な大統領がイスラエルからの移民を禁じるようなものではないかと問うた。

アメリカ・ユダヤ史研究のデイヴィッド・ダリンによると、ケイガンは、それまでのユダヤ系判事が自らの法判断に際してユダヤ人に言及したことがなかったなかで唯一、ユダヤ人のエピソードを引き合いに出したことがあった。

ニューヨーク州のグリースという小さな町が、月例議会を地元の宗教指導者（ほとんどがキリスト教）の祈りから始めていたことに対して、政教分離の観点から裁判になったときのことである。二〇一四年、最高裁の判事たちは五対四でこの習慣には問題はないとの判決を下した。それがアメリカの伝統である、という理由だ。

これに対してケイガンは、宗教の中立性は二一世紀のポリティカル・コレクトネスからの要求なのではなく、一八世紀から存在した視点だとして反対意見を提示した。そこで引き合いに出されたのが、一七九〇年にロードアイランド州ニューポートを初代大統領ジョージ・ワシントンが訪れた際のエピソードだった。

ワシントンは地元の市民との交流の一環で、ユダヤ教信徒団のスタッフと面会した。その後、このスタッフはワシントンに手紙を書き、新しい政府が偏狭な考えや迫害を認めないだけでなく、キリスト教やユダヤ教が干渉できないものとして市民権を保護し、それら宗教を平等としたことに対して感謝を表明した。ワシントンは翌日に返事を書き、このスタッフの表現を引用しながらそのことに賛同を示したのだった。これこそが、翌年に付されたアメリカ合衆国憲法の修正第一条の核心だとケイガンは論じた。

今日まで残るその条文は、特定の宗教を国教にすることを禁じ、宗教の自由を保護する内容を含む。ケイガンのなかで、ユダヤ史とアメリカ史が合流した瞬間だった。

以上の三者は文字通りに三様だ。だがいずれも、世界史の教科書からユダヤ人が姿を消しているあいだにも、さまざまな組み合わせのなかを生きたユダヤ人の歴史のうえに立っている。その歴史がユダヤ人一人ひとりのなかに流れ、周囲の歴史の流れと組み合わさりながら、再び歴史をつくっていく。

あとがき

巡り合わせと組み合わせが詰まったユダヤ人の歴史を書くまでに、どれほどの巡り合わせと組み合わせが必要だっただろうか。先人たちの膨大な研究蓄積はいうまでもない。出版人の介在により知の宝庫を受け取った筆者自身のなかでも、多様な要素が組み合わさり、本書が編み出された。大半は筆者が狙って組んだものではなく、巡り合ったものだ。

最基層にあるものは高校で学んだ世界史だろう。暗記科目であることに明確に抵抗を示され、自分の頭で考えることを説かれた山田俊二先生（当時埼玉県立大宮高校）の影響は大きかった。もっとも、高校世界史にユダヤ人はあまり登場しない。古代では、キリスト教によって乗り越えられた偏狭な宗教としてユダヤ教は位置づけられる。時代が大きく飛んで、次におもに登場するホロコーストではひたすら痛ましく、イスラエルや中東戦争の関連では、どちらかといえばアラブ世界がメインの話として描かれる。

大学入学直後はもっぱらアラブ世界に関心を持っていた。その勉強を進める過程で、いわばそれをかき乱す「問題児」として、シオニズムやユダヤ人に関心を持つことになった。当初はただただ腹を立てながらも、次第に、世界史がさまざまに組み込まれたユダヤ人の歴史に惹きつけられていった。

並行して、いくつか偶然手にした本を通じて、社会学という学問分野とその魅力を知った。社会学は高等学校までのいわゆる社会科とは似て非なるものであり、歴史学や英語学、あるいは数学や物理学などと違い、高校の勉強でその片鱗《へんりん》に触れる機会はあまりない。だが大学の世界ではそれなりの存在感がある、というタイプの学問分野の一つだ。対象が広範にわたるので、正解を求めがちな高校までの勉強にはなじみにくい一方で、つかみどころのないものを、それでも探究し続け、少しでもつかめるようにするという大学での学問のあり方に案外合致しているからかもしれない。

ユダヤ史を小著にまとめる際の結節点とした「組み合わせ」という視座は、社会学から多くの着想を得ている。とくに、ユダヤ系ドイツ人の社会学者にして哲学者でもあったゲオルク・ジンメル（一八五八－一九一八年）の系譜にある社会学だ。例えば第3章で触れたパークの「マージナル・マン」は、ジンメルの「よそ者」概念から発展している。

本書を手に取る高校生や大学生には、ぜひ、さまざまな本を手に取ったり旅に出たり、そして多様な人びとと接したりして、大学に入ってから新たに広がる世界を堪能してほしいと思う。大学での探究は高校の類似科目と異なるところも多い。例えば歴史学では、暗記すべき年号や事件名さえ定まっていなかったり、論述問題の模範解答とすべき経緯の評価も分かれていたりする。未解明部分の答えを探し求める旅こそが醍醐《だいご》味《み》だ。

それにしても、三〇〇〇年以上におよぶユダヤ人の通史を小著であれまとめることになるとは久しく想像したこともなかった。謙虚な人間であれば身の程を知って断念しただろう。そこだけは、筆者が生まれ持った不遜さが主体性を発揮したようだ。

もっとも、周囲の方々の薫陶を受け、筆者にも多少は慎重さも備わるようになった。自身の専門から大きく外れる章や箇所については、専門の研究者に忌憚《きたん》のない「査読」をお願いした。古代については上村静氏、古代末期や中世については市川裕氏、イスラーム世界関連では嶋田英晴氏、ポーランド関連では宮崎悠氏にそれぞれご担当いただいた。多くの重要なご指摘を賜り、誤りも正すことができた。もちろん、その差配やご指摘の受け止めは筆者の独断であり、不備が残っているとすればすべて筆者の責任であることはいうまでもない。

学術誌やアメリカなどの大学出版の書籍に関する本来の査読は、通例、匿名で複数によって行われる。多くの人びとの日々の目に見えない貢献のうえに学問が成り立っていることを噛みしめつつ、推敲を重ねた。
それでも誤記が残っている可能性はあるし、捉え方の問題や別の解釈、また、紙幅がきわめて限られているとはいえ含めるべき論点や事象などは無限にありうる。読者諸氏のご指摘を賜ることができれば幸いである。

本書を構成する専門的知識や整理の仕方は、複数の科学研究費補助金（16H05930、20H04418、16H03494、20H01338、20H00003、15H01933、26885012、18H00783など）による研究成果の一部でもある。多人数となることもあり一人ひとりお名前を挙げることは控えるものの、これまでに科研や学会、その他研究会等を通じて関わってくださった国内外の多くの方に感謝申し上げたい。

また、東京大学、埼玉大学、東京外国語大学、明治学院大学、その他一般向け講座などでの受講生からの多岐にわたる質問や感想、研究指導と称した院生との対話から多くのことを学んだことにも感謝している。博士論文を書いた直後の時期でいえば、日本学術振興会の制度を使ったエルサレム・ヘブライ大学やニューヨーク大学での在外研究でも多くを学んだ。それぞれで受け入れてくださったイスラエル・バルタル氏とデイヴィッド・エンゲル氏にこの場を借りてお礼申し上げたい。そして、前任校埼玉大学と現在の本務校、とくに駒場キャンパスでのさまざまな方々のご助力にも感謝したい。

今から三年ほど前に、その成果を広く社会に還元する機会でもある本書の執筆をご提案くださったのは、中公新書編集部の胡逸高氏である。筆者の専門である近現代史などではなく、古代を含めた全史を依頼されるという大胆さが、筆者の不遜さと組み合ってしまったようだ。もっとも、一人で三〇〇〇年以上を専門とする人間はまずいないのだから、専門からの遠さを言い出したら誰も引き受けないだろうという筆者なりの奥ゆかしい配慮も一応あったと記憶している。当初の皮算用よりかなり遅れてしまったなか、今日まで、急《せ》き立てることなく的確な助言と指針をくださったことにお礼申し上げる。また校閲者の方にも多くの誤りを正していただいたことに感謝したい。

さらに私事を続けることをお許しいただきたい（なお、中公新書に同姓同名の著者がいらっしゃるが、別人であることに注意されたい）。この間、筆者の「生みの親」二人が逝去した。一人は、社会学の核心をつねに身をもって示してくださった大学院時代の指導教員で、二〇二三年に他界された山本泰先生。社会学を中心に先生の周りに集まった方々とのつながりは、これからも筆者のかけがえのない財産である。

そしてもう一人は、二〇二一年に世を去った、文字通りに筆者を生んでくれた母・玲子。何年も闘病したのちの急逝で、感謝を伝えられなかったのが心残りである。せめて、コロナ禍の福岡で一人懸命に介護を続けた父への感謝をここに記したい。

嬉しいこともあった。二〇二三年に次女が生まれた。一つの学期（および一年間の各種委員）を育児休業できたことで、家族ともども今日まで元気に過ごすことができている。職場のみなさまに感謝したい。小三になった長女が手伝いをよくしてくれるおかげもあり、復帰後に本書執筆を順調に進めることができた。膝の上で次女を寝かしつけながら推敲を行ったことはよい思い出である。筆者の海外出張中にいつも家事の応援に駆けつけてくださる兵庫の義母、そしてお互いに支え合いながら、いつも楽しく一緒に時を過ごしてくれる妻の小鈴さんに感謝したい。

このあとがき執筆中も止まらないガザや西岸、さらにはレバノンなどにまで及ぶ惨劇を見るにつけ、ユダヤ史の重みを感じないわけにはいかない。そのことを知る国際社会の一員として、歴史と現在の解明をはじめ、できることを続けたい。

二〇二四年一二月　東京・板橋にて

鶴見太郎

Штерн, Юрий, *Юрина книга:воспоминания, стихи, интервью, Родные и друзьяо ЮрииШтерне*, Иерусалим: Гешарим, 2008.

むすび

赤尾光春「ロシア語を話すユダヤ人コメディアンVSユダヤ人贔屓の元KGBスパイ」『現代思想』50(6)、2022年、119-136頁。

鶴見太郎「ウクライナにおけるユダヤ人の歴史」黛秋津編『講義 ウクライナの歴史』山川出版社、2023年、160-185頁。

ネタニヤフ、ビンヤミン（落合信彦監修・高城恭子訳）『テロリズムとはこう戦え』ミルトス、1997年。

Dalin, David G., *Jewish Justices of the Supreme Court*, Waltham: Brandeis University Press, 2017.

Gitelman, Zvi, *Jewish Identities in Postcommunist Russia and Ukraine: An Uncertain Ethnicity*, New York: Cambridge University Press, 2012.

Gryvnyak, Natalie, "Volodymyr Zelensky and the Jews of Eastern Ukraine," *The Jewish Quarterly* 246, 2021, 56-62.

Pink, Aiden, "Elena Kagan Compares Muslim Ban To Anti-Semitism At Supreme Court Hearing," *Forward*, April 25, 2018, Online edn., 2024年6月8日アクセス.

Shindler, Colin, *The Rise of the Israeli Right: From Odessa to Hebron*, New York: Cambridge University Press, 2015.

Ukrainian Jewish Encounter, "Antisemitism in Europe: Ukraine Turns out to be the Most Friendly to Jews," April 4, 2018, Online edn., 2024年6月10日アクセス.

Greenberg, Cheryl, "Pluralism and Its Discontents: The Case of Blacks and Jews," in David Biale ed., *Insider/Outsider: American Jews and Multiculturalism*, Berkeley: University of California Press, 1998, 55-87.

Hazkani, Shay, "'Our Cruel Polish Brothers': Moroccan Jews between Casablanca and Wadi Salib, 1956-59," *Jewish Social Studies* 28(2), 2023, 41-74.

Hodes, Joseph R., "Golda Meir, Sarojini Naidu, and the Rise of Female Political Leaders in British India and British Mandate Palestine," in Leonard J. Greenspoon ed., *Jews and Gender*, West Lafayette: Purdue University Press, 2021, 179-195.

Hyman, Paula E., *Gender and Assimilation in Modern Jewish History: The Roles and Representation of Women*, Seattle: University of Washington Press, 1995.

Khazzoom, A., "The Great Chain of Orientalism: Jewish Identity, Stigma Management, and Ethnic Exclusion in Israel," *American Sociological Review 68*(4), 2003, 481-510.

Michels, Tony, "The Russian Revolution in New York, 1917-19," *Journal of Contemporary History* 52(4), 959-979, 2017.

Mosse, George L., *Confronting the Nation: Jewish and Western Nationalism*, Hanover: Brandeis University Press, 1993.

Nathans, Benjamin, "Soviet Rights-Talk in the Post-Stalin Era," in Stefan-Ludwig Hoffmann, ed., *Human Rights in the Twentieth Century*, Cambridge: Cambridge University Press, 2011, 166-190.

Pianko, Noam, *Jewish Peoplehood: An American Innovation*, New Brunswick: Rutgers University Press, 2015.

Polonsky, Antony, *The Jews in Poland and Russia:* vol. III *1914 to 2008*, Oxford: The Littman Library of Jewish Civilization, 2012.

Raspe, Jonathan, "Soviet National Autonomy in the 1920s: The Dilemmas of Ukraine's Jewish Population," *Nationalities Papers* 50(5), 2022, 886-905.

Rosenberg-Friedman, Lilach, "Empowered yet Weakened: Jewish Women's Identity and National Awakening in Mandatory Palestine, 1920-1948," in Federica Francesconi and Rebecca Lynn Winer eds., *Jewish Women's History from Antiquity to the Present*, Detroit: Wanye State University Press, 2021, 351-372.

Sachar, Howard M., *The Course of Modern Jewish History: New Revised Edition*, New York: Vintage Books, 1990.

Shapira, Anita, *Israel: A History*, Waltham: Brandeis University Press, 2012.

Veidlinger, Jeffrey, *In the Shadow of the Shtetl: Small-Town Jewish Life in Soviet Ukraine*, Bloomington: Indiana University Press, 2013.

鶴見太郎「極右政党「イスラエル我らの家」の背景」『ユダヤ・イスラエル研究』31、2017年、25-34頁。
鶴見太郎「イスラエルが繁栄する陰で―リベラルな国際秩序の非リベラルな参加要件」『世界』12月号、2022年。
鶴見太郎「シオニズムとイスラエルにおける世俗主義と宗教復興」伊達聖伸・木村護郎クリストフ編『世俗の新展開と「人間」の変貌』勁草書房、2024年、172-199頁。
長尾広視「大祖国戦争と戦後スターリニズム」松戸清裕他編『ロシア革命とソ連の世紀2―スターリニズムという文明』岩波書店、2017年、175-202頁。
中谷昌弘「ロシア・ユダヤ人の国内移住および国外移民とポグロム―1881年を中心に」『社会経済史学』83(3)、2017年、381-401頁。
野村達朗『ユダヤ移民のニューヨーク―移民の生活と労働の世界』山川出版社、1995年。
パペ、イラン（田浪亜央江・早尾貴紀訳）『パレスチナの民族浄化―イスラエル建国の暴力』法政大学出版局、2017年。
ハーリディー、ラシード（鈴木啓之・山本健介・金城美幸訳）『パレスチナ戦争―入植者植民地主義と抵抗の百年史』法政大学出版局、2023年。
広岡直子「ロシア革命とジェンダー」松戸清裕他編『ロシア革命とソ連の世紀4―人間と文化の革新』岩波書店、2017年、69-93頁。
和田光弘編著『大学で学ぶアメリカ史』ミネルヴァ書房、2014年。
Alroey, Gur, *An Unpromising Land: Jewish Migration to Palestine in the Early Twentieth Century*, Stanford: Stanford University Press, 2014.
Adams, Luther, "Black Zionism," in John Stone et al. eds., *The Wiley Blackwell Encyclopedia of Race, Ethnicity, and Nationalism*, digital edn., 2016.
Bar-Tal, Daniel, *Lehiyot 'im ha-sikhsukh: nituah psikhologi-hebrati shel ha-hebrah ha-yehudit be-isra'el*, Jerusalem: Carmel, 2007.
Bemporad, Elisa, *Becoming Soviet Jews: The Bolshevik Experiment In Minsk*, Bloomington: Indiana University Press, 2013.
Bodner, Allen, *When Boxing Was a Jewish Sport*, Westport: Praeger, 1997.
Dalin, David G., *Jewish Justices of the Supreme Court*, Waltham: Brandeis University Press, 2017.
Diner, Hasia R., *A New Promised Land: A History of Jews in America*, Oxford: Oxford University Press, 2003.
Diner, Hasia, "The United States," in Mitchell B. Hart and Tony Michels eds, *The Cambridge History of Judaism*, Vol. 8, Cambridge: Cambridge University Press, 2017, 164-198.
Falk, Gerhard, *The German Jews in America: A Minority within a Minority*, Lanham: University Press of America, 2014.

Rubinstein, Hilary L. et. al., *The Jews in the Modern World: A History since 1750*, London: Arnold, 2002.
Simon, Leon, *Selected Essays of Ahad Ha-'am*, Atheneum: A Temple Book, 1970.
Sorkin, David, *The Berlin Haskalah and German Religious Thought: Orphans of Knowledge*, London: Vallentine Mitchell, 1997.
Staniskawski, Michael, *Tsar Nicholas I and the Jews: The Transformation of Jewish Society in Russia 1825-1855*, Philadelphia: The Jewish Publication Society of America, 1983.
Ury, Scott, *Barricades and Banners: The Revolution of 1905 and the Transformation of Warsaw Jewry*, Stanford: Stanford University Press, 2012.
Veidlinger, Jeffrey, *In the Midst of Civilized Europe: The Pogroms of 1918-1921 and the Onset of the Holocaust*, London: Picador, 2021.
Weeks, Theodore R, *From Assimilation to Antisemitism: The "Jewish Question" in Poland 1850-1914*, DeKalb: Northern Illinois University Press, 2006.

第５章

上杉忍『アメリカ黒人の歴史—奴隷貿易からオバマ大統領まで』中公新書、2013年。

臼杵陽『イスラエル』岩波新書、2009年。

北美幸『半開きの〈黄金の扉〉— アメリカ・ユダヤ人と高等教育』法政大学出版局、2009年。

ギテルマン，ツヴィ（池田智訳）『ロシア・ソヴィエトのユダヤ人100年の歴史』明石書店、2002年。

金城美幸「「虐殺」の物語の奥行—シャリーフ・カナーアナ、ニハード・ザイターウィー著『デイル・ヤーシーン』（破壊されたパレスチナ村落シリーズ No. 4）の解題と翻訳」『東洋文化研究所紀要』171、2017年、188-114頁。

塩川伸明『民族と言語—多民族国家ソ連の興亡Ｉ』岩波書店、2004。

高尾千津子『ソ連農業集団化の原点—ソヴィエト体制とアメリカユダヤ人』彩流社、2006年。

高尾千津子「ロシア革命とユダヤ・アイデンティティ」市川裕他編『ユダヤ人と国民国家—「政教分離」を再考する』岩波書店、2008年、215-236頁。

立山良司『ユダヤとアメリカ—揺れ動くイスラエル・ロビー』中公新書、2016年。

鶴見太郎「多元主義のなかのアメリカ・ユダヤ社会とユダヤ研究——一世紀前のロシア東欧か」『ユダヤ・イスラエル研究』27、2013年、37-48頁。

社、2007年。
若尾祐司・井上茂子編『近代ドイツの歴史—18世紀から現代まで』ミネルヴァ書房、2005年。
Aschheim, Steven E., *Brothers and Strangers: The East European Jew in German and German Jewish Consciousness 1800-1923*, London: The University of Wisconsin Press, 1982.
Bartal, Israel, "'Little Russia' in Palestine? Imperial Past, National Future (1860-1948)," in Kenneth Moss, Benjamin Nathans and Taro Tsurumi eds., *From Europe's East to the Middle East: Israel's Russian and Polish Lineages*, Philadelphia: University of Pennsylvania Press, 2022.
Beller, Steven, *Antisemitism: A Very Short Introduction*, Oxford: Oxford University Press, 2007.
Bemporad, Elissa, *Legacy of Blood: Jews, Pogroms, and Ritual Murder in the Lands of the Soviets*, New York: Oxford University Press, 2019.
Breuer, Edward, "Enlightenment and Haskalah," Jonathan Karp and Adam Sutcliffe eds., *The Cambridge History of Judaism*, Vol. 7, Cambridge: Cambridge University Press, 2018, 652-676.
Corrsin, Stephen D., "Polish-Jewish Relations before the First World War: The Case of the State Duma Elections in Warsaw," *Gal-Ed* XI, 1989, 31-53.
Gergel, N., "The Pogroms in the Ukraine in 1918-21," *The YIVO Annual of Social Sciences*, VI, [1928]1951, 237-252.
Hart, Mitchell B., *Social Science and the Politics of Modern Jewish Identity*, Stanford: Stanford University Press, 2000.
Klier, John Doyle, *Russia Gathers Her Jews: The Origins of the "Jewish Question" in Russia, 1772-1825*, Dekalb: Northern Illinois University Press, 1986.
Klier, John Doyle, *Imperial Russia's Jewish Question, 1855-1881*, Cambridge: Cambridge University Press, 1995.
Kopstein, Jeffrey S., and Jason Wittenberg, *Intimate Violence: Anti-Jewish Pogroms on the Eve of the Holocaust*, Ithaca: Cornell University Press, 2018.
Levin, Vladimir, "Orthodoxy Jewry and the Russian Government: An Attempt at Rapprochement, 1907-1914," *East European Jewish Affairs* 39 (2), 2009, 187-204.
McGeever, Brendan, *Antisemitism and the Russian Revolution*, New York: Cambridge University Press, 2019.
Nathans, Benjamin, *Beyond the Pale: The Jewish Encounter with Late Imperial Russia*, Berkeley: University of California Press, 2002.
Polonsky, Antony, *The Jews in Poland and Russia:* vol. II *1881 to 1914*, Oxford: The Littman Library of Jewish Civilization, 2010.

ヤ人と国民国家―「政教分離」を再考する』岩波書店、2008年、191-213頁。

ゴードン、M・M（倉田和四生・山本剛郎訳編）『アメリカンライフにおける同化理論の諸相―人種・宗教および出身国の役割』晃洋書房、2000年。

佐藤成基『国民とは誰のことか―ドイツ近現代史における国籍法の形成と展開』花伝社、2023年。

塩川伸明『民族と言語―多民族国家ソ連の興亡Ⅰ』岩波書店、2004年。

芝健介『ホロコースト』中公新書、2008年。

ストーン、ダン（武井彩佳訳）『ホロコースト・スタディーズ―最新研究への手引き』白水社、2012年。

高尾千津子「ガブリール・デルジャーヴィンのユダヤ人に関する『意見』」山本俊朗編『スラブ世界とその周辺―歴史論集』ナウカ、1992年、99-118頁。

高尾千津子『ロシアとユダヤ人―苦悩の歴史と現在』東洋書店、2014年。

鶴見太郎『ロシア・シオニズムの想像力―ユダヤ人・帝国・パレスチナ』東京大学出版会、2012年。

鶴見太郎『イスラエルの起源―ロシア・ユダヤ人が作った国』講談社、2020年。

長田浩彰『われらユダヤ系ドイツ人―マイノリティから見たドイツ現代史1893-1951』広島大学出版会、2011年。

西村木綿「「イディッシュ労働者」運動としてのブンド―ナショナリズムと社会主義のはざまで」臼杵陽監修『シオニズムの解剖』人文書院、2011年、52-73頁。

野村達朗『ユダヤ移民のニューヨーク―移民の生活と労働の世界』山川出版社、1995年。

野村真理『西欧とユダヤのはざま―近代ドイツ・ユダヤ人問題』南窓社、1992年。

野村真理『ウィーンのユダヤ人――九世紀末からホロコースト前夜まで』御茶の水書房、1999年。

野村真理『ガリツィアのユダヤ人―ポーランド人とウクライナ人のはざまで』人文書院、2008年。

野村真理「近代ヨーロッパとユダヤ人」木畑洋一・安村直己編『岩波講座 世界歴史16』岩波書店、2023年、271-289頁。

ベネディクト、ルース『人種主義 その批判的考察』名古屋大学出版会、1997年。

宮崎悠「変容するポーランド＝ウクライナ関係と歴史認識―「ヴォウィン事件」80周年を手掛かりに」歴史学研究会編『ロシア・ウクライナ戦争と歴史学』大月書店、2024年。

モッセ、ジョージ・L『ユダヤ人の〈ドイツ〉』講談社、1996年。

ルコフスキ、イェジ＋フベルト・ザヴァツキ『ポーランドの歴史』創土

Dynner, Glenn, "Jewish Piety and Devotion in Early Modern Eastern Europe," in Jonathan Karp and Adam Sutcliffe eds., *The Cambridge History of Judaism*, Vol. 7, Cambridge: Cambridge University Press, 2018, 607-624.
Goldish, Matt, "Sabbatai Zevi and the Sabbatean Movement," in Jonathan Karp and Adam Sutcliffe eds., *The Cambridge History of Judaism*, Vol. 7, Cambridge: Cambridge University Press, 2018, 491-521.
Guesnet, François, "The Jews of Poland-Lithuania (1650-1815)," in Jonathan Karp and Adam Sutcliffe eds., *The Cambridge History of Judaism*, Vol. 7, Cambridge: Cambridge University Press, 2018, 798-830.
Hacker, Joseph R., "The Rise of Ottoman Jewry," in Jonathan Karp and Adam Sutcliffe eds., *The Cambridge History of Judaism*, Vol.7, Cambridge: Cambridge University Press, 2017, 77-112.
Katz, Ethan B., Lisa Moses Leff, and Maud S. Mandel eds., *Colonialism and the Jews*, Bloomington: Indiana University Press, 2017.
Masters, Bruce, *Christians and Jews in the Ottoman Arab World*, New York: Cambridge University Press, 2001.
Park, Robert E., "Human Migration and the Marginal Man," *The American Journal of Sociology* 33 (6), 1928, 881-893.
Polonsky, Antony, *The Jews in Poland and Russia:* vol. I *1350 to 1881*, Oxford: The Littman Library of Jewish Civilization, 2010.
Schroeter, Daniel J., "The Modern Diaspora of Jews from the Arab Middle East and North Africa," in Hasia R. Diner ed., *The Oxford Handbook of the Jewish Diaspora*, New York: Oxford University Press, 2021, 485-506.
Shear, Adam, "Jews and Judaism in Early Modern Europe," in Judith R. Baskin and Kenneth Seeskin eds., *The Cambridge Guide to Jewish History, Religion, and Culture*, New York: Cambridge University Press, 2010, 140-168.
Tirosh-Samuelson, Hava, "Jewish Mysticism," in Judith R. Baskin and Kenneth Seeskin eds., *The Cambridge Guide to Jewish History, Religion, and Culture*, New York: Cambridge University Press, 2010, 399-423.

第４章

井内敏夫「マテウシュ・ブトゥリモーヴィチ『ポーランドのユダヤ人を国にとって有益な公民にする方法』（1789年）」『ユダヤ・イスラエル研究』８・９、1980年、44-51頁。

今西一『文明開化と差別』吉川弘文館、2001年。

川崎亜紀子「アルザス地方における1848年の反ユダヤ暴動」『早稲田政治経済学雑誌』364、2006年、83-98頁。

ギルマン、サンダー（管啓次郎訳）『ユダヤ人の身体』青土社、1997年。

後藤正英「モーゼス・メンデルスゾーンと政教分離」市川裕他編『ユダ

講座 世界歴史11』岩波書店、2022年、131-160頁。
永田雄三「商業の時代と民衆―「イズミル市場圏」の変容と民衆の抵抗」『岩波講座 世界歴史15』（旧シリーズ）岩波書店、1999年、235-261頁。
林佳世子『オスマン帝国の時代』山川出版社、1997年。
深沢克己「ヨーロッパ商業空間とディアスポラ」『岩波講座 世界歴史15』（旧シリーズ）岩波書店、1999年、181-207頁。
ホフマン、エヴァ（小原雅俊訳）『シュテットル―ポーランド・ユダヤ人の世界』みすず書房、2019年。
水島治郎『隠れ家と広場―移民都市アムステルダムのユダヤ人』みすず書房、2023年。
宮崎悠「戦間期ポーランドにおける自治と同化」赤尾光春・向井直己編『ユダヤ人と自治―中東欧・ロシアにおけるディアスポラ共同体の興亡』岩波書店、2017年、217-244頁。
宮武志郎「地中海世界におけるユダヤ教徒―オスマン帝国を中心に」『ユダヤ・イスラエル研究』28、2014年、109-119頁。
向井直己「「ユダヤ人の自治」のイメージと現実性」赤尾光春・向井直己編『ユダヤ人と自治―中東欧・ロシアにおけるディアスポラ共同体の興亡』岩波書店、2017年、21-50頁。
山本伸一『総説カバラー』原書房、2015年。
渡辺克義・白木太一・吉岡潤編『ポーランドの歴史を知るための56章』（第2版）明石書店、2024年。
Bar Lev, Roni, “Chasidism and Gender through a New Reading of a Feminist Story of R. Nachman of Breslov,” Leonard J. Greenspoon ed., *Jews and Gender*, West Lafayette: Purdue University Press, 2021, 101-121.
Bartal, Israel, *The Jews of Eastern Europe, 1772-1881*, Philadelphia: University of Pennsylvania Pres, 2002, 48-50.
Baskin, Judith R., “Women, Gender, and Judaism,” Dean Phillip Bell ed., *The Bloomsbury Companion to Jewish Studies*, London: Bloomsbury Academic, 2013, 384-418.
Baumgarten, Elisheva, *Mothers and Children: Jewish Family Life in Medieval Europe*, Princeton: Princeton University Press, 2004.
Blalock, Jr., Hubert M., *Toward a Theory of Minority-Group Relations*, New York: John Wiley, 1967.
Bodian, Miriam, “The Western Sephardic Diaspora,” in Hasia R. Diner ed., *The Oxford Handbook of the Jewish Diaspora*, New York: Oxford University Press, 2021, 369-389.
Boyarin, Daniel, *Unheroic Conduct: The Rise of Heterosexuality and the Invention of the Jewish Man*, Berkeley: University of California Press, 1997.

Press, 2021, 53-74.
Kraemer, Joel L., "Moses Maimonides: An Intellectual Portrait," Kenneth Seeskin ed., *The Cambridge Companion to Maimonides*, New York: Cambridge University Press, 2005, 10-57.
Kraemer, Ross S., "The Mediterranean Jewish Diaspora of Late Antiquity," in Hasia R. Diner ed., *The Oxford Handbook of the Jewish Diaspora*, New York: Oxford University Press, 2021, 277-306.
Lapin, Hayim, "The Rabbinic Movement,"in Judith R. Baskin and Kenneth Seeskin eds., *The Cambridge Guide to Jewish History, Religion, and Culture*, New York: Cambridge University Press, 2010, 58-84.
Moore, R. I. *The Formation of a Persecuting Society: Authority and Deviance in Western Europe 950-1250*, 2nd ed., Malden: Blackwell, 2007.
Stampfer, Shaul, "Did the Khazars Convert to Judaism?" *Jewish Social Studies* 19(3), 2013, 1-72.
Stillman, Norman A., "The Jewish Experience in the Muslim World,"in Judith R. Baskin and Kenneth Seeskin eds., *The Cambridge Guide to Jewish History, Religion, and Culture*, Cambridge: Cambridge University Press, 2010, 85-112.

第３章

アンダーソン、ベネディクト（白石隆・白石さや訳）『定本 想像の共同体―ナショナリズムの起源と流行』書籍工房早山、2007年。

井内敏夫「ポーランド四年議会（1788-92）におけるユダヤ人問題と都市」『史観』107、1982年、230-247頁。

ヴィーゼル、エリ（村上光彦訳）『夜』みすず書房、1967年。

上野雅由樹「近世のオスマン社会」林佳世子編『岩波講座 世界歴史13』岩波書店、2023年、57-84頁。

大河原知樹「オスマン朝の改革とユダヤ教徒金融家―1822年シリア事件再考」『イスラム世界』48, 1997年、1-18頁。

大黒俊二・林佳世子「中世ヨーロッパ・西アジアの国家形成と文化変容」同編『岩波講座 世界歴史９』岩波書店、2022年、3-82頁。

坂本邦暢「科学革命」金澤周作監修『論点・西洋史学』ミネルヴァ書房、2020年、172-173頁。

坂本勉「中東イスラーム世界の国際商人」『岩波講座 世界歴史15』（旧シリーズ）岩波書店、1999年、209-234頁。

スピノザ（吉田量彦訳）『神学・政治論』（上）光文社古典新訳文庫、2014年。

関哲行「近世スペインのユダヤ人とコンベルソ」小川幸司編『岩波講座 世界歴史11』岩波書店、2022年、183-200頁。

デ・ソウザ、ルシオ＋岡美穂子「奴隷たちの世界史」小川幸司編『岩波

佐々木博光「中世のユダヤ人―ともに生きるとは」大黒俊二・林佳世子編『岩波講座 世界歴史９』岩波書店、2022年、263-280頁。
佐々木博光「中世のユダヤ人迫害、その動機づけの歴史」『西洋中世研究』No. 14、2022年、43-62頁。
嶋田英晴「イスラーム社会のユダヤ教」市川裕編『図説ユダヤ教の歴史』河出書房新社、2015年、22-47頁。
嶋田英晴『ユダヤ教徒に見る生き残り戦略』晃洋書房、2015年。
関哲行『スペインのユダヤ人』山川出版社、2003年。
関根政美『エスニシティの政治社会学―民族紛争の制度化のために』名古屋大学出版会、1994年。
中畑正志『アリストテレスの哲学』岩波新書、2023年。
バーキー、ジョナサン（野元晋・太田絵里奈訳）『イスラームの形成―宗教的アイデンティティーと権威の変遷』慶應義塾大学出版会、2013年。
ポリアコフ、レオン（合田正人訳）『反ユダヤ主義の歴史Ⅱ』筑摩書房、2005年
堀井聡江『イスラーム法通史』山川出版社、2004年。
森山央朗「ウラマーの出現とイスラーム諸学の成立」大黒俊二・林佳世子編『岩波講座 世界歴史８』岩波書店、2022年、111-143頁。
Berger, Michael S., "The Centrality of Talmud," in Judith R. Baskin and Kenneth Seeskin eds., *The Cambridge Guide to Jewish History, Religion, and Culture*, Cambridge: Cambridge University Press, 2010, 311-336.
Botticini, Maristella, and Zvi Eckstein, *The Chosen Few: How Education Shaped Jewish History, 70-1492*, Princeton: Princeton University Press, 2012.
Callen, Jeffrey L., "Risk and Incentives in the *Iska* Contract,"in Aaron Levine ed., *Judaism and Economics*, Oxford: Oxford University Press, 2010, 91-106.
Freudenthal, Gad, "Maimonides' Philosophy of Science," Kenneth Seeskin ed., *The Cambridge Companion to Maimonides*, New York: Cambridge University Press, 2005, 134-166.
Gafni, Isaiah M., "The Political, Social, and Economic History of Babylonian Jewry, 223-638CE," Steven T. Katz ed., *The Cambridge History of Judaism,* Vol.4, Cambridge: Cambridge University Press, 2006, 792-820.
Goldberg, Jessica L., "Economic Activities," Phillip I. Lieberman ed., *The Cambridge History of Judaism*, Vol. 5, Cambridge: Cambridge University Press, 2021, 412-449.
Ilan, Tal, "Gender and Women's History in Rabbinic Literature,"in Federica Francesconi and Rebecca Lynn Winer eds., *Jewish Women's History from Antiquity to the Present*, Detroit: Wayne State University

長谷川修一『聖書考古学—遺跡が語る史実』中公新書、2013年。

長谷川修一『ユダヤ人は、いつユダヤ人になったのか』ＮＨＫ出版、2023年。

長谷川修一「ヘブライ語聖書と古代イスラエル史」大黒俊二・林佳世子編『岩波講座 世界歴史２』岩波書店、2023年、237-251頁。

ホワイトラム、キース・W「イスラエルの王権」クレメンツ・ロナルド編（木田献一・月本昭男監訳）『古代イスラエルの世界—社会学・人類学・政治学からの展望』リトン、2002年。

松本宣郎編『キリスト教の歴史１』山川出版社、2009年。

山我哲雄『聖書時代史—旧約篇』岩波現代文庫、2003年。

山我哲雄『一神教の起源』筑摩書房、2013年。

山我哲雄「イスラエルの宗教」月本昭男編『宗教の誕生』山川出版社、2017年、166-209頁。

山田重郎「アッシリア帝国」大黒俊二・林佳世子編『岩波講座 世界歴史２』岩波書店、2023年、217-234頁。

ヨアスタッド、マリ（魯恩碩訳）『旧約聖書と環境倫理—人格としての自然世界』教文館、2023年。

Brettler, Marc Z., "The Hebrew Bible and the Early History of Israel," Judith R. Baskin and Kenneth Seeskin eds., *The Cambridge Guide to Jewish History, Religion, and Culture*, Cambridge: Cambridge University Press, 2010, 6-33.

Schwartz, Daniel R., "Introduction: Was 70 CE a Watershed in Jewish History? Three Stages of Modern Scholarship, and a Renewed Effort," in Daniel R. Schwartz and Zeev Weiss eds., *Was 70CE a Watershed in Jewish History?* Leiden: Brill, 2012, 1-19.

Standhartinger, Angela, "Female Officiants in Second-Temple Judaism," in Kathy Ehrensperger and Shayna Sheinfeld eds., *Gender and Second-Temple Judaism*, 2020, London: Rowman & Littlefield, 219-140.

第２章

赤尾光春・向井直己「隷属と独立のはざまで」同編『ユダヤ人と自治—中東欧・ロシアにおけるディアスポラ共同体の興亡』岩波書店、2017年、1-18頁。

市川裕「歴史としてのユダヤ教—ユダヤ人であることからくる歴史意識」『岩波講座 宗教３』岩波書店、2004年、131-157頁。

市川裕『ユダヤ的叡智の系譜—タルムード文化論序説』東京大学出版会、2022年。

岡崎勝世『聖書 vs. 世界史—キリスト教的歴史観とは何か』講談社現代新書、1996年。

神崎忠昭『新版 ヨーロッパの中世』慶應義塾大学出版会、2022年。

後藤明『ムハンマド時代のアラブ社会』山川出版社、2012年。

柴宜弘他編『新版 東欧を知る事典』平凡社、2015年。
日本ユダヤ学会編『ユダヤ文化事典』丸善出版、2024年。
Encyclopaedia Judaica, 2nd ed., Detroit: Macmillan Reference, 2007, 22 vols.
The YIVO Encyclopedia of Jews in Eastern Europe, Online edn., The YIVO Institute for Jewish Research, 2010.

高等学校世界史探究教科書

秋田茂他『高等学校 世界史探究』第一学習社、2024年。

木畑洋一他『世界史探究』実教出版、2024年。

木村靖二他『詳説世界史』山川出版社、2023年。

福井憲彦他『世界史探究』東京書籍、2023年。

桃木至朗他『新詳世界史探究』帝国書院、2024年。

序　章

菅野賢治『「命のヴィザ」言説の虚構—リトアニアのユダヤ難民に何があったのか？』共和国、2021年。

シェイクスピア、ウィリアム（松岡和子訳）『ヴェニスの商人』ちくま文庫、2002年。

第１章

阿部拓児『アケメネス朝ペルシア』中公新書、2021年。

阿部拓児「アケメネス朝ペルシア帝国とギリシア人」大黒俊二・林佳世子編『岩波講座 世界歴史２』岩波書店、2023年、289-303頁。

ヴェーバー、マックス（内田芳明訳）『古代ユダヤ教』（上）岩波文庫、1996年。

上村静『旧約聖書と新約聖書』新教出版社、2011年。

上村静「ユダヤ人がユダヤ人である理由—古代ユダヤ人の〈民意識〉」『ユダヤ・イスラエル研究』第25号、2011年、1-13頁。

櫻井丈「「新生児」としての改宗者—バビロニア・タルムードにみる血縁擬制としてのラビ・ユダヤ教改宗法規再考」『京都ユダヤ思想』13、2022年、38-66。

月本昭男「旧約聖書の世界」並木浩一・荒井章三編『旧約聖書を学ぶ人のために』世界思想社、2012年、23-59頁。

月本昭男編『宗教の誕生—宗教の起源・古代の宗教』山川出版社、2017年。

ティリー、ミヒャエル＋ツヴィッケル、ヴォルフガング（山我哲雄訳）『古代イスラエル宗教史—先史時代からユダヤ教・キリスト教の成立まで』教文館、2020年。

土居由美「ユダヤ教からキリスト教へ—異教世界と接して」勝又悦子他編『一神教世界の中のユダヤ教』リトン、2020年、189-220頁。

参考文献

＊本文で直接参考にした文献のみを記載する。

全体にわたって参照した文献

市川裕『ユダヤ教の歴史』山川出版社、2009年。

市川裕『ユダヤ人とユダヤ教』岩波新書、2019年。

伊東孝之・井内敏夫・中井和夫編『新版世界各国史20 ポーランド・ウクライナ・バルト史』山川出版社、1998年。

木村靖二・岸本美緒・小松久男編『詳説世界史研究』山川出版社、2017年。

小山哲他編『大学で学ぶ西洋史［近現代］』ミネルヴァ書房、2011年。

佐藤次高編『新版世界各国史８　西アジア史Ⅰ―アラブ』山川出版社、2002年。

シェインドリン、レイモンド・P（入江規夫訳）『ユダヤ人の歴史』河出文庫、2012年。

聖書協会共同訳『聖書』日本聖書協会、2018年。

永田雄三編『新版世界各国史９　西アジア史Ⅱ―イラン・トルコ』山川出版社、2002年。

服部良久・南川高志・山辺規子編『大学で学ぶ西洋史［古代・中世］』ミネルヴァ書房、2006年。

プロヒー、セルヒー（鶴見太郎監訳・桃井緑美子訳）『ウクライナ全史』（上下）明石書店、2024年。

ロス、シーセル（長谷川真・安積鋭二訳）『ユダヤ人の歴史』みすず書房、1997年。

和田春樹編『新版世界各国史22 ロシア史』山川出版社、2002年。

Biale, David, *Not in the Heavens: The Tradition of Jewish Secular Thought*, Princeton: Princeton University Press, 2011.

Brenner, Michael, *A Short History of Jews*, Princeton: Princeton University Press, 2010.

De Lange, Nicholas, ed. *The Illustrated History of the Jewish People*, Toronto: Key Poter Books, 1997.

Myers, David N., *Jewish History: A Very Short Introduction*, New York: Oxford University Press, 2017.

事典類

大塚和夫他編『岩波イスラーム辞典』岩波書店、2002年。

大貫隆他編『岩波キリスト教辞典』岩波書店、2002年。

シェプス、ユーリウス・H（唐沢徹他訳）『ユダヤ小百科』水声社、2012年。

Wiener Publishers, 2003, 102.
図５－３　筆者撮影。
図５－４　Allen Bodner, *When Boxing Was a Jewish Sport*, Westport: Praeger, 1997, Kindle 1160/2894.
図結－１　David G. Dalin, *Jewish Justices of the Supreme Court*, Waltham: Brandeis University Press, 2017, Kindle 2786/9164.

＊注記のない図版は、筆者作成および public domain である。

図版出典

図０－１　筆者作成。
図前－１　筆者撮影。
図１－１　月本昭男編『宗教の誕生』山川出版社、2017年、179頁をもとに作成。
図１－２　山我哲雄『聖書時代史―旧約篇』岩波現代文庫、2003年、188頁。
図１－３　Nicholas De Lange, ed. *The Illustrated History of the Jewish People*, Toronto: Key Poter Books, 1997, 36.
図２－１　市川裕編著『図説ユダヤ教の歴史』河出書房新社、2015年、17頁。
図２－２　嶋田英晴「イスラーム社会のユダヤ教」市川裕編著『図説ユダヤ教の歴史』22-47、25頁下をもとに作成。
図２－３　https://commons.wikimedia.org/wiki/File:Maimonides_Memorial-C%C3%B3rdoba.jpg　Yair haklai　CC BY-SA 3.0
図２－４　Nicholas De Lange, ed. *The Illustrated History of the Jewish People*, Toronto: Key Poter Books, 1997, 151.
図２－５　レオン・ポリアコフ（合田正人訳）『反ユダヤ主義の歴史Ⅱ』筑摩書房、2005年、229頁。
図３－１　Julia Phillips Cohen, *Becoming Ottomans: Sephardi Jews and Imperial Citizenship in the Modern Era*, New York: Oxford University Press, 2014, 34.
図３－２　エヴァ・ホフマン（小原雅俊訳）『シュテットル―ポーランド・ユダヤ人の世界』みすず書房、2019年、63頁。
図３－３　市川裕編著『図説ユダヤ教の歴史』53頁。
図３－４　市川裕編著『図説ユダヤ教の歴史』65頁。
図４－１　Eugene M. Avrutin ed., *Jews and the Imperial state: Identification Politics in Tsarist Russia*, Ithaca: Cornell University Press, 2010.
図４－２　Eugene M. Avrutin ed., *Photographing the Jewish Nation: Pictures from S. An-sky's Ethnographic Expeditions*, Waltham: Brandeis University Press, 2009.
図４－３　Nicholas De Lange ed., *The Illustrated History of the Jewish People*, Toronto: Key Poter Books, 1997, 248.
図４－４　芝健介『ホロコースト』中公新書、2008年、233頁をもとに作成。
図５－１　筆者撮影。
図５－２　Michael Brenner, *Zionism: A Brief History*, Princeton: Markus

第4章／第5章	1916年	ブランダイス、米最高裁判事に
	1917年	ロシア革命／イギリス、バルフォア宣言
	1918-22年	旧ロシア帝国内戦、ポグロムが頻発
	1918年	ポーランド独立
	1920年	パレスチナで最初の反シオニスト暴動
	1924年	移民を大幅に制限するアメリカ移民法成立
	1933年	ドイツでヒトラーを首相とするナチ政権誕生
	1934年	ソ連極東にユダヤ自治州設置
	1939年	ドイツのポーランド侵攻で第二次世界大戦開始（-1945年）
	1941年	独ソ戦開始／ウクライナでバビ・ヤールの虐殺
	1942年	アウシュヴィッツでユダヤ人のガス殺本格化
第5章	1948年	イスラエル建国、第一次中東戦争（-1949年）
	1967年	第三次中東戦争、イスラエルがヨルダン川西岸・ガザ等を占領
	1971年	ソ連で出国運動の結果ユダヤ人の出国緩和
	1972年	アメリカで最初の女性ラビ誕生
	1987年	パレスチナ人のインティファーダ
	1989年	ソ連の混乱と制限緩和の結果ユダヤ人のイスラエル移民が急増
	1991年	ソ連崩壊
	1993年	イスラエルとPLOのあいだでオスロ合意
	1995年	イスラエルのラビン首相暗殺
むすび	2019年	ゼレンシキー、ウクライナ大統領に
	2023年	ハマースによる越境攻撃を契機にイスラエル軍の大規模ガザ攻撃開始

ユダヤ人の歴史　関連年表

	1178年	マイモニデス、ハラハーの法典『ミシュネー・トーラー』刊行
	1290年	イギリスでユダヤ人追放令
	14世紀後半	ヨーロッパでのペスト流行で反ユダヤ的デマ氾濫
第3章	1386年	ポーランドでヤギェウォ朝成立
	1453年	オスマン朝（1299-1922年）、ビザンツ帝国征服
	1492年	レコンキスタ完了、スペインからユダヤ人追放
	1580年	ポーランドでユダヤ人の四地方評議会設置
	1563年	カロ、ハラハーの法典『シュルハン・アルーフ』著す
	1648年	ウクライナでフメリニツィキーの乱
	1665年	シャブタイ・ツヴィ、メシアを自称
	1670年	スピノザ『神学・政治論』刊行
	18世紀半ば	ハシディズムの開始
第4章	1783年	メンデルスゾーン、ハスカラーの古典『エルサレム』刊行
	1789年	フランス革命の開始、91年にユダヤ人解放令
	1795年	1772年に始まる露普墺によるポーランド分割完了
	1860年	パリで世界イスラエリット連盟設立
	1881年	ウクライナでポグロム、ユダヤ人北米移民本格化
	1882年	シオニスト運動がロシア帝国で開始
	1896年	ヘルツル、シオニズムの古典『ユダヤ人国家』刊行
	1897年	ユダヤ人社会主義組織ブンドがロシア帝国で結成
	1899年	チェンバレン、人種主義思想の古典『19世紀の基礎』刊行
	1914年	第一次世界大戦開始（-1918年）

ユダヤ人の歴史　関連年表

章	年代	出来事
第１章	前1220年	「イスラエル」という名称が古代エジプトの碑文に
	前10世紀頃	ダビデを王とするヘブライ人の統一国家成立
	前586-538年	第一神殿破壊、バビロン捕囚
	前550	キュロス２世のもとでアケメネス朝ペルシア成立
	前515年	エルサレムに第二神殿建立
	前４世紀半ば	律法（トーラー＝モーセ五書）が完成
	前330年	アレクサンドロス大王によりアケメネス朝滅亡
	前142年	ハスモン朝ユダヤ王国成立
	前37年	ローマ帝国がハスモン朝廃止、ヘロデをユダヤ王に
第２章	73年	ローマ帝国によりユダヤ王国滅亡
	3世紀初頭	ミシュナー編纂
	392年	キリスト教、ローマ帝国の国教に（313年に公認）
	4世紀末	エルサレム・タルムード編纂
	6世紀初頭	バビロニア・タルムード編纂
	6世紀半ば	『ローマ法大全』でユダヤ人の身分規定
	661年	ダマスカスを首都にウマイヤ朝成立（-750年）
	750年	バグダードを首都にアッバース朝成立（-1258年）
	756年	コルドバを首都に後ウマイヤ朝成立（-1031年）
	1096年	第１回十字軍、西欧でのユダヤ人迫害激化

鶴見太郎（つるみ・たろう）

1982年岐阜県生まれ．東京大学大学院総合文化研究科博士課程修了．博士（学術）．日本学術振興会特別研究員，エルサレム・ヘブライ大学客員研究員，ニューヨーク大学客員研究員，埼玉大学准教授などを経て，東京大学大学院総合文化研究科准教授．専門は，ロシア東欧・ユダヤ史，シオニズム，イスラエル・パレスチナ紛争．日本学術振興会賞，日本学士院学術奨励賞受賞．

著書『ロシア・シオニズムの想像力』（東京大学出版会，東京大学南原繁記念出版賞，日本社会学会奨励賞）
『イスラエルの起源』（講談社選書メチエ）
共著『ユダヤ人と自治』（岩波書店）
『社会が現れるとき』（東京大学出版会）
『講義 ウクライナの歴史』（山川出版社）
共編『ユダヤ文化事典』（丸善出版）
From Europe's East to the Middle East（ペンシルベニア大学出版）など

ユダヤ人の歴史《れきし》
中公新書 *2839*

2025年1月25日初版
2025年4月15日5版

著　者　鶴見太郎
発行者　安部順一

本文印刷　三晃印刷
カバー印刷　大熊整美堂
製　　本　フォーネット社

発行所　中央公論新社
〒100-8152
東京都千代田区大手町 1-7-1
電話　販売 03-5299-1730
　　　編集 03-5299-1830
URL https://www.chuko.co.jp/

Published by CHUOKORON-SHINSHA, INC.
Printed in Japan　ISBN978-4-12-102839-6 C1222

世界史

番号	タイトル	著者
1045	物語 イタリアの歴史	藤沢道郎
2595	物語 イタリアの歴史 II	藤沢道郎
1771	ビザンツ帝国	中谷功治
2663	物語 イスタンブールの歴史	宮下遼
2152	物語 近現代ギリシャの歴史	村田奈々子
2440	バルカン——「ヨーロッパの火薬庫」の歴史	M・マゾワー/井上廣美訳
1635	物語 スペインの歴史	岩根圀和
1750	物語 スペインの歴史 人物篇	岩根圀和
1564	物語 カタルーニャの歴史（増補版）	田澤耕
2820	レコンキスタ——「スペイン」を生んだ中世800年の戦争と平和	黒田祐我
2582	物語 パリの歴史	佐藤猛
2658	百年戦争	福井憲彦
1963	物語 フランス革命	安達正勝
2286	マリー・アントワネット	安達正勝
2529	ナポレオン四代	野村啓介

番号	タイトル	著者
2318/2319	物語 イギリスの歴史（上下）	君塚直隆
2696	物語 スコットランドの歴史	中村隆文
2167	イギリス帝国の歴史	秋田茂
1916	ヴィクトリア女王	君塚直隆
1215	物語 アイルランドの歴史	波多野裕造
1420	物語 ドイツの歴史	阿部謹也
2766	オットー大帝——辺境の戦士から「神聖ローマ帝国」樹立者へ	三佐川亮宏
2801	神聖ローマ帝国	山本文彦
2304	ビスマルク	飯田洋介
2490	ヴィルヘルム2世	竹中亨
2583	鉄道のドイツ史	鴋澤歩
2546	物語 オーストリアの歴史	山之内克子
2434	物語 オランダの歴史	桜田美津夫
2279	物語 ベルギーの歴史	松尾秀哉
1838	物語 チェコの歴史	薩摩秀登
2445	物語 ポーランドの歴史	渡辺克義
1131	物語 北欧の歴史	武田龍夫

番号	タイトル	著者
2456	物語 フィンランドの歴史	石野裕子
1758	物語 バルト三国の歴史	志摩園子
1655	物語 ウクライナの歴史	黒川祐次
1042	物語 アメリカの歴史	猿谷要
2817	アメリカ革命	上村剛
2824	アメリカ黒人の歴史（増補版）	上杉忍
2623	古代マヤ文明	鈴木真太郎
1437	物語 ラテン・アメリカの歴史	増田義郎
1935	物語 メキシコの歴史	大垣貴志郎
1545	物語 ナイジェリアの歴史	島田周平
2741	物語 オーストラリアの歴史（新版）	竹田いさみ
1644	ハワイの歴史と文化	矢口祐人
2561	キリスト教と死	指昭博
2442	海賊の世界史	桃井治郎
518	刑吏の社会史	阿部謹也
2839	ユダヤ人の歴史	鶴見太郎